Dhimbiishii Halganka

Dhimbiishii Halganka iyo Kacdoonkii Ardayda
Feb: 20, 1982

Ali Yusuf Duale, PhD

©Dr. Ali Yusuf Duale

Xuquuqda buuggan oo dhammi way ilaashantay. Dhiganahan qayb ka mid ah iyo isaga oo dhamaystiran midna waxba lagama doorin karo, dibna looma daabacan karo (dhammaantii amma qaybo ka mid ah), loomana adeegsan karo ujeeddo ganacsi, sinabana looguma tagrifali karo, iyada oo aan ogolaashiyo qoran laga haysan qoraaga.

Daabacadda 1aad, 2022

Hargeisa, Somaliland

Waxa daabacday: Sagaljet Printing

Hargeisa +252-634671179

wardoonpublishing@gmail.com

Info@wardoonpublishing.com

DhimbiishiiHalganka@gmail.com

ISBN: 979-8-9863646-0-5

Dhimbiishii Halganka

Tusmada Buugga

Mahadnaq vii
Weedha Tifatiraha ix
Nuxurka Buugga: Faalooyin xi
Hordhac xvi
Sida Buuggu U Kala Qaybsan Yahay xix

1. Somaliland Gumaysiga Ka Hor 1
2. Gobanimo Doon 3
3. Xorriyaddii: June 26, 1960 10
4. July 1, 1960 Iyo Midowgii 14
   4.1. Saluuggii Midnimada 15
   4.2. Aftidii Loo Qaaday Midowgii 19
   4.3. Isku Deygii Inqilaabka: Dec. 1961 20
5. Afgembigii Oct 21, 1969: Dowladdii Milateriga Ahayd 24
   5.1. Maxkamadda Badbaadada Dalka 29
   5.2. Hay'addii "Nabad" Suggida - National Security Services (NSS) 32
   5.3. Hantiwadaagga Cilmiga Ku Dhisan 33
   5.4. Indheer Garadkii Oo Farta Ku Fiiqay Galdaloolooyinkii Dawladdii Milatariga Ahayd 40
   5.5. Waxdaddii: Horumarinta Diinta iyo La Dagaalanka Ilxaadka 43
   5.6. Djibouti: Gobanimo Doonkii iyo Xorriyaddii 46
   5.7. Dagaalkii Itoobiya iyo Soomaliya iyo Raadadkiisii 47
   5.8. Halgannadii Hubeysnaa 50
   5.9. Boobkii Lagu Hayay Hantida Dadweynaha 52
6. Dhacdooyin Raadayn Lahaa 55
   6.1. Xadhiggii Saraakiisha 55
   6.2. Jebintii Jeelka Madheera 55
   6.3. Furashadii Kornayl Cabdillaahi Askar 56
   6.4. Soo Galkii Buuraha 56

6.5.	Afduubkii Diyaaraddii Somali Airlines 57
7.	**UFFO** **59**
7.1.	Xadhiggii UFFO 61
7.2.	Jidhdilka 63
7.3.	Xukunkii UFFO 65
8.	**Hordhacyadii Kacdoonka Ardayda** **67**
9.	**Bilowgii Kacdoonka: Feb 20, 1982** **78**
9.1.	Dhagaxtuurkii iyo Abwaanadu Siday U Cabbireen 86
9.2.	Sannad Guurooyinkii Feb 20 88
10.	**Dhallinyartii Loo Maxkamadeeyay Abaabulkii iyo Horkicii Kacdoonkii Ardeyda** **90**
10.1.	Maxkammaddii iyo Qaybihii Ay Ka Koobnayd 93
10.2.	Xukunkii: Oct 3, 1984 95
10.3.	Xabsiga Madheera 97
10.4.	Suugaanta Xabsiyada Laga Tiriyay 102
11.	**Cali Yuusuf Ducaale** **114**
11.1.	Shaqo-Qaran 119
11.2.	Bilowgii Jaamacadda 121
11.3.	Xadhiggii 122
11.4.	Xukunkii 126
11.5.	Xusuuso 131
11.6.	Saamaxaad 134
11.7.	Dib Ugu Noqoshadii Jaamacadda 137
11.8.	Ka Bixitaankii Soomaaliya 138
11.9.	Markhaatifur: Muxumed Liiban Maxamed 139
12.	**Yuusuf Maxamed Ciise** **155**
12.1.	Ka Dhicitaankii Jeelka: Cabdi Daahir Caynaanshe 170
13.	**Cabdirisaaq Axmed Cilmi** **176**
14.	**Cali Maxamuud Cismaan** **185**

Dhimbiishii Halganka

15.	Fu'aad Cismaan Muxumed	191
16.	Axmed Sh. Ibraahim Sh. Cumar	199
17.	Ismaaciil Maxamed Jaamac	204
18.	Maxamuud Aw Cabdi Muxumed	209
19.	Cali Cabdi Faarax	213
20.	Cabdi Ismaaciil Maxamuud	216
21.	Cabdirisaaq Ibraahim Kooshin	224
22.	Cabdiraxiim Maxamed Baaruud	233
23.	Cali Xasan Aadan	236
23.1.	Gacan Libaax	241
23.2.	Gelbis	242
23.3.	Dardaaran	248
24.	Maxamed Baashe Sh. Cali	251
25.	Axmed Maxamed Aw Cali	259
26.	Xasan Maxamed Aw Cali	263
27.	Saleebaan Ismaaciil Xuseen	265
28.	Ismaaciil Cismaan Muxumed	268
29.	Maxamed Ismaaciil Cumar	270
30.	Cabdi Dhamac Caabbi	272
31.	Xadhigga Iyo Saamayntiisii	275
32.	Xusid: Dhallinyaro Ka Qayb Qaatay Kacdoonka	277
32.1.	Axmed Abokor Cabdillaahi	277
32.2.	Cali Muuse Jaamac & Mataan Maxamuud Cumar	281
32.3.	Maxamed Cabdi Maax (Koos)	286
32.4.	Maxamed Yuusuf Bidhiidh (Badda)	290
32.5.	Fu'aad Sheekh Abuubakar	297
33.	Haweenka Iyo Kacdoonkii	300

Dhimbiishii Halganka

34. **Gunaannad** 303
35. **Xigasho** 315

Dhimbiishii Halganka

Mahadnaq

Marka hore, waxa mahad oo dhan iska leh Allaha (SWT) ii suurta geliyay qoraalka iyo isuduwidda buuggan mahadhooyinka xambaarsan.

Marka xiga, waxan aad ugu mahad celinayaa cid kasta oo gacan ka geysatay qoritaanka buuggan, hadday noqoto xog ururin, talooyin, iyo tifatirba; Ha ugu horreeyaan dhammaan inta maanta ka nool 20-kii dhallinyaro ee loo maxkamadeeyay kacdoonkii ardaydu hor kacaysay, oo si sharafle iila qaatay, iguna dhiirri geliyey, inaan bilaabo buuggan qoristiisa. Waxan si gaar ah ugu mahad naqayaa Yuusuf Maxamed Ciise oo waqti aad u badan si hagar la'aana u geliyay soo saaridda buuggan, hadday noqoto talo bixin, xog ururin, amma tifatiridba. Yuusuf waxa kaloo uu qayb wayn ku lahaa allifaadda magaca buuggan. Waxa kale oo aan u mahadnaqayaa Prof. Cabdiraxmaan Yuusuf Abokor oo isna sixitaanno fara badan iyo talo siinba ku darsaday buuggan.

Waxanan iyana ilaawi karin talooyinkii dhaxalgalka ahaa ee ay i siiyeen Dr. Jaamac Muuse Jaamac iyo Boobe Yuusuf Ducaale. Maxamed Cabdi Maax (Koos) ayaan uga mahad celinayaa sida qurxoon ee uu gabayga milgaha badan ugu suureeyey nuxurka fariinta uu buuggani xambaarsan yahay. Waxan isna mahad iga mudan Fu'aad Cismaan Muxumed oo xagga xusuusta Alleh ka asturey, la'aantiina magacyo fara badan oo maankeyga ka gedmey aanan haweysteen dib u heliddooda.

Asmahaan Cabdillaahi Cilmi oo waqti badan gelisay farshaxanka, sargoynta iyo nashqadaynta jaldiga buugga ayaa iyana iga mudan mahad celin. Waxa iyana xusid mudan Salma Cali Yuusuf Ducaale oo alliftay sargoynta suuradaha buugga ku xardhan.

Waxan iyana mahad mudan maamulka iyo shaqaalaha *Sagal Jet* oo si sharaf leh uga howl galay soo saaridda buuggan. Waxa kaloo aan xusayaa talooyinka iyo tilmaamaha ay Istaahil Maxamed Yuusuf iga siisay sidii loo soo bandhigi lahaa buuggan.

Waxaanan illoobi karin samirkii iyo dhiirri galintii ay muujiyeen xaaskayga, Kaltuun Xirsi Rooble, iyo carruurtayda oo iga furtay howlo badan (oo waajib igu ahaa inaan qabto) muddadii dheerayd ee aan qorayey buuggan.

Ugu dambayn, waxaan duco iyo mahadnaq u dirayaa boqolaalkii qof ee ii suurto galiyey sidii aan u heli lahaa aqoon aan naftayda iyo dadkaba ugaga faa'iideeyo. Kuwaas oo ay ugu horreeyaan ayeyday Xaliimo Ibraahim Yuusuf, abtiyaaladay, labadayda waalid iyo dhammaan macallimiintii wax i baray.

Dhimbiishii Halganka

Weedha Tifatiraha

Sida cinwaankuba dhigayo, buuggani wuxu iftiiminayaa kaalintii uu kacdoonkii ardeydu ku lahaa halgankii soo dhicinta xornimadii Somaliland ee luntey 1960-kii. Wuxu ku halqabsanayaa labaatan dhalinyaro ah oo siddeed iyo toban ka mid ahi ardey ahaayeen; Dhalintan qaarkood dil iyo daldalaad ayay ku muteysteen kacdoonkaas, qaarna xidhig iyo madaxaa ha ku furto.

Buuggu wuxu si kooban u baadigoobayaa sooyaalkii kacdoonkan curiyey, iyo waayo nololeedkii ay dhalinyaradani ku hanaqaaddey. Muuqaal dareen huwan ayuu kaa siinayaa daruufihii adkaa ee hor yaalley dhallintan iyo dadweynahaba, iyo sidii ay uga falceliyeen.

Ifka iyo aakhiro dhul u dhaxeeya, oo haddana suuqaq iyo magaalooyin leh, ayuu kula tagayaa - waa xabsiga'e! Dareenka qof dil suge ah, iyo qaar madaxaa ha ku furto ku xukuman ayuu wax kaala wadaagayaa.

Inta aanad xabsiga gaadhin, buuggu wuxu qaddar kugu sii yara hakinayaa maxkamaddii waddanka ugu sarreysay, Maxkamadda Badbaadada Dalka, taas oo kuu suurto galineysa in aad in yar ka milicsato habka ay maxkamaddaasi wax u xukumi jirtey.

Sidoo kale, maxkamadda ka hor, waxad si buuxda iyana wax uga ogaan doontaa habkii dambibaadhista loo samayn jiray xiligaa; Waxad wax ka baran doontaa hay'adihii dambibaadhista, sida NSS-ta, Hangashta, iyo Dhabar Jebinta, iyo waliba qaabkii ay dadka ula dhaqmi jireen.

Kenni adeyga aadamaha, la qabsiga iyo la noolaanshaha waayaha adag ayuu wax ka tibaaxayaa buuggu. Jirribaadda iimaanka iyo yaqiinta Alleh ee qofka ayuu kuu bidhiiqinayaa. Rajadda beenta ah, ta runta ah, iyo quusta oo meel daris ku wada ah ayaad arkeysaa.

Markii u horreysey taariikhda xabsiga Madheera ee ay koox maxaabiisi iska jabiyaan, ayuu halxidhaalaheeda kuu ibofurayaa. Furashadii jeelka ee SNM ayaa haddana kuugu xigeysa.

Wuxu tix iyo tiraabba buuggu ku tilmaamayaa, isaga oo u dardaarwerinaya dadweynaha guud ahaan, gaar ahaana dhalinyarada, in ay ummadi meel gaadhi karto oo kaliya, marka aan loo kala tagin, Alleh la tallo saarto, caqliga iyo xoogga la xalaal maalo, loo sahan dayo geeddi socodka ummadeed, dhib iyo dheef loo sinaado, la tudhaaleysto, loo hagar baxo, oo loo hoggaan xusho. Murtida ka sokow, isaga oo cuskanaya Ayaadka Qur'aanka, iyo sheekooyin ka caan baxey dunnida oo dhaxal reeb noqdey laguna qorey boqolaal af, ayuu fariintiisa iyo fikirkiisaba si farshaxan badan kugu soo gudbinayaa.

Dhibka iyo dheefta dawlad xumi leedahey ayuu ku durdursiinayaa. Inaan madaxbanaanni, iyo dawladnimo, hadiyad lagu bixin, laguna helin, ayuu duruus adag kuugu dhigayaa. Iney dumin qaran fudeyd tahey, bal se dhisiddeedu adag tahey, ayuu kaa tuhun saarayaa.

Sida kale, wuxu buuggani wax dheeryahey qalin anshax iyo hufnaan badan.

Yuusuf Maxamed Ciise
May 27, 2022

Dhimbiishii Halganka

Nuxurka Buugga: Faalooyin

Dhimbiishii Halganka iyo Kacdoonkii Ardayda waa buug aad u qiimo badan oo la qoray waqtigiisii, si wadareedna u koobaya dareenkii ardaydoo dhan. Annagana Uffo ahaan hiil aan la illaawi karin ayuu noo ahaa dareenkaas Dr. Cali ka warramayaa.

Maxamed Baaruud Cali

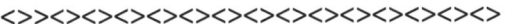

Dhimbiishii Halganka iyo Kacdoonkii Ardayda: waa buug xambaarsan taariikh iyo dhacdooyin murugo leh. Tafsiirka taariikhda waa la isku khilaafi karaa, hase yeeshee dhacdooyinka taariikhiga ah la iskuma khilaafi karo. Waxaan muran ku jirin in dhacdooyinka taariikhiga ah ee buuggani soo bandhigayaa (iyo kuwa kaleba) ay horseedeen halgankii iyo kacdoonkii ummaddu kala hortimid taliskii milatariga ee macangagga ahaa. Waxa qoraaga buuggu, Dr. Cali Yuusuf Ducaale, si tifaf-tiran uga sheekeeyay dhacdooyinkaa taariikhiga ah. Waxa lama huraan ah in da'yarta maantu ay ku baraarugsanyihiin diintooda, taariikhdooda, iyo dhaqankooda. Sida ku xusan cutubka ugu dambeeya ee "Gunaanad", wuxu buuggu waanooyin dhaxal-gala ujeedinayaa da'yarta, madaxda, ganacsatada, iyo culimada.

Prof. Cabdiraxmaan Yuusuf Abokor

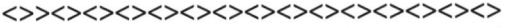

Buuggan oo magaciisu yahay *Dhimbiishii Halganka iyo Kacdoonkii Ardayda* waxa ku fara yaraystay Cali Yuusuf Ducaale. Buuggani wuxuu soo tebinayaa dhacdooyinkii dhacay bishii Feb 20-keedii, 21-keedii, 22-keedii ee 1982-kii, iyo kuwii kale ee la midka ahaa. Kacdoonkaas oo markii hore si baahsan uga dhacay Hargeysa, markii

Dhimbiishii Halganka

dambana ku fiday magaalooyin kale, ayuu Cali ka qoray buuggan taariikhiga ah ee inna horyaalla.

Cali wuxuu ka mid ahaa da'yartii markaa kacaysay, goob joogga iyo xogogaalka u ahayd, sida buuxdana uga qayb qaatay abaabulkii kacdoonkaas. Muddaaharaadadaa iyo kacdoonkaas oo ardeyda iyo dadweynuhu kaga hor tegeen taliskii Maxamed Siyaad Barre ee duudsiga, xasuuqa, dabar goynta, iyo waxyaabo badan oo bani-aadamku aanu geyin kula kacay shicibkii ku noolaa goboladii Woqooyi, gaar ahaan magaalooyinka Hargeysa, Burco iyo qaar kaleba. Waa maalmihii Hadraawina ka tiriyey maansadii odhaneysay:

Hambaabir dhawaanta
Hawraar iyo maanso
Dagaal wata heeso
Hiddey u laheyde
Hargeysi ma toostey
Harqoodka ma tuurtey

Cali isagoo la kaashanaya intii ka nool dhallinyartii lala xidhay ayuu innala wadaagayaa wixii ay ka xasuustaan Kacdoonkaas oo hadda waqti badani ka soo wareegay; Sidan filayo, kana muuqata buugga, in muddo ah ayaa qoraalkan taariikhiga iyo dhaxal galka ah la soo xog ururinayay.

Cali Yuusuf Ducaale waxaynu uga mahad celinaynaa taariikhdan qaaliga ah ee uu ummadda Soomaaliyeed gaar ahaan shacabka Somaliland uu u soo ururiyay; Ilaahay (SWT) ha ka abaal mariyo dadaalkaas, innagana Ilaahay haynooga dhigo mid aynu wax ku qaadanno, oo aynu uga tagno ubadkeenna, iyaguna ubadkooda uga

Dhimbiishii Halganka

tagaan. Inteenna nool waxa innala gudboon, inta aynaan dhiman, in wixii aynu ku kaabi karno ku kordhinno.

Boobe Yuusuf Ducaale

Waxan cid walba (gaar ahaan dhallinyarada reer Somaliland) ku dhiirri galinayaa inay dhuuxaan, oo ay dheefsadaan taariikhaha ku duuggan buuggan. Waa markii ugu horeysey ee si mug leh loo dhiteeyo soyaalkii Kacdoonkii Ardeyda.

Prof. Siciid Budle

Dhimbiishii Halganka iyo Kacdoonkii Ardayda waa buug ay ku duugan tahay taariikhdii kacdoonka ardaydu ka bilowday magaaladda Hargeysa bishii February 1982 kii. Anigu ardaydii iskuulka Faarax Oomaar ee ay qoraaga isku kalaaska ahaayeen baan ahaa. Qoraaga, oo ka mid ahaa ardaydii xadhiga dheer iyo dilka ku mutaystay kacdoonkaas, waa shakhsi xogogaal ah oo taariikhdii halganka si hufan u soo gudbinaya.

Jamaal Cali Xuseen

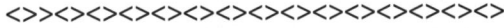

Buuggan uu Dr. Cali Yuusuf Ducaale innoo soo bandhigay wuxu si dhab ah uga turjumayaa waaqicii taagnaa xilliyadii uu Kacdoonka Ardaydu ka bilaabmay Hargeysa, Burcana si degdeg ah isku barbar taagtey ardayda iyo dadweynaha reer Hargeysa. Markii aan u fiirsaday qoraalada ku dhigan buuggan iyo farriimaha uu dirayo, waxan isku dayey inaan tix gabay ah ku cabbirro dareenkayga; Waxan idhi:

Dhanbaal weeye buuggani Caloow   Dhibicda roobaad'e

xiii

Dhimbiishii Halganka

Da'yartuu dhigaal culus u noqon
Wedku waayo dhaafyoow runtii
Dharaarii qadhaadhaa haddaan
Anoon hadalka dheerayn haddaan
Aan ku soo dhawaadee akhriya
Bulshadeena oo dhaqan markii
Dhakhtar iyo markii macallimiin
Odayada markii loo dhurtiyo
Hablaheena dhaladka ah markii
Dhar xariir ah iyo maalintii
Dhalinyariyo waayeel markii
Maalintii dhulkeennii la yidhi
Aan dhimasho mooyee la rabin
Sowtuu Ilaahay ka dhigay
Dhirifkii Hargaysiyo markaan
Ee geeri waa loo dhashaye
Dhamacdii rasaastiyo markaan
Maalintii Burcoo dhaarsanayd
Wixii dhiig lahoow kaca markii
Dhinbiishii kifaaxiyo markay
Waatuu kacdookii dhacee
Dowladdii dhamayd maalintii
Maalintii raggii dhiirranaa
Dhagidaan xasuustaa wixii
Dhammaad noqotay Caliyoow
Ururkaan dhisnaa noo ahaa
Waxa aan dhufaysyada ka qodo
Aan dhowrta joognaba nabsigu
Aynu dhowrsannoo yaan sidii

Dhud iyo taariikh'e
Waan ku dhaashaday'e
Dhowr ka yara sheego
Dhiibto arar gaaban
Dhaxal-gal weeyaane
Dhugasho loo yeeshay
Dhebiga loo qoolay
Dhaca tijaarteena
Dhaqasho loo diiday
Suufka laga dhaarshay
Layna dhabanaanshay
Qirinqir soo dhooba
Nolol dhamaanteenba
Dhinac kaloo guul ah
Dhagaxa tuuraynay
Galowgu dhiillaabay
Dhiraha jiidhaynay
Dhaabadaha qadday
Lagudhawaaqaayay
Dhuxushu qiiqaysay
Laysku dhaarsadaye
Laga dheg roonaaday
Faqashta dhaadhyeeyay
Dhacay Ducaaloowe
Rajadii dhiigga loo huraye
Dhaawac-tire wayn'e
Qaaxo dhinaceeda
Talada noo dhiibye
Dhahar la xoog sheegan

Dhimbiishii Halganka

Dhexna aan u noqonno oo shacbiga   Yaan la kala dheegin
Dheef iyo haddii ay dhib tahay   Dhiil ku wada maala
Ratigeennan dhaanka ah dadyoow   Dheelli ka ilaasha
Haddii uu cadligu dhuunta galo   Dhereg ku maanshooda
Diintana beryaa laga dhamcee   Dhuuxa ka islaama

Maxamed Cabdi Maax (Koos)

Hordhac

Sidaan wada ogsoonahay nolosha marna howli kama dhammaato. Maalin kasta waxaynu la daallaa dhacnaa arrimo iyo howlo u baahan in laga falceliyo, in la hormariyo, ama kuwo innagu soo fool leh, oo u baahan in loo tabaabulshaysto. Dhinaca kale, haddaan ka eegno, ayaamuha wuxun bay u kala baxaan qaar kuugu muuqda inay kugu adag yihiin, iyo kuwo badhaadhe ah oo lagaba yaabo inay ku illowsiiyaanba waajibaadkaaga. Dhacdooyinka kala gadisan ee soo mara shakhsi ama mujtamac iyo falcelintooduba waxay ku duugmaan buuggaagta sooyaalka ee qof ama se bulsho gaar u leedahey.

Soyaalku wajiga uu doonaba ha yeeshee, waa dhacdooyin isu tegay oo laga yaabo qofba inuu dhan ka eego; Hase ahaatee, dheefta kaliya ee ay taariikhdu leedahay, waxan odhan karnaa, waa in wax laga barto.

Buuggan oo uu cinwaankiisu yahay "Dhimbiishii Halganka iyo Kacdoonkii Ardayda: Feb 20, 1982", wuxu si kooban uga warramayaa taariikhihii dhacdooyinkii halgameed ee ay soo martey Somaliland. Gaar ahaan buuggu, sida cinwaanka ka muuqata, wuxu iftiimin doonaa maalin ka mid ah maalmaha ugu magaca dheer ee soo maray Somaliland - waa Feb 20, 1982-kii oo ahayd maalintii dadweynaha reer Hargeysi codka dheer ee diidmada ah, ee gabashadu ka reebaneyd, ay sida qayaxan ugu direen dowladdii mileteriga aheyd ee Siyaad Barre iyo caalamkaba. Waxay maalintaa muujiyeen dadweynuhu inay diyaar u yihiin inay naf iyo maalba hurayaan si ay dulmigii ku habsadey iyo heeryadiisiiba isaga rogaan.

In kasta oo uu marka hore buuggu si kooban u dul mari doono taariikhihii kala duwanaa ee ay Somaliland soo martay, cashar

Dhimbiishii Halganka

taariikheedna u noqon doono gaar ahaan dhalinyarta, haddana, nuxurka buuggu wuxu yahay inuu shaaciyo kaalinta ay dhallinyaradu, gaar ahaanna ardayda dugsiyada sare, ku lahaayeen kacdoonkii reer Somaliland kaga soo horjeesteen xukunkii milateriga ahaa ee uu hoggaaminayay Maxamed Siyaad Barre.

Buuggan waxad ka akhrisan doontaa saamaynta ay howshaasi ku yeelatay dhallinyaradaa noloshoodii, iyo waliba kuwii ehelkooda; Si gaar ahna, buugu wuxu xusi doonaa 20 dhallinyaro ahaa (oo 18 ka midi arday ahaayeen) oo xukunno dil, xabsi daa'im iyo xadhig ahaa ku mutaystay doorkii ay ku lahaayeen kacdoonkaa bilaabmay Feb 20, 1982.

Buuggu wuxu si faahfaasan u soo bandhigi doonaa dhacdooyinkii muddaharaadadii lagaga soo horjeestay xukunkaa kali-taliska ahaa ee Siyaad Barre. Sidoo kale, wuxu buuggu soo gudbin doonaa sida dhallinyartaasi ay ugu badheedheen, abaabulka, ka qayb qaadashada, iyo hoggaaminta kacdoonkaa. Wuxu iyana buuggu xusi doonaa sheekooyin ay ina la wadaagi doonaan qaar ka mid ah dhallinyaro kale oo kacdoonka door wayn ka ciyaaray, balse ka badbaaday in loo maxkamadeeyo.

Ugu dambayn, buuggu wuxu baaq kooban u soo jeedinayaa dhallinyarada, masuuliyiinta dowladda, culimaa-udiinka, baayacmushtarka, iyo guud ahaanba bulsho weynta.

Buuggan waxan ka ilaalin doonaa, intii karaankayga ah, xusidda magacyada aan wax faa'iido ah buugga ku soo kordhinayn. Dabcan meelaha qaar waxa lagama maarmaan ah in magacyo la xuso. Waxa iyana buugga ka maqan wixii naanays taban ah, ciddii doontaaba ha lahaatee. Sidoo kale, waxa qoraalka buuggu ka hufan yahay xusidda qabiillada – marka laga reebo marar kooban oo gabayo aan soo qaatay magacyo qabiil lagu xuso. Dad badan oo magacyadooda lagu xusayo buuggan ayaa maanta innaga hooseeya, kuwaas oo inaga mudan inaan u ducayno: si guud ayaynu hal mar dhammaantood Alle (SWT) uga baryeynaa innuu Jannatu Fardowsa ka waraabiyo.

Sawirada aan isticmaalay waxan ku dadaaley in aan helo midba midkuu uga dhawaa xilligii kacdoonka; Taas oon mar walba ii suurta gelin, laba sawirna inaan helo waan "awoodi kari waayay".

Dhimbiishii Halganka

Sida Buuggu u Kala Qaybsan Yahay

Marka hore waxaynu si kooban uga hadli doonnaa taariikhda Somaliland gumaysiga ka hor; yaa xukumi jirey iwm? Intaa ka dibna waxaynu yara taa-taaban doonnaa wajiyadii kala duwannaa ee gobannima-doonku soo maray, sida dagaaladii hubaysnaa ee Ingiriiska lagaga soo horjeeday, halgankii xagga siyaasadda iyo kii suugaanta ahaaba.

Hanashadii xorriyadda ee dhacday 26 June 1960, farxadihii iyo shucuurkii maalintaas la muujiyay ayaynu ka yara hadli doonnaa iyana. Waxa kaloo aynu raacin donnaa sidii dhakhsaha ahaa, ee aan ka fiirsiga lahayn, ee loo abaabulay midowgii labadii waddan ee ka kala xoroobay Ingiriiska iyo Talyaaniga.

Waxaynu ka jawaabi doonnaa su'aasha odhanaysa goormay reer Woqooyigii ka soo jeedey dalkii Somaliland saluugeen la midowgii dalkii Soomaaliya? Waxyar ayaynu ka sheegi doonnaa halgankii loo soo maray xoreynta Djibouti inagoo is waydiinayna maxay Djibouti ula midoobi weyday Soomaalidii kale?

Dhiciddii afgambigii milateri ee Oct 21, 1969, ayaynu isna ka hadli doonnaa. Waxana aynu xusi doonnaa qiimayntii horta lahayd ee indheergaradku ka bixiyay taliskan milateriga ah. Ku talo galkii dawladdan militarigu ku talo gashey in diinta hoos loo dhigo, iyo xarakaad taa cakis ku ahaa (sida ururkii Waxdadda oo kale) raadkii ay ku yeesheen kor u soo qaadidda, barashada, iyo ku dhaqanka diinta Islaamka, ayaynu iyana dul mari doonnaa.

Waxa intaa ku xigi doona hanaqaadkii mucaaradyo taliskii milatariga ka soo horjeeday oo ka koobnaa siyaasiyiin, saraakiil ciidan, aqoonyahanno iyo, dabcan, arday iyo shicibka guud ahaanba. Waxaynu

Dhimbiishii Halganka

is dul taagin doonnaa bar bilowgii kacdoonkii shicibka iyo siduu ku bilaabmay.

Waxeynu ku xigsiin doonnaa waayihii ay soo mareen dhallinyaradii ardayda u badnaa ee loo maxkamadeeyay horkaca iyo abaabulka kacdoonkaa shicibka. Sheekooyin ay ku jiraan xadhig, jidhdil, maxkammad, xukunno iyo waaya aragnimo qoto dheer ayuu buuggu innoo soo bandhigi doonaa. Intaa ka dib, buugga waxaynu ku soo khatimi doonnaa qaybta gunaanadka.

Dhimbiishii Halganka

1. Somaliland Gumaysiga ka Hor

Guud ahaan geyiga ay Soomalidu degto, intii ka horraysay 1884 oo ahayd markii reer galbeedku kala qayb-qaybasadeen Afrika, may jirin wax xuduud ah oo sugan oo dadka Soomaliyeed amaba Afrikaankaba kala xayndaabi jirey badiyaa. Sidoo kale, waxa aan jirin dowlad/dowlado sugan oo si buuxda uga talin jirtay gayiga ay Soomaalidu degto amma degi jirtay. Taas waxa macnaheedu yahay dhulka Soomaalidu degto iyo kuwa qoomiyadaha la jaarka ahiba way isku wada furnaayeen. Soomaalidu waxay u degi jirtay, inta badan, sida reer-reer ahaan laysugu dhow-dhow yahay. Suldaanno, garaaddo, isimmo, ugaasyo, wabarro, iyo boqorro ayaana u kala talin jirey; Somaliland waxa caan ka ahaa suldaammada, ugaasyada, iyo garaaddada. Khilaafaadka aan dagaallada ahayn waxa inta badan lagu dhammaysan jirey geedka hoostiisa.

Intii aanu Ingiriisku Somaliland ka dhigan maxmiyad, Somaliland waxay ka tirsansanayd dowladdii Cusmaaniyiinta oo Turkigu hor kacayay. Dowladda Masaarida oo iyada lafteedu hoos tagi jirtay dowladdaa Cusmaaniyiinta ayaa dowladdaa Cusmaaniyiinta wakiil uga ahayd Somaliland. Raadka ay Masaarida ama dowladda Cusmaaniyiintu ku lahaayeen Somaliland wuxu ahaa mid aad u xaddidan, xukunkooduna kamuu muuqan gudaha Somaliland, ee wuxu ku koobnaa xeebaha. Dhinaca kale haddaynu ka eegno, Somaliland waxay xidhiidh dheer la lahayd caalamka kale.

Taariikhahaa malaa waxa ugu caansan in la xuso in Somaliland ay ahayd dhulkii ugu horreeyay ee Islaamku soo gaadho marka laga reebo Maka. Magaalada Saylac ayaa lagu sheegaa inay ahayd halkii ay ka soo degeen asxaabtii Rasuulka (NNKHA) ee Abasiiniya u soo hijrootay. Waxa magaalada Saylac wali badh ka sii taagan yahay masaajid leh laba qiblo, mid Maka eegaysa iyo mid u wajahan xagga Baytul-Maqdis oo markii

Dhimbiishii Halganka

hore ahayd qiblada ay Muslimiintu u jeedsan jireen. Saylac waxay noqotay xarun ay ku nool yihiin dadyow kala afaf ah, oo ka kala yimi qaarado kala geddisan. Waxa ka hana qaaday mid ka mida boqortooyooyinkii ugu horreeyay ee geeska Afrika.

Magaalooyinka Maydh, Xiis, Berbera, iyo Bullaxaar ayaa iyaguna ku soo biiray marsooyinka isku xidha Somaliland iyo dunida inteeda kale, kuwaas oo badeecadda laga dhoofin jirey lagana soo dejin jirey. Aakhirkii Berbera ayaa noqotay dekedda ugu weyn ee isku xidha Somaliland iyo adduunyada inteeda kale.

Culimo fara badan oo u soo ambabaxday inay dadka baraan diinta Islaamka ayaa qarniyaal ka hor ka soo degey qaar ka mid ah dekedahaas aynu soo xusnay. Culimadaasi waxay ka guursadeen dadkii degaanka ay ugu yimaaddeen. Sheekh Yuusuf Al-Kownayn ayaa ka mida culimadii aadka u hor mariyay barashada diinta Islaamka, gaar ahaan Quraanka oo uu sheekhu soomaaliyeeyay higgaaddiisa.

Furitaankii Suways Kanaalka ayaa aad u xoojiyay xiisihii reer Yurub ay u qabeen carriga Somaliland. Gaar ahaan, Ingiriisku wuxu aqoonsaday muhimmadda ay Cadan iyo Berberi u leeyihiin maraakiibta Kanaal Suwayska ka tallaabaya. Sidaas ayaanu u astaystay inuu Somaliland maxmiyad ka dhigto.

1884 ayay ahayd markii dowladaha reer galbeedku ay Afrika qaybqabsadeen. Ingiriiska, Talyaaniga iyo Faransiiska ayaa suntay xadadka u dheexeya dhulalka ay Soomalidu degto; Waa marka laga reebo "howd iyo reserve area" oo Itoobiya, Ingiriisku ku wareejiyay badhtamihii qarnigii 20-aad. Taas macnaheedu waxa weeye dhulka ay Soomaalidu degto xadadka rasmiga ah ee aduunka ka diiwaan gashan ilaa iyo hadda, ee ay ummadaha kale la leeyihiin, waa kuwaa ay dadwladihii mustacmarka ahaa dhigeen.

2. Gobanimo Doon

Siyaabo kala geddisan ayaa dadka Soomaaliyeed ku cabbireen siday uga soo horjeedeen gumaysiyadii kala geddisanaa. Waxaynu si kooban u xusi doonnaa dhaqdhaqaaqyadii gummaysi diidka ahaa amma gobanimo doonka ahaa ee ka hirgalay carriga Somaliland.

Halgankii Daraawiishta ee uu hoggaaminayay Maxamed Cabdille Xasan ayaa ah mid taariikhda xoog u galay. Wuxu ahaa halgan hubaysan oo ka soo horjeestay maamulkii Ingiriiska ee ka jirey gobolada Woqooyi (Somaliland).

Maxamed Cabdille Xasan, oo ku magac dheer Sayidka, wuxu dhammaadkii qarnigii 19-aad muddo laba sano ah ku sugnaa Xijaas (Sacuudi Careebiya), halkaas oo uu kula kulmay ninkii Suudaaniga ahaa la odhan jirey Maxamed Al-Mahdi oo halkaa ka abaabulayay sidii reer Yurub looga saari lahaa dunida Muslimka. Sayidku markii uu Berbera ka soo degayba waxay isku dhaceen maamulkii wakiilladii Ingiriiska ee Berbera joogay – ka dib markuu diiday inuu cashuur bixiyo. Isjiidhkaasi wuxu ku dambeeyay aasaaskii Daraawiishta oo xaruntoodu ahayd magaalada Taleex ee gobolka Sool.

Maxamed Cabdille Xasan iyo Daraawiishtii uu hogaaminayay waxay dagaallo hubaysan kala hor tegeen Ingiriiskii. Dagaalladaa waxa ugu caansanaa mid ka dhacay meesha loo yaqaan Dul Madoobe. Dagaalkaas Daraawiishtu waxay ku dileen in ka badan 50 askari oo uu ka mid ahaa kornaylkii hoggaaminayay ciidankii Ingiriiska oo la odhan jirey Richard Corfield (Koofil). Waa ninka uu Maxamed Cabdille Xasan maydkiisii gabaygan soo socda u tiriyay.

Dhimbiishii Halganka

Adaa Koofiloow jiitayoon   *Dunida joogayne*
Adigaa jidkii lagugu wadi   *Jimic la'aaneede*
Jahannaba la geeyoow haddaad   *Aakhiro u jahato*
Nimankii janno u kacay war bay   *Jirin inshaalleye*
Jameecooyinkii iyo haddaad   *Jowhartii aragto*
Kuwase naarta joogiyo markaad   *Jananadii gaadhid*
Sida Eebbahay kuu jirrabay   *Mari jawaabteeda*
Daraawiish Jikaar nagama dayn   *Taniyo jeerkii dheh*
Jidhkaygii caddaabay abley   *Jaqaf ku siiyeen dheh*

Waxa kaloo xusid mudan in Ismaaciil Mire oo dagaalka hoggaaminayay u ka tiriyay gabaygiisa caanka ah ee "Annagoo Taleex naal jihaad taladii soo qaadnay".

1918-kii ayaa, markii ugu horreysay taariikhda Afrika, Ingiriisku ku soo weeraray diyaarado xaruntii Daraawiishta ee ku taallay Taleex - taasoo keentay in Daraawiishtii iyo hoggaamiyaheediiba ay kala yaacaan, dagaalkii Daraawiishtuna uu sidaa ku soo gabagaboobo.

Sheekh Bashiir ayaa isaguna hogaamiyay halgan hubeysan oo lagaga soo horjeedo Ingiriiska. Agagaarkii sannadkii 1945 ayuu Sheekh Bashiir bilaabay inuu sameeyo jabhad hubaysan oo ka soo horjeedday Ingiriiska. Waxa inta badan la xusaa dooddii uu Sheekh Bashiir ku tusaalaynayay wadaaddadii ka caga jiidayay in Ingiriiska lala dagaalamo. Sheekh Bashiir intuu culimadaas iskugu yeeday ayuu hor dhigay bakeeri quraarad ah kuna yidhi "bal bakeerigaa Quraan ku jejabiya". Dabcan markay taasi dhici wayday, ayuu Sheekh Bashiir intuu Bismilaah yidhi bakeerigii ku burburiyay budkiisii, ka dibna yidhi – Bisinka ficil raaci isagoo tusaya in loo baahan yahay ficil in wax lagu beddelo.

Dhimbiishii Halganka

Dagaallada uu galay Sheekh Bashiir waxa ka mid ahaa dagaal ay Jul 3, 1949-kii koox uu hubeeyay ku qaadeen jeelka Burco iyo guriga ninkii markaa Burco xukummayey uu deganaa. Sheekh Bashiir waxa kaloo uu ku guulaystay inuu kiciyo magaalada Ceerigaabo kana helo cudud ku soo biirta dhaqdhaqaaqiisa. Ciidamada Sheekh Bashiir waxay ka badbaadeen dhowr isku day oo loogu tala galay in lagu soo afjaro dhaqdhaqaaqooda - Buur Dhaab ayaa ahayd meelaha ay gabboodka ka dhigan jireen. Aakhirkii, Jul 7, 1945, ciidamo badan oo iskugu jirey Hindi iyo Koonfur Afrika ayaa lagu saaray Buur Dhaab kuwaas oo dilay Sheekh Bashiir iyo ku xigeenkiisiiba. Taasina waxay sababtay in jabhaddiisa ay kala filiqdo. Xaaji Aadan Af-Qallooc ayaa gabaygan baroordiiqda ah ka tiriyay dilkii Sheekh Bashir:

Duhur baa Bashiir lagu shannaday
Damal la hadh galaa bay jebsheen
Dahriga iyo laabtay rasaas
Isagoo dam iyo dhiig leh oo
Dadkii uu nebcaa iyo kufraa
Dacdarriyo dihaan iyo cag baa
Meydkiisa daahirka markii
Nimankii dilkiisii qirtiyo
Kolkii aaska loo diidey waad
Ma damqane jidhkiinnii markaa
Nasab haddaad duriyaddii tihiin
Gobannimo daleel lagama helo
Haddaad doono leedahay naftaa
Waa mur iyo deebaaq waxaad
Marse haddaan waxan doonayiyo
Dantay weeye inaan aammusaa

Daar agtiinna ahe
Waqay dulloobaane
Kaga daloosheene
Maro ku duuduuban
Daawasho u yimide
Loogu sii daraye
Dibedda loo jiidey
Idinka duunkiinna
Wada dul joogteene
Waad ku digateene
Kama dareerteene
Daar adoo galaye
Diiq la geliyaaye
Dib ugu aydaaye
Dawladnimo waayey
Eeggan dabadeede

Dhimbiishii Halganka

Dulligaa ku jira noloshu waa   *Idinku deelqaafe*
Dar kaloo ciyaar lagu dilay iyo   *Dawgal baa jirey e,*
Oo aanyay deero, deero u hirdiyin   *Dadab galkoodiiye*
Ma duugoobin Qaybdiid Lafuhu   *Waana duhanayaane*

Dhanka dagaalka siyaasadda, waxa mudan in la xuso Xaaji Faarax Oomaar oo lagu tilmaamo innu ahaa siyaasigii ugu horreeyay ee ka soo baxa Somaliland. 1920-kii, ayuu Xaaji Faarax Oomaar magaalada Cadan ka aasaasey, sida Boobe Yuusuf Ducaale ku xusey bogga mareegtiisa "Yasbur", ururkii ugu horreeyay ee Soomaaliyeed, Somali Islamic Association (SIA). Ujeeddooyinka ururku waxey ahaayeen aayo ka tashiga arrimaha bulshada ee dadkii reer Somaliland ee Cadan deggenaa, iyo sidii looga xoreyn lahaa Ingiriiska Somaliland.

Wuxu Faarax Oomaar waxbarashada aasaasiga ah ku soo bartay Cadan. Aqoonta sharcigana wuxu u tagay jaamacad Hindiya ku taal, halkaas oo uu kula kulmay Gaandhi oo uu ka soo bartay habka loogu dagaallamo halganka qabow ee aan gacan-ka-hadal ku salaysnayn. Markuu soo noqday, dabayaaqadii 1930-meeyihii, wuxu taageero fara badan ka helay dadweynihii degganaa Burco iyo Hargeysaba.

Dhaqdhaqaaqiisii siyaasiga ahaa waxay dowladdii Ingiriisku u aragtay mid halis ku ah xukunkoodii. Waxay go'aansatay in Xaaji Faarax Oomaar loo mastaafuriyo laguna xidho gasiiradda Suqadara oo waqooyi-bari kaga beegan Boosaaso, kuna taalla badweynta Hindiya. Markuu da' gaadhay ee Ingiriiskii is yidhi hadda wax raada kuma yeelan karo Somaliland ayaa la soo daayay. Hasayeeshee isla markiibana (qiyaasihii 1948) waxa mar labaad loo mastaafuriyay Herer halkaas oo uu lix bilood ku sugnaa. Muddo yar ka dib markuu Herer ka soo noqday ayuu geeriyooday isagoo markaa 70 jir kor u dhaafay.

Dhimbiishii Halganka

Xaaji Aadan Af-Qallooc oo dhibta Xaaji Faarax Oomar la mariyay ka hadlayaa wuxu yidhi:

Da'dii u ahaa baa Faarax	*Jeelka loo diraye*
Hadder buu siduu dawri yahay	*Debedda meeraaye*
Loo diid dadkii uu dhaliyo	*Duunyaduu dhaqaye*

Halganka afku dirirka ah waxa ka mid ahaa gabaygii Barkhad Cas uu tiriyay markii loo sheegay in wafdi culus oo ka socda dowladda Ingiriiska oo uu hoggaaminayay Henry Albert uu Hargeysa ku soo beegan yahay loona baahan yahay in la soo dhaweeyo. Barkhad Cas wuxu dhacdadaa ka tiriyay gabayga:

Awowgey ninkii indhaha tiray
Ninkii aabbahay addoonsaday
Ninkii anigana i iibsaday
Ninkii ifka igu adduun tirey
Itaal li'i baa ishaa i bidde
Haddaan ogohoonan ka aarsan karayn
Haddaan, Aadanow, unuunka jarayn
Ninkaa araggiisa uurkaan ka nebcee
Aan ooyee albaabka ii xidha
Isagoo Iglan jooga buu i diloo
Ushuu soo fidshaa i iimaysoo
Waa taa aramidu i oofa tirtee
Asaag li'i baa ishaa i bide
Ninkaa araggiisa uurkaan ka nebcee
Aan ooyee albaabka ii xidha
Arladii ka samroo adduun ma hayee
Haddii la ilaashay afkaygii
Haddaanan ikhtiyaar aqoontay hadlayn

Dhimbiishii Halganka

Haddaanan erey qudha shirkaa ka odhaneyn
Ninkaa araggiisa uurkaan ka nebcee
Aan ooyee albaabka ii xidha
Wixii arrineen eebbe jecleyn
Haddaanan addimada ku oolin karayn
Aayaadka Quraanka wada aragtoo
Udgoonena yidhi indhaha ka qarshee
Ninkaa araggiisa uurkaan ka nebcee
Aan ooyee albaabka ii xidha
Ugaadha ninkii dhaqdaa ururshoo
Ruuxii eegayaa adduun ka baxshee
Raggiinnii ogaa horruu u arkee
Ninkii ooridiisa u geynahayow
Inkeeg iyo shaal ayuu ku arkine
Iimowdaye axankaaga weynee
Libaaxa Annayiyo Abaarso ka ciyey
Abuuriin lo'da joogtabaa urisoo
Oodday jebisaa intay ka dhacdoo
Amsaxuu ka guraa idilkeed
Waa kaa Ingiriis ii-da hayee
Idinna adhiyahow u dabaaldaga oo
Ayaanu ninna i odhan "Soomaalaan" ahee
Ordoo magacana ka iibsada!

Wacyi galintaasi waxay sababtay, sida la sheego, in halkii la filayay in wafdigii si diirran loo soo dhaweeyo, dhabarka loo jeedshay. Dadkii la kulmay Henry Albert ayaa isna waxa ka mid ahaa gabayaagii Cumar Xuseen (Ustariliya), oo gabay garnaqsi ahaa isna ka hor tiriyay ninkaa Ingiriiska ahaa, fariina ugu dhiibayey Boqoradii Ingiriiska iyo

Dhimbiishii Halganka

dawladii uu matalayey, isaga oo ku eedeynaya in dawladda Ingiriisku ku badhi furtey axdigii ay la gashey dadka reer Somaliland odayadoodii.

Heesihii gobanimmo-doonka ahaa ee ay allifi jireen abwaanno ay ka mid ahaayeen Cabdillhaahi Qarshe iyo Cali Sugulle (Dun Carbeed) ayaa iyana kaalin mug leh kaga jirey wacyi gelinta iyo shaacinta fikradihii xornimo raadiska ahaa.

Kadib markii Ingiriisku Hawd ku wareejiyay Itoobiya sannadkii 1948-kii, waxa kor u kacay dhaqdhaqaaqyadii siyaasiga ahaa taasoo dardar cusub ku beertay xornimo doonkii Somaliland. Wafdi uu hor kacayay Suldaan Cabdillaahi Diiriye oo ay ka mid ahaayeen Suldaan Cabdiraxmaan Diiriye iyo Maykal Maryaano ayaa 1948-kii England u tagay sidii dowladda Ingriiska ay cadaadis ugu saari lahaayeen si ay uga noqoto dhulkii Hawd ee ay ku wareejisay Itoobiya.

Waxa kaloo dhaqdhaqaaqaa siyaasiga ah isna sii huriyay ururkii N.U.F (National United Front). Suldaan Cabdillaahi Diiriye, Suldaan Cabdiraxmaan Diiriye, Maykal Maryaano, Abokor X. Faarax, Cabdiraxmaan Cali Dubbe (Yare), iyo Cabdi Daahir, ayaa iyagoo garnaqsi u socda 1955-kii tegey London iyo New York. Wefdigani wuxu ku doodayay in Ingiriisku jabiyay cahdigii uu la galay Somaliland sannadkii 1885, kaas oo qorayay in aan Ingiriisku bixin karin, iibin karin, amma kirayn karin, dhul ka mid ah Somaliland.

3. Xorriyaddii: June 26, 1960

Waxay arrintu socotaba waxay soo gaadhay xilligii Ingiriisku uu faraha ka qaadi lahaa sii hayntii Somaliland. June 26, 1960 ayaa calankii ugu horreeyay ee ummad ku abtirsata isirka Soomaalidu taagto, laga qotomiyay Hargeysa — meel inyar waqooyi bari ugu toosan Dugsiga Sheekh Bashiir (waa halka uu ka dhisan yahay hadda masjidka uu dhisay Ibraahim-Dheere).

Farxaddii halkaa ka dhacday waxa si fiican u cabbiray abwaankii waynaa ee Cabdillaahi Suldaan Timacadde (Sarreeyow ma nusqaamow, aan siduu yahay eegnee, kaana siib kanna saar):

Anigoo sebi uun ahoo
Siigaduun isku aasoo
Laygu aaminin soofkiyo
Gabaygu waygu sugnaayee
Ama aan surmaseejo
Ama aan ka salguuro
Soomaalida i maqlaysaay
Ilaahaan waxba seegine
Sabbaxooyin ku sheegayow
Rabbiigii kala seerayow
La soo saaro makhluuqa e
Maalintaad kala soocdo
Rabbigayow naga saamax
Ka siddeetan sebaaney
Sahankiisa ahaynow
Sagal maanta darroorayoo

Sita leeb iyo qaansoo
Sabo reer ka fogaanoon
Saaca maanta aan joogno
Haddii aan sarsarriigo
Amaba aan sixi waayo
Amaba laygu saluugo
I su'aala hadhow
Subaciisa Quraankiyo
Saciira iyo Naciima
Markay suurtu dhawaaqdo e
Shaqiga iyo saciidka
Dembigaannu samaynay
Subciyay oo ka dukeeyaye
Calankaannu sugaynaye
Seermaweydo hillaacdayow
Siigadii naga maydhayow

Dhimbiishii Halganka

Saq dhexaannu ahayne
Samada kii u ekaaye
Saaxirkii kala guurraye
Aan siduu yahay eegno e
Saahidiinta Islaamka e
Sabiyaasha iyo haweenku
Cidina kaanay na siine
Saaxirkii kala guurraye
Aan siduu yahay eegno e
Sallaankii istiqaalkow
Sayruukhii Afrikaadow
Sarreeyow ma-nusqaamow
Kaana siib kanna saar
Khalqiga kii u sinnaayeen
Sangalkii iska diidayow
Sarreeyow ma-nusqaamow
Kaana siib kanna saar
Saqda qaylo dhawaaqdiyo
Hadba soof la xabbaadhiyo
Kii laydhiisu na saaqdayow
Isu saaray gacmaa ee
Saaxirkii kala guurraye
Aan siduu yahay eegno e
In sidayda tihiin iyo
Soomaloo calan taagta
Saddex wiig iyo maalmo
Safrad laygama yaaboo
Saaxirkii kala guurraye
Aan siduu yahay eegno e

Kii soo saaray cadceeddow
Xiddigaa mid la siiyayow
Sarreeyow ma-nusqaamow
Kaana siib kanna saar
Subcisaa jimcayaashiyo
Calankay saadinayeenow
Saatir noogu yaboohayow
Sarreeyow ma-nusqaamow
Kaana siib kanna saar
Sedadu kay ku xidhnaydow
Saaxirkii kala guurraye
Aan siduu yahay eegno e
San-ku-neefle dhammaantii
Mid saaxiib la ahayne
Saaxirkii kala guurraye
Aan siduu yahay eegno
Soomaloo iscunaysa oo
Sulub laysu cabbaystiyo
Saraayaa dami weydey
Kii sadqeeyey qabaalee
Saf walaala ka yeelayow
Sarreeyow ma-nusqaamow
Kaana siib kanna saar
In kalaanan saxaynine
Saakay noogu horraysa oo
Haddaan soor cuni waayo
Sarina mayso naftayda e
Sarreeyow ma-nusqaamow
Kaana siib kanna saar

Dhimbiishii Halganka

Cabdi Iidaan ayaa isaguna gabaygan qiimaha badan habeennimadii ka tiriyay beerta xorriyadda ee magaalada Hargeysa:

Geeraar baan awalkiisiyo
Halka uu ku idlaadiyo
Aakhirkiisa hayaaye
Akhyaartiinan golaa
Eray wayga salaan
Halna waa ururkeenna
Eray wayga salaane
Waa ashqaalo magaaloo
Ereygaga u horreeya
Erayna wayga duco
Inta loo denbi dhaafee
Ehlul-Khayra ka yeel
Mid ammaan lagu joogoon
Ilaahow aduunkeennana
Intifaac leh ka yeel
Ilaahow oodda dhexdeenana
Midday uurka ku hayso
La Illoobo ka yeel
Ilaahoow eraygaygana
La ajiibo ka yeel
Ilaahow udubkeenna
Afarteenna bahoodee
Isu keen wada keenoo
Erayna waa calankeenna
Asqadii dhaxantii iyo
Adduunkii lacagtii iyo

Anbaduu ka bilaabmiyo
Sida loogu ishaadiyo
Indhaweyd iska daayee
Bal maydiin akhriyaa
Erayna wayga duco
Erayna waa calanka
Waa araarad maqnaynoo
Ammintanaannu haleelnee
A-Salaamu-calaykum
Ilaahow ururkeenna
Ummaddii Nebigiiyee (NNKH)
Ilaahow arligeennana
Abaaroobin ka yeel
Mid ibtiisa la maaloo

Soomaaloo idilkeeda
Mid Ilaah ka daweeyoo

Mid aammiin la yidhaahdoo

Istiqlaalka la siiyey
Hareeraa kaga oodan
Mid adkaada ka yeel
Uumigii milicdii iyo
Afduubkii xadhiggii iyo
Ibtilooyin kaleetiyo

Dhimbiishii Halganka

Eed wixii nagu gaadhay
Kolkii uu araggaagu
Axdabtii laga raystayoo
Maanta meel laga ooyiyo
Uurku-taallo ma joognoo
Oo abaal loogu qabaa
Kan Amxaaradu laysiyo
Labadaa ku arkaaya
Inta uu ul ku goosmay
Ururiyoo dul sudhnaw oo
Ardigaaga xoreeyoo
Adkaw oo ha nuqsaaminoo
Kuwa uurka dabaayiyo
ILaahay idamkii
Albaqraa iyo Waleyliyo
Idaajaa kugu deyrey
Ururshow urursooow iyo
Waa kan kii araggiisa

Adaan kaaga qabawnayoo
liftiinkii ugu deeqayba
Dad aqoon daran miihinoo
Oheey way iyo ciil iyo
Ilaahbaa mahaddaa leh
NFD-ii ninka joogiyo
Obokh meel la yidhaahdiyo
Sidii aaranka geeloo
Intaad ooho tidhaahdo
Isticmaarka fogeeyoo
Insha-Allaahu hagaagoo
Ishii cawri taqaanniyo
Afka layska habaaro
Kuma soo ag maraan
Arbacuunka Quraankiyo
Halna waa ummadeennee
Ma kii loo irkaadaa iyo

Dhimbiishii Halganka

4. July 1, 1960 Iyo Midowgii

Haddaan dib u jalleecno jawigii iyo xamaasaddii taagnayd waqtigii gobanimadu soo dhawaatay, waxay u eekayd in reer Somaliland ay isku qanciyeen, guntigana dhiisha iskaga dhigeen, sidii loo heli lahaa shan Soomaaliyeed oo midaysan. Taas waxa daliillo u ah fankii gobanimadoonka ku saabsanaa ee ka soo burqan jirey reer Somaliland. Nin abwaanada Somaliland ka mid ah ayaan ka maqlay isagoo ku doodaya *"bal in la soo helo hal ama laba hees oo ka hadlaya midow ama Soomaali weyn oo Xamar ka soo baxday"*; Akhristaha ayaan u dhaafayaa bal in taasi xaqiiqo u dhowdahay iyo in la buunbuuniyay.

Si kastaba ha ahaatee, helitaankii calanka ee June 26, 1960 waxa markiiba ku xigay tallaabo loo arkayay inay waajib tahay in la qaado xilligaa – waa raadintii shan Soomaaliyeed oo midaysan. Rajadaa waxa soo dedejiyay 1-da July oo loo asteeyay in xorriyad la siiyo dhulkii uu Talyaanigu haystay. Waxa lays yidhi seddexda kalana maba sii dheera. Markiiba waxa loo xamaan gurtay xaggaa iyo Muqdisho/Xamar si laysugu beego xorriyaddii dalkii Koonfureed iyo midowgii labada waddan (Woqooyi iyo Koonfur).

Dadweynaha reer Somaliland waxay sugi kari la'aayeen inta la gaadhayo 1-dii July oo ahayd maalintii ku beegnayd xorriyaddii Koonfurta Soomaaliya. Isla markii la gaadhay maalintii ay Koonfuri xorriyaddeedii ka qaadatay Talyaaniga ayaa waxa taa lagu ladhay mataanaynta Koonfur iyo Woqooyi oo loo bixiyo Jamhuuriyadda Soomaaliyeed.

Sidaad halkaa ka aragto, waxa meesha ku yaraa qorshayn iyo gorgortan lagu lafo guro sida wax loo wada yeelan lahaa. Taas oo sababtay cawaaqib xumo iyo dhibaatooyin hor leh oo kala shaki iyo biyo

14

Dhimbiishii Halganka

diid ay ugu horreeyaan. Labadii waddan, amma aan nidhaahnee labadii dowladood, ee midowbay kumay guulaysan inay dhisaan dowlad loo wada dhanyahay. Wax wada qaybsigii ayaa markiiba meesha ka baxay – waxaabad mooddaa in aan lays fahmin markii la midoobayay; Madaxdii ka socotay Somalilandna wuxunbay noqdeen sidii ay yihiin marti. Waxa dhacday in waddankii dhammaa ee Somaliland ee ay kula shuraakoobeen waddankii Koonfur Soomaaliaya uu noqdey hal gobol oo ka mid ah Koonfur Soomaaliya.

4.1. Saluuggii Midnimada

Dhinaca kale, iyadoo ay jirto xamaasaddaa guud ahaan dadka intooda badan u haysay midowga, waxa jirey in yar oo indheer garad ahaa oo aan raali ka ahayn midowgaa loo ololaynayay. Siduu Boobe Yuusuf Ducaale ku xusay buuggiisa *"Dharaaraa Ina Soo Maray"*, waxa xusid mudan in abwaan Xuseen Aw Faarax Dubbad uu allifay hees calaacal ah, oo ku saabsanayd israacaa lagu degdegayay; Heestaas, oo ay ku luuqayn jirtay Xaliimo Khaliif Magool, waxa erayadeeda ka mid ahaa:

Inteennii kaloo maqan
Inaad Xamar is raacdaan
Haddaad isla ogolaateen
Idinkoo itaal daran
Aqal dumay hortii tuban!
Waa la arki doonaa
Eedaadka soo maray
Ummul baa illowdee

Haddaan dib ugu noqonno midhihii midowga, tabashada iyo sii kala fogaanshuhuna maalinba maalinta ka dambaysa waxay ahaayeen

Dhimbiishii Halganka

kuwo isa soo tarayay. Nasiib darrada jirtayna waxay ahayd in cid isku dayday inay daawayso nabarradii amma cabashooyinkii aaney marnaba ka soo if bixin dowladihii xukunka iskaga dambeeyay ee ka hir galay Soomaaliya.

Taasi waxay cashar wax ku ool ah u noqotay Djibouti oo markii ay calanka qaadatay 1977 aad mooddo inay isku qancisay odhaahdii dacawada laga tabiyey ee odhan jirtey "Ishaa Cali ninkii dayey, digniin wowgu filan tahay". Waxa aad loogu han weynaa in Djibouti noqoto gobolka seddexaad ee ku soo biira Jamhuuriyaddii Soomaaliya. Balse Djibouti iskeed ayay isku taagtay, illaa haddana ma muuqato wax kaga lumay go'aankaas.

Abwaannadii, oo uu ugu horreeyay Cali Sugulle, ayaa waxay si fiican u cabbireen hungowgii iyo tabashadii ka imanaysay goboladii Woqooyi. Muddo yar uun ka dib midowgii labada dal ayuu Cali Sugulle curiyay heestii "Adduunyo halbaan lahaa" oo uu ku soo bandhigay siday wax u dhaceen; Waa xoriyaddii oo gabadh jileysa iyo wiilkii hanan lahaa. Erayada heestaana waxa ka mida ah:

Laacayoo hinqaday
Hir bay laacayo hinqaday
Hilaac bay baxoo handaday
Haddana waayay oo hakaday

Adduunyo hal baan lahaa
Hashii horor baa la tagay
Oo hadhuub madhan baan sitaa!

Cabdillaahi Suldaan Timacadde, oo illaa xad aad u jeclaa wadajirka Soomaalida, ayaa ka adkaysan waayey inuu ka hadlo sida

Dhimbiishii Halganka

dayaca loogu riday goboladii Woqooyi ee Somaliland, khayraadkii iyo horumarkiina loogu koobay goboladii Koonfurta. Timacadde wuxu ku dacwiyayay in wixii reer Woqooyiga Muqdisho geeyay ay ahayd midnimo jacayl, ee aanay ahayn dad isa soo dhiibay. Areyadan ayaa ka mid ahaa murtidii uu ku dabaqey dareenkiisa:

Midina waa dacwaddayda	Maalintii dabku qiiqayeen
Isticmaarkii is diidnay	Nimankii danta sheegtayee
Dariiqooda ka leexanee	Dacwaddooda
dhammaystayee	
Dalkan caawa aan joogno	Dulligii isticmaarkiyo
Dahaadhkiiba ka siibayee	Karal daaqad ka saarayee
Duddaanu ahayne	Dowlad soo gashay maanu
ahayne	
Danteennaa laba diidaye	Dabuub aannu maqlaynay
Dareen baan ka qabnaayoo	Dugsigii baarlamaankiyo
Dekeddii xamar baa leh	Berbera daadku ha qaado
Dooniyi yaanay ku weecan	Duqaydii baarlmaankaay
Labadaa kala daayoo	Yaan loo daymo la'aan

Tuducyadan kooban, oo uu tiriyay Axmed Muxumed Good (Shimbir), ayaa carrabka ku dhufanaysa talo ay u baahnaayeen dadkii Somaliland ka soo jeeday ee xorriyaddoodii Xamar ku tuurey:

Adoo geelu kuu dhaley	Gorofkaaga xoorka leh
Leyskama gambiya oo	Geeddi lama lalabba oo
Abaar looma guuree	Intaan gudin afeystaan
Laabatada isgooyee	Wixii ila garaadoow
Gobonimo ha tuurina!	

Dhimbiishii Halganka

Qaasim oo dhaliillo u soo jeedinayay dowladihii gobanimada ka dib dhashay iyo sida loogu hungoobayna wuxu yidhi:

Ayaantaan dhashiyo maanta oon   *Uurka ka cirroobey*
Hashii aan intaa iyo intaa   *Daba ambiigaayey*
Ardaa boodhle mooyee hashaan   *Aqal ka dheeraada*
Aroorida cidlada ah hashaan   *Ugu ugaadhoobay*
Hashii aan intaa iyo intaa   *Oon la daba joogey*
Hashii markuu adhigu jabay   *Araxdanaw quutay*
Hashii aan Amxaarkiyo   *Kufriga ugu unuun gooyey*
Ayaantay hallawdaba hashaan   *Daba ambiigaayey*
NFD dusheedaan lahaa   *U umultaalee-ye*
Iimay ha daaqdaan lahaa   *Adhaxda jiilaale*
Ardi-Sababa geebaa lahaa   *Ayda doogga lehe*
Ilamaha Jabbuutaan lahaa   *Aayar soo mariye*
Dadkan kala irdhoobaan lahaa   *Hays ilwaadsado-e*
Afarteeda naas baan lahaa   *Ubadka deeqsiiye*
Irmaanaatay Maandeeqe   *Waad ibo kuryayseene*
Ma afurin agoontii waddiyo   *Kii ushow siday*
Innamada dhowaan noo kacow   *Weydin eersadaye*
Carrabkiisu ruux uu xunyahay   *Aayatiin malahe*
Namaydaan abaal marine   *Waad na ambinaysaane*

4.2. Aftidii Loo Qaaday Midowgii

Xagga sharciga haddii aynu ka eegno, waxaad arkeysaa in aanu midowgii labada dowladood ahayn mid sharciyan sax ahaa. Shicibkii reer Somaliland waxay markiiba ka biyo diideen siday wax u dhaceen. Waxey garawsadeen gefkii dhacay hagardaamadiisu inta ay leeg tahay iyo cawaaqibka ka iman kara baaxaddiisa. Waxey isla markiiba isku dayeen inay ka noqdaan midowgii labada dal. Waxad mooddaa inay reer Somaliland galeen xaaladda afka Ingiriisiga ah lagu yidhaahdo *Buyer's Remorse* oo ka turjumaysa dareenka iyo qoomamaynta ku habsata qof la caameeyey oo aaney uga dambeynini.

Bishii June 1961 waxa la qaaday afti loogu codaynayay in la ansixiyo israacii labada dowladood. Aftidaas sida loo qaaday lafteeda waxa ku jirey qalad weyn oo xaga sharciga ah. Waxay ahayd in dowlad kasta shicibkeedu si gaara u soo ansixiyo marka hore arrinkan midowga, ka dibna lagu ansixiyo midowga kalfadhi ka kooban labada baarlamaan oo ka kala socda labada waddan ee isu tagey.

Xagga reer Somaliland, aftidaas dadka intooda badani way qaadaceen iyagoo taageeraya baaq uga yimi xisbiyadii siyaasiga ahaa ee ka jirey Somaliland; Intii codeysay, oo ahayd in ka yar 100 kun oo qof, aqlabiyadoodii (60%) waxay diideen ansixintii midowga. Dhanka kale ee Soomaaliya, sida qoraallo[1] badan lagu xusay, waxa ka codeeyay in ku dhow laba milyan oo qof oo intooda badani rabeen in la midoobo.

1
1. Elections in Somalia African Elections Database
2. Poore, Brad. "Somaliland: Shackled to a Failed State". *Stanford Journal of International Law*. (45) 1.
3. Diriye Abdullahi, M. (2001) *Culture And Customs Of Somalia*, Greenwood Publishing Group, p.27

Halkaas waxad ka arki kartaa sharcinimada is-raacu inaanu luggo ku taagneyn. Waxa kale oo aad markaa si cad iyana u fahmi kartaa, in meesha ay jireen laba waddan oo mid dadkiisii yidhaahdeen midnimadaanu rabnaa, midka kalena shicibkiisii diideen. Tiradaa faraha badan ee la sheegay in ay ka codeeyeen Koonfurna, waxa iyana lagu tilmaamaa inay aheyd mid been-abuur ah (fadlan eeg qoraalada aynu marjaca ka dhiganay); Tusaale ahaan, tuulada Wen-la-weyn ayaa la sheegay in ay ka codeeyeen in ka badan 100 kun oo qof; Waa halka magaca Wen-la-weyn ka yimide. 1961 waxa lagu tiro koobey in labada Somaliyeed marka la isku daro ahaayeen dadka ku nooli 2.8 milyan; Haddiiba aynu si xad dhaaf ah u buunbuuninno oo nidhaahno Koonfur waxa xilligaa ku noolaa 2 milyan oo qof, suurto gal ma noqon karto in 2 milyan in ku dhowi ay codeeyaan; In badani waxanay u codayn karayn da'da oo waa carruur; In badanna goobaha lagu codaynayo ayaanay gaadhi karaynba; Qaarkoodna way kaba wahsanayaan.

4.3. Isku Deygii Inqilaabka: Dec. 1961

Xagga ciidamada, saraakiishii milateriga ee ka socday gobolada Waqooyi oo uu hoggaaminayay Xasan Kayd Walanwal ayaa iyana in ka yar laba sanno midowgii ka dib isku dayay inay inqilaab ku soo celiyaan xorriyaddii Somaliland ka ambatey. Isku daygaa inqilaabka iyo siduu ku dambeeyay ayaynu dulmar ku sammayn doonnaa.

Muddo aad u yar ka dib markii Somaliland iyo Soomalidii Koonfureed ay midoobeen waxa dhacday in saraakiil ka soo jeedday gobolada woqooyi (oo u kala dhashay dhammaan gobolada dadka reer Somaliland degaan – tusaale ahaan: Hargeysa, Boorama, Burco, Berbera, Laascaanood iyo Ceerigaabo) ay isla garteen in midowgii la wada galay aanu u shaqaynin sidii laga filayay. Sida ay sheegeen, ujeeddada ay taas ugu kaceen waxay ahayd *inay u adkaysan waayeen*

Dhimbiishii Halganka

sida aan wax qaddarina loo siin in gobollada Woqooyi ahaayeen dal la midoobay Koonfur.

Waxay qorshaysteen sidii ay xorriyaddii iyo calankii Muqdisho lala tagay dib u soo celin lahaayeen. Saraakiishan intooda badan waxay tababarkooda milateri ku soo qaateen kulliyadda ciidammada Sandhurst ee waddanka Ingiriiska. Xilligii midowgu dhacayna waxay ahaayeen saraakiisha qudha ee lahaa waxbarasho heer jaamacadeed ah iyo khibrado milateri. Ciidammada koonfurtu waxay iyagu ahaayeen bilays.

Saraakiishaas isku dayay inqilaabka waxa ka mid ahaa:

- Xasan-Kayd Cabdille Walanwal
- Cabdillaahi Maxamed Adan (Koongo)
- Muxumed-Awr Cabdillaahi Rooble
- Faysal Xaaji Jaamac Geedi
- Cawil Cali Ducaale
- Axmed Xaaji Diiriye
- Cali Haaruun
- Maxamed Sheikh Muuse
- Cabdi Yuusuf Abokor
- Maxamed Cabdiraxmaan Xaaji Jaamac
- Xuseen Maxamed Bullaale (Dakhare)
- Cabdillaahi Cabdi Faarax (Deyr)
- Maxamed Maxamuud Raage
- Cabdillaahi Saciid Caabbi (Gacma dheere)
- Maxamed Maxamuud Saciid (Bidixle)
- Yuusuf Axmed Kibaar
- Saciid Oogle
- Saciid Cali Giir
- Cabdi Dhalac Cabdi

Dhimbiishii Halganka

- Cabdikariim Cashur
- Cabdi-Xabashi Cali Xuseen
- Maxamed Warsame
- Daa'uud Cali Yaxye

Fulinta inqilaabkaasna waxay ku dhaqaaqeen Dec 26, 1961. Walow inqilaabkaasi uu dhicisoobay, haddana wuxu astaan u yahay saluuggii dhakhsaha ahaa ee lagala kulmay midowgii labada dawladood.

Inqilaabkaas waxa ku dhintay Cabdillaahi Siciid Caabbi (Gacma dheere) oo noqdey qofkii ugu horreeyey ee u dhinta qadiyadda Somaliland. Saraakiishii kalana waa la xidhay, waxana laba sano ka dib maxkamad lagu saaray Muqdisho. Maxkamadda waxa garsoore ka ahaa nin Ingriis ahaa, xeer ilaaliyuhuna wuxu ahaa Talyaani, qareenaduna (looyarradu) waxay ahaayeen Hindi.

Difaacii ugu weynaa ee qareennadoodu ay ku doodeen waxa ka mid ahaa in *saraakiishani aanay u dhaaran ciidan ay Soomaaliyi leeday, balse ay u dhaarteen ciidanka ay xukunto boqoradda Ingiriisku, boqoradduna aanay wax dacwad ah ku soo oogin. Midda kalana, in si sharci darro ah looga soo qaaday xuduuddii dhulkii ay dambiga ka galeen.*

Dhinaca kale, eedaysanyaashu su'aalo milateriga ku saabsan ayay waydiiyeen markhaatiyadii milateriga ka socday oo uu ugu horreeyay Jeneraal Daa'uud. Jananka waxay weydiiyeen halka uu ku soo qaatay tababarka ciidamada. Markii uu sheegay in aanu lahayn tababar milateri waxay weydiiyeen siduu ku helay inuu madax u noqdo kumaankun milateri ah. Taasna wuxu kaga jawaabay *"siyaasiyiinta weydiiya"*.

Sarkaal kale waxay markhaatigiisii ku jabiyeen iyagoo maxkamadda ka hor caddeeyay in uu isticmaalay laba magac oo kala

Dhimbiishii Halganka

duwan; Waxay soo bandhigeen in magac u qornaa markuu bilayska ahaa iyo ka uu milateriga kaga shaqeynayay aanay is waafaqsanayn; Sidaas ayuu ku waayay inuu markhaati noqdo.

Sarkaal seddexaad, oo isna markhaati ku ahaa, waxay ka codsadeen inuu furfuro qori uu askari kasta oo milateri ahi xilligaa isticmaali jirey – taas oo uu ku fashilmay. Waxa kaloo ay u dhiibeen khariirad ay laba meelood ka calaamadiyeen: magaalo iyo meel uu deggan yahay cadow magaaladaa soo weeraraya. Waxay waydiiyeen siduu magaaladaa ugu dhisi lahaa difaac si aanu cadowgaasi u qabsan magaalada. Sarkaalkii khariiraddii dhinaca kaluuba u qabsaday (*upside down*). Taasina waxay muujisay in aanu milaterigaba khibrad u lahayn.

Intaasiba waxay wiiqday caddaymihii ay maxkamadda hor keeni lahaayeen saraakiishaasi iyo waliba dacwaddii lagu soo oogay eedaysanayaasha. Aakhirkiina waa la sii daayay.

5. Afgembigii Oct 21, 1969: Dowladdii Milateriga Ahayd

Intii u dhaxaysay 1960 iyo 1969-kii waxa waddanka ka talin jirey dowlado rayid ah. U tartanka madaxnimada waddankana waxa lagu kala saari jirey doorashooyin – siday doonaanba ha u tayo liiteene. Waxyaabihii ugu waaweynaa ee dowladahaas soo maray waxa ka mid ahaa dagaalkii Itoobiya iyo Soomaaliya galeen 1964-kii oo muddo kooban socday.

Waxase kaloo iyana jirtay in dawladahaasi ay ahaayeen qaar musuqmaasuq hadheeyay. Xagga wax ka qabadka cabashooyinkii ka imanayay gobollada Woqooyi dawladahaasi wax xil ah iskamay saarin inay ka jawaabaan tabashooyinkii isa soo tarayay ee reer Woqooyigu ay tirsanayeen.

Bishii Oct. ee sannadkii1969-kii ayaa madaxwaynihii xilligaas waddanka u madax ahaa, Cabdirashiid Cali Sharmaarke, uu kormeer ku soo maray gobolladii Woqooyigu ka koobnaa. Wuxu soo maray Hargeysa iyo Burco, aakhirkiina wuxu gaadhay magaalada Laascaanood. Markuu halkaa marayo taariikhduna ahayd Oct 15, 1969 ayaa nin ka mid ahaa ilaaladiisu toogtay. Illaa hadda in dilkaasi ahaa mid qorshaysan iyo in kale cid si buuxday oo macquula uga hadasha maan maqal – xagga dowladdii dhalatay xilligaa ka dib, waxaabad moodaysay inaan dilkani dhicinba markaad u fiirsato hadal hayn la'aanta dilkaas.

Lix cisho ka dibna (21-kii Oct) waxa waddankii afgambi ku qabsaday koox uu hoggaaminayay Jenaraal Maxamed Siyaad Barre oo askar aheyd. Madaxdii dowladdii rayidka ahaydna, oo uu Ra'iisal Wasaare ka ahaa Maxamed X. Ibaarhim Cigaal, waxa lagu shubay

Dhimbiishii Halganka

jeelasha. Dowladdii ay dhisteen saraakiishii milateriguna waxay ula baxeen *"Kacaan"* uu hoggaaminayo *Golaha Sare ee Kacaanku* oo uu xoghaye ka noqday Maxamed Siyaad Barre. Hawlaha wasaaradahana waxay u igmadeen aqoonyahanno badankoodu dibadaha wax ku soo barteen. Dhowr sano inqilaabka ka bacdi, waxay xukuumaddii milateriga ahayd samaysay "Xisbiga Hantiwadaagga Kacaanka Soomaliyeed". Waxa madaxweyne ka noqday Maxamed Siyaad Barre oo ay ka hooseeyeen saddex madaxweyne ku xigeen oo kala ahaa Maxamed Cali Samatar, Xuseen Kulmiye Afrax, iyo Ismaaciil Cali Abokor.

Magacyada saraakiishii inqilaabkaas aan dhiiggu ku daadan waddanka ku qabsaday waxay kala ahaayeen:

- Sareeye Gaas Maxamed Siyaad Barre (Military)
- Sareeye Gaas Jaamac Cali Qoorsheel (Police)
- Sareeye Guuto Maxamed Caynaashe Guuleed (Military)
- Sareeye Guuto Xuseen Kulmiye Afrax (Police)
- Gaashaanle Sare Axmed Maxamuud Cadde (Military)
- Gaashaanle Dhexe Maxamuud Maxamed Mire (Police)
- Gaashaanle Dhexe Salaad Gabayre Kadiye (Military)
- Gaashaanle Dhexe Maxamed Cali Samatar (Military)
- Gaashaanle Dhexe Cabdalla Maxamed Faadil (Military)
- Gaashaanle Dhexe Maxamed Sheekh Cismaan (Police)
- Gaashaanle Dhexe Cali Mataan Xaashi (Military)
- Gaashaanle Ismaaciil Cali Abokor (Military)
- Gaashaanle Axmed Saleebaan Cabdalle (Military)
- Gaashaanle Maxamed Cali Shire (Military)
- Gaashaanle Axmed Maxamuud Faarax (Military)
- Gaashaanle Muuse Rabbiile Good (Military)
- Gaashaanle Faarax Wacays Dhuulle (Military)

Dhimbiishii Halganka

- Gaashaanle Maxamuud Geelle Yuusuf (Military)
- Dhamme Axmed Xasan Muuse (Military)
- Dhamme Maxamed Cumar Cabdi (Jees) (Military)
- Dhamme Cabdi Warsame Isaaq (Military)
- Dhamme Cismaan Maxamed Jeelle (Military)
- Dhamme Cabdirisaaq Maxamuud Abuubakar (Military)
- Dhamme Cabdilqaadir Xaaji Maxamed Masalle (Military)
- Dhamme Bashiir Cilmi Yuusuf (Police)

Saraakiishan dowladdii rayidka ahayd afgambiyey waxay dowladdoodii ugu yeedheen *"Kacaan"*. Waxan aad ugu mahad naqayaa Prof. Cabdiraxmaan Yuusuf Abokor oo sharax fiican iga siiyay in eraygaasi uu ahaa been abuur la samaystay, isla markaana ahaa mid saraakiishaasi ku qarinayeen afgambigii ay sameeyeen, ay iskana caddayd in aan is beddelku ka iman shicibka; Sidaa daraadeedna ay qalad tahay isticmaalka erayga "kacaan"; Mar mar dhif ah, mooye eraygaa waxaynu ku beddeli doonnaa "Dowladdii Milateriga Ahayd".

Sababaynta inqilaabka milateri waxa sal looga dhigay musuqmaasuqii oo cirka isku shareeray intii xorriyadda la haystay. Su'aashase lays waydiin karaa waxay tahay "dowladdii milateriga ahayd ma la timid caddaalad?" Inkastoo dowladdaasi ay dardartii hore dadka u muujisay dhaqdhaqaaqyo hor leh, oo aan dowladihii hore looga baran, haddana aakhirkii musuqmaasuqii inuu sidii hore ka sii kordho mooyee marna hoos umuu dhicin.

Warbaahinta ayaa dadkii lagu asqeeyay, illaa xad qofkii aan waddanka joogini hadduu dhagaysto uu is odhanayo malaa jannadii adduunkaaba meesha ka dillaacday - maansada la yidhaa *Dibadyaal* ee Hadraawi tiriyay ayaan akhristayaasha odhan lahaa dhegeysta amma akhrista. Hubaashii, dowladdii milateriga ahayd waxay iskugu soo ururtay inay noqoto mid aan la mahadin.

Dhimbiishii Halganka

Waxa la soo waariday *Hantiwadaagga Cilmiga ku Dhisan* oo asal ahaan ku salaysan Alle diidnimo. Waxa la sameeyay "Maxkamadda Badbaadada Qaranka" oo loogu tala galay in ciddii il qalloocda ku eegta dowladda loogu quus gooyo. Maadaama ay maxkammadani khusayso nuxurka buuggan, wax xoogaa ah ayaynu bogagga soo socda kaga hadli doonnaa.

Waxa la aas-aasay xarummo dadweynaha lagu wacyi galiyo oo la odhan jirey *"hanuunimaha"*. Shir kasta ama meel kasta oo la iskugu yimaaddo waxa lagu bilaabi jirey laguna dhammayn jirey heestii *Guulwade Siyaad* oo erayadeeda ay ka mid ahaayeen:

Guulwade Siyaad Aabbihii garashada
Geyigayagow
Hantiwadaaggu waa habkaa barwaaqo
Noo horseedayee

Heeso kaloo ciiddaa ka badan oo taas oo kale ah ayaa idaacadaha iyo warbaahiyaashaba caan ka ahaa.

Qabyaaladdii ayaa lagu dhawaaqay in la baabiiyay lana aasay. Magaalooyinka waaweyn ayaa lala dhexmaray naxashyo la yidhi waxa saaran qabyaaladdii oo loo eekaysiiyay maydad dad, laguna aasay xabaalaha sida dadka loo aaso oo kale. Waxa la mamnuucay in lagu dhawaaqo erayo ku lug leh abtirsiin ama qabiil. Iyadoo ay sidaa ahayd, ayay haddana muuqatay sida qalloocan ee dowladdaasi u adeegsan jirtay qabyaaladda.

Iyadoo la isticmaalayo wax loogu yeedhi jirey *Tolayn iyo Qaramayn* ayay dowladdu la wareegtay ilihii dhaqaalaha ee dalka ka jirey sida warshadaha, xarumaha batroolka, beeraha waaweyn iwm.

1972-kii waxa la xushey Far-Soomali ka mid ahayd dhaworkii farood ee afka Soomaaligu ku qorraa, iyada oo isla markaana qoraalkii

Dhimbiishii Halganka

iyo ku shaqeyntii afka Soomaaliga ah la hirgalinayo. Waxbarashadii dugsiyada oo ahaa afka Ingiriisigana (waa kuwa Somaliland-e) waxa lagu wada badaley af-Soomaali. Aqoon yahannadii buugaagtii dugsiyada lagu dhigan jirey ee afafka qalaad ku qornaa muddo yar ayey af-Soomaali ugu bedaleen; waxay qabteen shaqo mudan in la ammaano. Iyadoo taasi jirto, ayaa waxa aan habboonayn in la laalo barashadii luqadaha kale sida Ingiriisada. Ardaydii af-Soomaaliga la kowsaday iyo kuwii ka dambeeyay toona may heli jirin marjac aan ahayn buugaagta wax looga dhigayo (oo inta badan aan laba heli jirin). Halkaa waxad ka garan kartaa sida ay u soo koobnaatay aqoontii ardaydu.

    Dabbaal-degga maalinta 21-ka Oct waxay noqotay mid waajib ku ah gobol iyo degmo kasta. Dhaqaale iyo waqti xad dhaaf ah ayaa lagu lumin jirey u diyaar garowga maalintaa. Haddaad maqasho arday tagi jirtay Xalane (oo ku yaalla Muqdisho) markay dugsiyada sare dhammeeyaan, waxa loo jeedaa Xamar waxay u tagi jireen inay illaa seddex biloodoo tababar ah ku qaataan sidii ay maalinta 21-ka Oct gaardi ugu hormari lahaayeen Maxamed Siyaad Barre.

    Horraantii 1970-kii waxa la mamnuucay soo dejinta badeecadaha, oo ay ku jiraan raashinka Soomaalida aasaasiga u ah (sida sonkorta iyo bariiska). Raashinkaa wuxunbaa lagu iibin karayay meello gaara oo dowladdu u qoondaysay lana odhan jiray *Kaadhiinno*. Qoys kasta waxa laaga iibin jirey qiyaas gaara oo ku xidhnayd inta qof ee qoysku ka kooban yahay. Raashinkaa si loo helo waxa loo gali jirey safaf dhaadheer. Ujeedooyinka ugu waaweyn waxa ka mid ahaa in la abuuro baahiyo joogto ah oo aasaasi ah, sida cuntada oo kale, si ay nolosha dadku had iyo jeer ugu xidhnaato dawladda, gacanteedana aaney ka bixin. Waxa kale oo la rabey in la wiiqo awoodda baayacmushtarka.

    Waxa la xaaraantimeeyay in waddanka lagu isticmaalo ama laguba arko lacag aan ahayn Shilin Soomaali. Qofkii lagu arko doolar iyo wixii la mid ah (oo loo yaqaanney lacagta adag) wuxu mutaysan jirey xadhig dheer.

Maxamed Siyaad Barre waxa ka go'nayd sidii xukunkiisa uu dhiddibada ugu aasi lahaa. Ciddii la jaan qaadi kari waydana waa la abaal marin jiray; Abaal marintaasi waxa kow ka ahayd dil toogasho ah. Tusaalayaashii ugu horeeyey waxa laga dhigay qaar ka mid ahaa xubnihii hoggaaminayey, uguna cadcaddaa "Golihii Sare ee Kacaanka". Jul 3, 1972, waxa dil toogasho ah lagu fuliyay Gaashaanle Dhexe Salaad Gebeyre, Jeneraal Maxamed Caynaanshe Guuleed iyo Gaashaanle Dhexe Cabdulqaadir Dheel Cabdulle. Labada hore waxay ka mid ahaayeen raggii Siyaad Barre inqilaabka la sameeyay.

5.1. Maxkamadda Badbaadada Dalka

Maadaama ay qaybaha dambe ee buugga uu innagu soo noqnoqon doono magaca "Maxkamadda Badbaadada", waxan jecleystay inaynu waxoogaa ka nidhaahno bal taariikhda maxakamaddan. 1970, in yar ka dib markii uu xukunkii milateriga ahaa dalka ka curtay, markiiba waxa la laalaly distoorkii dalka u yaallay. Waxa la abuuray maxkamad ka awood badan dhammaan maxkamadihii kala duwanaa ee jirey. Waxa lagu magacaabay Maxkamadda Badbaadada Qaranka. Maxkamaddan waxa xeer-ilaaliyaal iyo garsoorayaal ka ahaa rag ciidammada ka tirsan. Ujeedadda ugu weyn ee maxkammadda loo abuuray waxay ahayd arrin siyaasadeed. Maxkamaddaasi markii hore waxay la wareegtay kiisaskii cuslaa sida siyaasadda, dilalka, budhcadda, dhaawacyada waaweyn iwm. Waxa isna la ansixiyey oo maxkamadani aad u adeegsan jirtey xeerkii tirsigiisu ahaa Xeer. 54 oo ka koobnaa 26 qodob, oo 20 ka mid ahi dil iyo hantida qofka oo lala wareego ahaayeen. Markii dambe, waxa loogu daray hanti dhowrka oo laga soo saaray xeer odhanaya "qofkii lunsada wixii 100,000 shilin ka badan in lagu qaado"

Xatooyo *Xoole Dadwayne*" oo ciqaabta u taallaa ay ahayd dil toogasho ah.

Inkastoo qiimaha shilinku maalinba maalinta ka dambaysa hoos u sii dhacayay xeerkaasi ismuu beddelin. Dhinaca kale, sharcigan qallafsan cid walba laguma fulin jirine kolba qofkii la doono ayaa lagula dul dhici jirey. Haddii aad maqasho, waqtigaas, gaadhiga idaacada oo qaadaya heestii ay erayadeeda ka midka ahaayeen *"Wadaaddadaa qubuuraha, Qaxwe kula wareegoo; Wuxu qoray Ilaahay, Baajin waa Quraankuye; Qosolkii hablaa iyo, Maad mahadin qaadkii"*, waxa iska cadeyd in maalintaa ay u badan tahay in qof ama in ka badani badhka u taagan yihiin xatooyo xoole dadwayne. Wixii loo heysto siyaasadna waxaa loo qaaddi jirey heestii *"Samo diid"*, oo ay ka mid ahaayeen erayadani *"Samo diidow; Dabinbaa kuu xidhan; Lagugu dilli doono"*.

Waxyaabaha ay Maxkamadda Badbaadadu caanka ku ahayd waxa ka mid ahaa in aanu jirin rafcaan xukunkeeda laga qaadan jirey; Madaxwaynaha ayuun baa xukunkeeda wax ka bedelli kari jirey. Qofkii dil ama xadhig lagu xukumaa arji ayuu u qoran jirey Maxamed Siyaad Barre. Jawaabaha la fili jireyna waxay ahaayeen 1) in qofka madaxweynuhu saamaxo 2) inuu xukunka ka dhimo 3) inuu ku soo jawaabo "iimaanso" oo la macna ah "xukunkaa waxba laga beddeli maayo".

Mar haddii kiisaskii ugu badnaa ee ay qaadi jirtay maxkamaddani ay ahaayeen kuwo siyaasadda ku lug leh, cidda qudha ee rafcaan ka bixin kartaana uu ahaa Maxamed Siyaad Barre, waxad halkaa ka arki kartaa in qofka loo ashtakoonayaa uu ahaa kii muddiciga ku ahaa maxbuuska.

Maxkamaddan waxa madax ka ahaa Jeneraal Maxamuud Geelle Yuusuf, kiisas fara badan oo aad u ad-adag ayaanay qaaddey. Kiisaskaa haddii aynu qaar ka soo qaadano, waxa ka mid ahaa: 10 kii wadaad ee

Dhimbiishii Halganka

Xamar lagu laayay 23 kalena lagu xukummay xadhig dheer, seddexdii sarkaal ee laba ay golaha sare ka midka ahaayeen ee iyana la toogtay, saraakiishii inqilaabkii 1978 loo toogtey, siyaasiyiintii dilka lagu xukummay 1982, dhallintii UFFO iyo dhallintii loo xidhay kacdoonkii Feb 1982.

Ta layaabka lehi waxay tahay in Jenaral Geelle Yuusuf aanu wax aqoona oo muuqata u lahayn sharciga. Taas waxa u markhaati ah in uu sannadkii 1986 kulliyadii Sharciga ee Gahayr ka bilaabay barashada sharciga. Yaab bay igu noqotay inaan halkaa ku arko Geelle oo *freshman* ah (sannadka koowaad ee kulliyadda dhiganaya); Waa halkii isaga laga filayay inuu ka ahaado khabiir wax ka dhiga kuliyadda!!

Haddii ay Maxkamadda Badbaadadu ahayd noocaa aynu ka soo hadalnay, waxa iyana jiray maxkamado kale oo la mid ahaa, haddii aanay kaba sii qallafsanayn. Waxa jirtay Maxkammadda Ciidamada ee Wareegta taas oo dadka, shicib ama ciidan ha ahaadaane, ku xukumi jirtay geedaha hoostooda - taas macnaheedu wuxu yahay in dadka la xidho, si degdeg ah loo maxkamadeeyo iyagoon haysan wax qareenno ah; Intaa waxa dheeraa, iyada oo aan maxkamaddan wax abiil ah laga qaadan kari jirin xukunkeeda (xataa Siyaad Barre in cafis la weydiisto dadka badiyaa laguma simi jirin). Maxkamaddani waqtiyadii 1980-naadkii waxay dil ku xukuntay dad badan oo laga soo kala xidhxidhay meelo badan sida Burco, Sheekh, Gabiley iyo Hargeysa.

Haddii aan maxakamaddan intaa ku dhaafo, waxa kale oo aan jecleystey in aan Yuusuf Maxamed Ciise weydiiyo inuu wax ka yidhaahdo hay'addii nabad sugidda ee sirdoonka waddanka oo hagardaamooyin aan la soo koobi karin ku heysay ummadda, kuna ladhneyd maxkamaddan Badbaadada. Sidanna Yuusuf wuu u dhigey hadal kiisii:

5.2. Hay'addii "Nabad" Suggida - National Security Services (NSS)

25-kii sarkaal ee inqilaabkii miletariga dhigey, sida buuggu kor ku soo xusey, ee Golihii Sare ee "Kacaanka" SRC (Supreme Revolutionary Council), oo 5 ka mid ahina ahaayeen Golaha Fulinta (Council of Secretaries/politburo), ayey gacanta ugu jireen dhammaan dhardhaarada awoodda dowladeed sida sharci dejinta, fulinta, iyo maxkamaduhuba; Waa nidaamka afka Ingiriisiga ah loogu yeedho *Totalitarian State*. Maaddaama aaney jirin hay'ad sharci dajin ahi, kooxdani waxey waddanka ku xukumi jireen wareegtooyin (decrees).

Xoogga ugu badan wuxu rajiimkani saarey basaasnimada muwaadiniinta, iyaga oo cabsi joogta ah ka qabey in xukunka loogu yimaaddo maaddaama ay iyagu xukunka xoog iyo maroorsi ku qabsadeen. Sharcigii ugu horeeyey ee ay soo saareen, Xeer No.1, Jan 1,1970 waxey ku abuureen hey'addii Nabad Suggida ee NSS (National Security Services). Waxa la tilmaamaa in ay dhisidda iyo macluumaadka basaasidda NSS macalimiin ugu ahaayeen KGB iyo *Secret Police* kii waddankii shuuciga ahaa ee Bariga Jarmalka ka jirtey ee *Stasi* la odhan jirey, ee cabsida iyo cadaadiska ay shacabka ku hayeen aduunka kaalinta koowaad u gashey, caankana ku noqotay.

Waxa madax looga dhigey NSS Axmed Saleebaan Cabdalle (Dafle) oo uu Siyaad Barre soddog u ahaa. Waxa awood loo siiyey NSS-ta:

1. Iney xidhi karto qofkasta, iyada oo xabsiga lagu heyn karo muddo la'aan (rumaan bilaa wakhti ah), xataa haddii aan wax dambi ah lagu soo oogin, kol haddiiba ay laamaha ammaanku isku qanciyaan in qofkani hagardaamo ku yahey nabad

galyada, deganaanshaha, iyo habsamida dawladnimada dalka.
2. Iney xidhi karto qof kasta oo loo arko inuu la yimi ficillo xagga qowlka ah, fikirka ah, ama adinba ah, kaas oo liddi ku ah hadafka iyo himilooyinka kacaanka.
3. Iney basaasi karto qofkasta xad la'aan, hantidoodana la wareegi karto.

Maxkamad amma cid looga dacwoodo ma ay jirin NSS-ta oo aan ka aheyn Siyaad Barre. Waxa xeerkani meesha ka saarey *Habeas corpus* iyo *Magna Carta* oo ka mid ah sharciyada adduunka ugu faca weyn, ugu saameynta badan shuruucda adduunka, ahna labada rukun ee maanta adduunka sharciyada ilaalinta xuquuqda qofku ku soo arrooraan, ha ahaato Ilaalinta hantida qofka, xuquuqdiisa shakhsi, ama xakameynta awoodda dowladnimo.

NSS waxa kale oo ay bar billow u noqotay ha'yado kale oo faro badan oo sirdoon ahaa, badiyaana ay xukumaan dad ciidamada ka tirsanaan jirey. Dhammaan hay'adahan sirdoonka ahi waxey lahaayeen awoodo, hab maamul, iyo habdhaqan ku dhow dhow tan NSS.

Hal ujeeddo oo kaliya, ayey haddaba hey'addan "nabadsugiddu" ee NSS lahayd - iney xukunka ku ilaaliso xulafadii "kacaanka", xoog iyo xeeladba, xaq iyo xaqdarraba.

5.3. Hantiwadaagga Cilmiga ku Dhisan

Horraantii 1970, waxay Soomaaliya xidhiidh adag la yeelatay dowladdii la odhan jirey Midowga Soofiyati (oo hadda Ruushku ka sii joogo). Waqti badan kumay qaadan dawladdii milatwriga ahayd in xidhiidhka dalalkii reer galbeedka ay hoos u dhigto.

La bahowga xulufada Waarso (oo Midowga Soofiyati hor kacayay) iyo xidhiidhkii cusbaa ee Midowga Soofiyati lala yeeshay waxa gundhig u ahaa qaadashadii Soomaaliya qaadatay Hantiwadaagga Cilmiga ku Dhisan (Scientific Socialism). Macnaha mabda'aasi wataana waa in la rumaysto wixii aad arki karto, maqli karto amma aad taaban karto iwm. Fikraddani waxay salka ku haysaa in la diido jiritaanka Ilaahay (SWT) dadkuna ay noqdaan *mulxidiin* (Alle diidyo).

Midowga Soofiyeti taageero xoog leh ayuu u fidiyay Soomaaliya, isaguna wuxu ka dhistay xarummo milateri meelo ay Berberi ka mid ahayd. Sawirada Karl Marx (oo ahaa ninkii fikradda shuuciyadda aas-aasay), Lenin (oo ahaa ninkii ugu horreeyay ee xoogga u dabbaqay shuuciyadda) iyo kii Maxamed Siyaad Barre ayaa la dhigi jirey halbowlayaasha magaalooyinka.

Heesaha lagu ammaanayo hantiwadaagga ayaa tiro beelay. Heesaha sida tooska ah u muujinayey doorka uu Siyaad Barre ku lahaa soo waaridka hantiwadaagga iyo hoggamintiisa waxa ka mid ahaa:

1. Heestii Guulwade Siyaad, ee aynu hore u soo sheegney
2. Heesta ay midhaheeda ay ka midka ahaayeen:

Hantiwadaagga suubban, Kii sahan u ahaayee
Si weyna u beeroow
Sadrigiyi laabtaan, Kaa salaannay
Aabbe Siyaad

Erayada uu isticmaalkoodu afsoomaaliga ku soo batay waxa ka mid ahaa: 1) kelmadda *Aabbe* oo isticmaalkan cusubi u gaar ahaa Siyaad Barre oo qudha; Sida Aabbe Siyaad, Aabaha ummadda (Siyaad), Aabaha garashada (Siyaad). 2) Waxa kaloo isna laga dhigay erayga *Jaalle* inuu noqdo ka ugu caansan ee la iskugu yeedho (waa xagga dowladda marka aynu ka hadlayno), isaga oo beddelaya erayada ay ka midka yihiin *saaxiib, walaal, inaadeer* iwm. Khubadaha, halka maanta madaxdu ka

Dhimbiishii Halganka

isticmaalaan weedho ku bilaabma "walaalayaal ..." waxa xilligaa la odhan jirey "jaallayaal ....". Isticmaalka eraygaa *Jaalle* waxa lagaga dayanayey bahda shuuciyadda oo errayga ay dadku ku khasbanaayeen inay iskugu yeedhaa ahaa *Comrade* afafka qalaad.

Iskuulada waxa lagu soo kordhiyay maaddo loo bixiyay *Kacaan* oo sharaxaysa hantiwadaagga, Gollihii Sare ee inqilaabka waddanka ku qabsadey, Xisbigii Hanti Wadaagga, Siyaad Barre wax qabadkiisa, fikradihiisa, ammaantiisa iwm.

Si loo xoojiyo hantiwadaagga, waxa la qorsheeyay sidii loo dhisi lahaa facyo (jiilal) cusub oo ku ababa hantiwadaagga. Waxa la abuuray *Ubaxa Kacaanka* (oo loo sameeyay wixii ku jira dugsiyada hoose), *Barbaarta Kacaanka* (dugsiyada dhexe) iyo *Dhallinta Kacaanka* (dugsiyada sare iyo wixii ka sarreeya). Waxa kaloo iyana jirey qolooyin kale oo la odhan jirey *Kaadiriin* (heer jaamacadeed).

Ciidamo cusub oo la odhan jirey Guulwadayaal oo laga soo qori jirey muruqmaalka sida kaariyaasha gawaadhida kireeya, xammaalada, dillaaliinta, kaboolayaasha, rayiislayaasha, jaadhiwalayaasha iyo kuwa bilaa camalka ah ayaa loo isticmaali jirey sidii ay u fulin lahaayeen fidinta fikiradda dowladda oo ay ugu horreyso wacyi galintu. Ciidaankaasi wax mushahar ah may qaadan jirin, taa bedelkeeda waxay lahaayeed awood badan oo ay dadka ku xidhi karaan. Xaafad kasta iyo waax kasta waxa loo sameeyay guddiyo iyo qaar loogu yeedhi jirey *Tabeelayaal* oo abaabuli jirey isku soo baxyada, shirarka iwm. Waxa kale oo ay soo basaasi jireen xaafadaha, oo ay laamaha dawlada nabadsugida u qaabilsan warxbixin uga gudbin jireen kolba ciddii xaafadaha ku cusub ama wixii xarakaad ah ee ay ka shakiyaan.

Xagga diinta, waxa xoog loola dagaalamay barashadeeda iyo ku dhaqankeeda. Tusaale ahaan, waxa la mamnuucay in habluhu wax xijaab amma ku dhow xidhaan. Shaadhka hablaha iyo innamaduba

Dhimbiishii Halganka

iskuulada ku tagaan waxay ahayd inuu gacmo gaab ahaado, masarkuna aanu dhegaha qarin. Dhigista tafsiirka ayaa mamnuuc ka ahaa masaajiddada intooda badan in gaar ah mooyaane.

Waxyaabaha naxdinta lahaa ee Soomaliya ka dhaxashay hantiwadaagga waxa ka mid ahaa ku dhawaaqiddii *Xeerka Qoyska* oo dhigayay in ragga iyo dumarku ay siman yihiin hadday dhaxal noqoto iyo haddii wax kale laga hadlayaba. Tusaale ahaan, Maxamed Siyaad Barre wuxu si cad goob fagaare ah (Stadio Coni) uga sheegay, warbaahintuna ay tabisay, in Suuradaha Quraanka ah qaarkood, sid Suuratu Nisaa, aanay la jaan qaadi karin caalamka cusub. Wuxu khudbad uu ku diiddan yahay aayadaha dhaxalka ka hadla jeediyay Jan 15, 1975 oo ahayd maalin Arbaca ah. Isla maalintii xigtay (Khamiis, Jan 16, 1975) waxaa billabmay ka-soo-horjeedsi khudbaddii Siyaad Barre. Waxana isla malintaa la xidhay hal wadaad. Maalintii Jimcihii oo ahayd Jan 17-na waxaa masaajiddada Xamar qaarkood ka hadlay wadaaddo ka soo horjeestay khudbaddii Siyaad Barre. Ka-soo-horjeedsigaa dartii, toban wadaad oo dhallinyaro ahaa ayaa dil lagu xukumay laguna fuliyay Jan 23, 1975; 23 kalena waxa lagu xukumay xadhig dheer. Laba diyaaradood oo ahaa kuwa dagaalka oo maalintaa u dabbaal degayay dilkaa wadaaddada loo geystay ayaa isku dhacay, gubayna xaafado ka tirsan magaalada Xamar.

Xagga saxaafadda iyo warbaahinta, waddanka waxa looga oggolaa hal jariirad oo la odhan jirey *Xiddigta October* (oo ku hadli jirey afka dowladda) iyo idaacadaha dowladda – *Radiyow Muqdisho* iyo *Radiyow Hargeysa*; Jaraa'idka ka yimaadda adduunka waa la baadhi jirey inta aanay waddanka soo galin iyadoo bogagga ay ku qoran yihiin wax Soomaaliya khuseeya laga jari jirey intaanay kastamkaba soo dhaafin.

Habdhaqanka Hantiwadaagga iyo siduu dadka u dhallaan habaabiyo waxa buug caan ah oo malo awaal ah 1945-kii ka qoray

Dhimbiishii Halganka

George Orwell. Si guud oo kooban markaan u eego buuggaas oo ciwaankiisu yahay *Animal Farm (Beerta Xawayaanka)* oo uu 197- kii si farshaxannimo leh af Soomaali uugu turjumay Maxammed Yuusuf Cartan, waxa cad in uu si fiican u soo bandhigayo dhaqankii dowladdii Soomaaliyeed ee Hantiwadaagga ahayd iyo kuwii la midka ahaaba.

Sheekadu waxay ku saabsan tahay beer uu lahaa nin Jones la odhan jirey, oo ay ku noolaayeen xawayaanno ay ka mid ahaayeen doofaarro, ido, dameer, ri, dhowr sac, digaag, faras, shimbiro iyo ey.

Xawayaankii waxay ku guulaysteen in ay mulkiilihii Jones ka xoreeyaan beertii, iyaguna is maamulaan ka dib markii ay goor habeen ah weerar ku qaadeen kana furteen qorigii uu haystay. Weeraro rogaal celis ahaa oo ay Jones iyo beeralaydii ay saaxiibka ahaayeen ku soo qaadeenna, xawayaankii way iska caabiyeen. Xawayaankii waxay samaysteen distoor dhowr qodob ka koobnaa oo ay ku jireen:

1. Wixii laba lugood ku socdaa inay cadow yihiin
2. Xawayaan sariir kuma seexan karo
3. Xawayaan dhar ma xidhan karo
4. Xayawaan oo dhammi way siman yihiin
5. Xawayaan khamri ma cabbi karo
6. Xawayaan, xawayaan kale ma dili karo
7. Wixii afar lugood ama baadad lihi waa saaxibadeen, wixii laba lugood lihina waa cadowgeenna.

Qodobadaas, oo lagu qoray far waaweyn, waxay lagu xardhay boodh la dhigay meel cid walba ay arki karto. Intaa waxa dheeraa heeso cusub oo loo sameeyay in laysku guubaabiyo, kuwaas oo ay ka mid ahaayeen:

Dhimbiishii Halganka

1)

Iglan xoolaheedoow
Eerlaand ku weedoow
Idilkeed adduunyada
Oodkasta ku noolow
Akhbaar farax maleeyoo
Aayaheenna dahabka ah
Imaatinkiisa sheegay
Si aad ah u dhegeystoo
Inkastaba ha raagtee
Way iman ayaanoo
Dhibta aadmigaas wado
Afgenbi baa ku dhiciyoo
Iglan beeraheedaas
Anfaacigu ku badan yahay
Aadmiga la'aantiis
Asalkeenbaa u hadhiyoo

2) Iyo hees halku dhiggeedu ahaa: Laba lugood xumaa, afar lugood samaa!

Xawayaankii waxa hoggaanka u qabtay doofaaradii oo u muuqday inay ahaayeen kuwa ugu aqoonta badan xawayaankii beerta ku noolaa. Markiiba waxay doofaaradii abaabuleen inay ku dhaqaaqaan sidii ay horumar beerta uga samayn lahaayeen; Wax qabadkaas waxa ka mid ahaa inay hindiseen warshad laydh oo ku shaqaysa dabaysha. Eydii waxa loo tababaray in ay si arxan darro ah u cunaan ciddii halis ku noqota boqortooyada cusub ee xawayaanka. Idahu waxay iyagu shaqo ka dhigteen inay ku heesaan labada heesood ee aan magacownay iyagoo kor ugu heesaya marka shirarka la iskugu yimaaddo; Shirku marku furmayo, markuu xidhmayo, iyo haddii dooddu ay qadhaadhaato.

Dhimbiishii Halganka

Doofaaradii iyagoo isku arkayay inay ka sarreeyaan xawayaanada kale, ayay markiiba gaar iskaga dhigeen qaar ka mid ahaa khayraadkii beerta ka soo bixi jirey sida caanaha iyo malabka. Waxay bilaabeen inay si sibiq sibiq ah ugu guuraan gurigii uu deggenaan jirey Jones. Xagga maamulka, laba doofaar baa ugu cadcaddaa, Napoleon iyo Snowball. Napoleon oo talada hayay, wuxu markiiba arkay in Snowball uu halis ku yahay maamulkiisa. Labadan doofaar waxay ol-ole xooggan u galeen sidii ay u hanan lahaayeen quluubta xawayaanka kale. Napoleon wuxu ku eedeeyey Snowball inuu xidhiidh la leeyahay bani-aadamka, halisna ku yahay boqortooyada cusub ee xawayaanka, sidaa darteed ay waajib tahay in la dilo; Aakhirkiina Snowball naftiisii ayuu la firdhaday.

Doofaaradii waxay bilaabeen inay maalinba maalinta ka dambeysa u noolaadaan sida bani-aadamka illaa ay ka gaadheen heer ay ku seexadaan sariiro, cabbaan khamri, dilaan ciddii ay doonaan, xidhaan dhar, aakhirkiina ay ku socdaan laba lugood iyagoo isku eekaysiinaya bani-aadam ay la saaxibeen oo habeenkii ay khamriga la cabbi jireen, turubkana la ciyaari jireen.

Haddaad is weydiiso maxaa ku dhacay distoorkii la wada qortay, marba in yar baa laga beddeli jiri goor habeen ah; Xawayaankana inta yar ee wax akhriyi kari jirtey waxa ku adkayd inay xusuustaan siduu distoorku ahaan jirey. Ugu dambeyntii qodobadii distoorka qaarna waa la baabiiyay (**waa kuwa xarriinjintu dhex marsan tahaye**), qaarna waxay isku beddeleen sidan:

1. ~~Wixii laba lugood ku socdaa inay cadow yihiin~~
2. Xawayaan sariir **duraaxad leh** kuma seexan karo
3. ~~Xawayaan dhar ma xidhan karo~~
4. Xawayaan oo dhammi way siman yihiin **waanay sii kala siman yihiin**

Dhimbiishii Halganka

5. Xawayaan khamri **badan** ma cabbi karo
6. Xawayaan, xawayaan kale ma dili karo **sabab la'aan**
7. ~~Wixii afar lugood ama baadad lihi waa saaxibadeen, wixii laba lugood lihina waa cadowgeenna~~

Akhristaha waxan ku guubaabin lahaa inay dib ugu noqdaan hab dhaqankii dowladdii milateriga ahayd, iyagoo barbar dhigaya macnaha ay sheekada beerta xawayaanku ay xambaarsantay!

5.4. Indheer Garadkii oo Farta ku Fiiqay Galdaloolooyinkii Dawladdii Milatariga Ahayd

Dhalashadii dowladdii milateriga ahayd waxa la kowsaday indheer garadkii oo markiiba fahmay, intii itaalkooda ahna dagaal afka ah la galay; Waa tii hore loo yidhi *"afku wuxu la xoog yahay magliga, xowda kaa jara-e"*. Markiiba waxa bilaabmay suugaan sarbeeban oo dowladda lagu faaqidayo. Mar ruwaayad lagu cabbiro, mar gabay laga tiriyo, ama mar hees ahaan loogu luuqeeyaba, hal-abuurro aad u fara badan baa u tafa xaytay inay farta ku fiiqaan dhallaan haabinta ay dowladdanni waday.

Dhanka kale, dadwaynuhu wuxu abwaanaddaa ugu abaal guday in la suuq galiyo suugaantaa, lana soo shaac saaro. Dawladdii milateriga ahayd kolba hees, gabay, ama riwaayad ay sas ka qaadday, ayay ugu yeedhi jirtay *anti* amma *kacaan diid*. Qofkii cabbira ama farta ku fiiqa dhaliilo jira waxa lagu shaambadayn jirey *af-miishaar, dib-u-socod ama kacaan-diid.*

shicibka laftiisa ayaa suugaanta siday doonaan u fasiran jirey iyagoo erayada heesaha amma gabayada marna beddela, marna macnaha ay doonaan u saara iyagoo ku cabbiraya darenkooda ku aaddan hadba wadciga taagan.

Dhimbiishii Halganka

Silsiladdii *Siinley* ayaa ka mid ahayd suugaantii loo kala saftay ee abwaanada qaarna ay durayeen dowladda, qaar kalana ay difaacayeen. Silsiladda oo markeeda hore ka bilaabantay heeso sarbeeban oo Cabdi-Qays iyo Hadraawi is weydaarsanayeen sida *Aakhirow Xaggeed Naga Xigtaa* iyo *Arraxmaan* oo ay ku kala luuqayn jireen Cabdi-Qays iyo Maxamed Mooge[2] ayaa gogol xaadh u noqday ibafurkii silsiladdan nooca cusub ah ee sarbeebta u badnayd. Markay silsiladdu muddo socotay waxa soo gunaanaday Cabdi-Qays oo ula baydhay xarafka b-da.

Waxa kaloo iyana caan noqotay silsiladdii *Deelley,* oo uu daahfuray Maxamed Xaashi (Gaariye), oo ay ka qayb galeen in ku dhow lixdan abwaan. Isagoo Gaariye ka jawaabaya codsi abwaanada uga yimid Maxamed Siyaad Barre, oo u dhignaa in abwaanadu dowladda ka caawiyaan sidii dadweynuhu ugu dhego nuglaan lahaayeen dowladda, qabyaaladdana la dagaalamaan, ayuu tiriyay gabay uu ku soo halqabsaday tuduc uu Cabdillaahi Suldaan Timacadde tiriyay – "Dugsi ma leh qabyaaladi waxay dumiso mooyaane". Gabaygaas wuxu Gaariye farta ku fiiqay in isha ay qabyaaladdu ka soo burqataaba ay tahay madaxtooyada. Deeleydu umay sarbeebnayn sidii Siinlaydii. Aakhirkii Cabdi Iidaan ayaa soo afjaray Deeleydii oo xarafkii u beddelay sh-da.

Heesaha iyo gabayada kale oo si toosa u tilmaamaya dhaliilaha dowladda ayaan iyaguna yarayn. Hadraawi ayaa 1981-kii sameeyay ruwaayad nooc cusub ah oo la odhan jirey Carwo. Ruwaaddaas wax hadal ahi kumuu jirin!! Faraha iwm ayuunbaa lagu wada hadlayay. Hadraawi (sida uu ku sheegay buuggiisa *Hawaale Warran)* wuxu yidhi *"ujeedadu waxay ahayd in kacaanka la tuso haddii afka lays qabto in siyaabo kaloo dadku u wada hadlaan ay jiraan"*. Cali Xasan Aadan

---

[2] Hadraawi, Cabi Qays iyo Maxamed Mooge waxay ka mid ahaayeen hal abuuradii iyo hoobaladii sida tooska ah uga hor yimid dowlaadii milateriga ahayd kuna mutaystay xadhigga.

Dhimbiishii Halganka

(Banfas) ayaa isna ka mid ahaa abwaanada sida bilaa sarbeebta ah dowladda uga soo horjeedsan jirey.

Waxa mudan in aan idinla wadaago in xilliyadani ahaayeen xilliyadii aannu koreyney, oo ahaa wakhti ay suugaanta Soomaaliyeed mareysey heer aaney waligeed gaadhin, haddii ay tahay mid muxaafid ah, mid mucaarid ah, iyo mid arrimaha kale ee nolashaba ka hadlaysa. Suugaanta noocan ah ayaannu ku ababney, oo run ahaantii garaadkayaga siyaasadeed iyo dareenkayaga waddaninimaba raad weyn ku yeeshey.

Sidaan hore u xusnay, *kacaan-diid* ayaa qofkii la afgaran waayo loogu yeedhi jirey. Muuse Cali Faruur ayaase isku dayay inuu fasiro ama macno fiican u yeelo erayga *kacaan-diid* isagoo leh *"Kacaan-diid waddani buu ahaa, maamul kaarahay"*. Malaa intaa haddii dowladdaasi ay famhi lahayd wax badan baa sixmi lahaa. Waxa la is weydiin lahaa waxa sababay dhalliilaha, waxana laysku dayi lahaa in wixii la sixi karo la saxo. Bani-aadam baynu nahay oo qaladaad, gefef iyo galdaloolooyinba waynu leenahay. Haddii qaladaadka laysku tilmaami waayo noloshu wax macno ah yeelan mayso, qaladkiina in sax loo arko ayaa iska fududaanaysa. Marka hoggaan qaldan la sixi waayo ummadda jar iyo halaag waxan ahayn uma horseedi karo. Dowladdaa milateriga ahayd ee curatay 21-ka Oct taas ayaa ka maqnayd. Iska daa qalad loo sheegee waxa ciqaab lagu mudan jirey samaynta wanaag aan dowladdaa ka iman.

Mararka qaarkoodna eray aan turxaan lahayn oo qof yidhi baa dhib iyo xadhig lagu mutaysan jirey. Nin aannu saaxiib nahay oo Professor ah ayaa wuxu iiga sheekeeyay nin Muqdisho lagu xidhay. Ninkii markuu muddo xidhnaa ayaa la soo daayay. Dadkii oo ku faraxsan soo dayntiisa ayaa ninkii su'aalo la boobay. Su'aalaha waxa kow ka ahayd "hebel maxaa lagugu xidhay". Ninkii wuxu ku jawaabay "garan maayo waxa laygu xidhay balse waxan maqlayay in la yidhi waxad ku riyootay in qolooyinka askarta ee waddanka haysta iyo ciidamo kale ay is laayeen, dabadeedna laga adkaaday askarta waddanka haysata". Intaa ka dib dadkii iyagoo qoslaya ayay waydiiyeen "oo hadda maxaad samayn doontaa?". Taas oo uu kaga jawaabay "garan maayo, laakiin ciddii seexataba ha xidhaan".

Markaynu ka hadlayno UFFO iyo wixii lagu xidhay ayaa laga yaabaa inaad si fiican u garowsan doonto saska ay dowladdu ka qabtay in la dhalliilo, amma la qabto howlo waajibaad iyada ku ahaa ooy ka gaabisay.

5.5. Waxdaddii: Horumarinta Diinta iyo la Dagaalanka Ilxaadka

Sidaynu hore u soo xusnay waddanka is beddello raadad waaweyn ku yeeshay bulshada ayay soo kordhisay dowladdii milateriga ahayd. Raadadkaas waxa ka mid ahaa hoos u dhac ku yimi barashadii luqadaha qalaad nooc kastoo ay yihiinba. Taasina waxay sabab u noqotay in jiilkii cusbaa ee dowladdaa la hana qaaday ay waayaan ilo aqooneed oo ka baxsan waxa lagu soo daabaco madbacadda qaranka – taas oo soo saari jirtay dhammaan buugaagtii lagu dhigan jirey dugsiyada. Ujeedada taa laga lahaana waxay u muuqatay in ardaygu barto ama maqlo waxay dowladdu rabtey oo kaliya.

Dhanka kale, fikraddii hantiwadaagga ee la soo waariday kuna salaysnayd ilxaadnimada may jirin fikrado kale oo ka difaaci karayay shicibka. Runtii waxan xasuustaa dad aan ka maqli jirey in kelmadda hantiwadaag ay tahay wuxu islaamku inna farayo illeyn waata diintu innagu dhiiri galiso sadaqada iyo wax isa siinta'e.

Waxa caga junlayn la kulmay wadaaddaddii oo la galiyay baqe siyaado ah – mar haddii la isku dilayo eray yar oo masaajid laga sheegay sidee bay wadaaddadu ugu dhici karaan inay dowladda afaaraheeda galaan ayay sheekadii iskugu biyo shubatay.

Iyadoo taasi ay waddanka ka taagan tahay ayaa horraamihii 1970-yadii ay magaalada Hargeysa ka bilaabantay xarako Islaamiya oo dhallinyaradu aasaas u ahaayeen – waa ururkii la odhan jirey Waxdadda oo xarruntiisu ahayd fooq ka soo hor jeedi jirey masaajidka Cali Mataan.

Waxyaabaha ugu waaweyn ee Waxdaddu soo kordhisay waxa ka mid ahaa in barashada diintu noqoto mid lagu faano oo dhallinyaradu ku soo hirato. Waxdadda ka hor, barashada diintu waxay inta badan ku koobnay xer-ta oo inta badan galbeedka wax ku soo baran jirey. Haweenka ayaad is odhanaysaa mabay lahayn fursado u saamixi jirey inay diinta bartaan. Sidoo kale, Waxdaddu waxay keentay fikir kale oo si xoooggan u burin kara fikradihii Ilxaadka ahaa ee shuuciyaddu adduunka sida dhibta yar ugu faafin jirtay.

Casharada Waxdaddu bixin jirtay kumay koobnayn uun duruus diini ah, waxa kaloo lagu dhigi jirey maaddooyinka xisaabta iyo Ingiriisidu ka mid ahaayeen. Waxa kor u kacay aqoontii ardaydu u lahayd afka Carabiga oo baryihii hore ahaan jirey maaddooyinka ugu liita ee dugsiyada lagu dhigto. Waxyaabaasi waxay sababeen in ardaydii Waxdaddu ka cad-caddaadaan dugsiyada. Tiro badan oo ka tirsan ardaydii ay Waxdaddu soo saartay ayaa maanta ka muuqda, kana cad-cad qaybaha kala geddisan ee bulshada Somaliland – sida dhakhaatiir, Injineero, culimo, siyaasiyiin iyo aqoon yahanno kale.

Sida aad filan karto dowladdii markaa jirtay raalli kamay noqon dhallinyaraddan u tafa xaytay barashada diinta Islaamka oo si baahsan magaalooyinka uga soo shaac baxayay. Markiiba waxa la xidhay xarruntii Waxdadda; Taas oo dowladdu ay ugu talo gashay in ay ku soo gabagabaysmaan casharaddii ka bixi jirey xarruntaas.

Dhimbiishii Halganka

Ka dib markii la xidhay xaruntii Waxdadda, duruustii waxa loola wareegay masaajidadda, gaar ahaan kuwa yar-yar ee u eekaa in aanay dowladda u tirsanayn; Waxa ka mid ahaa masasjidka Aw-Bashiir oo hadda laga ag dhisay fooqa Geelle-Arab. Waxa kaloo isna ka mid ahaa masaajidka Aboo-da oo woxoogaa xagga Koonfureed ka xigay dugsiga sare ee Xalane. Masaajidka Cabdiraxmaan Gadhyare ayaa isagana ay duruusuhu ka bixi jireen.

Dowladdu waxay in badan isku dayday inay cabudhiso ishaa aqoonta diiniga ahi ay ka soo burqanaysay. Si loo caqabadeeyana waxa inta badan la xidhxidhi jirey dhallintii hoggaaminaysa Waxdadda. Xadhiga ka sokow, dowladdu waxay ku qaadday dhallinyartaa Waxdadda dagaal xagga sumcadda ah. Dacaayaddaha ay dowladdu ka fidin jirtay Waxdadda waxa ugu caansanaa inay yidhaahdaan "Waxdaddu waxay yidhaahdaan waalidkayo diin iskuma qabaan".

Halka ay maanta waddanka ka jiraan culimo jaamacadaha diiniga ah wax ku soo bartay iyo qaar tobonaan sano diinta dadka barayay, xilliggaa Waxdaddu bilowga ahayd waxa aqoonta diinta hoggaaminayay arday dhigata dugsiyada sare – xataa qaar kuba jireen dugsiyada dhexe. Dadaal iyo firfircoonaan ayay wax ku wadeen. Wax barashada ay bixin jireenna, sidan qabo, waxay ahayd mid nidaamsan oo qofkasta oo wax ka bartay maanta mahad naq ugu hayo Waxdaddii.

Barashada afka carabiga ayaa xuddun u ahayd horumarkaa dhallintaasi ku tallaabsadeen. Waxay awood u yeesheen inay buugaag ku qoran carabi ay ka helaan khaliijka iyo waliba maktabaddii Masaarida oo ku ag oolli jirtay barta ay hadda (2022) ku taallo madaxtooayada Somaliland.

5.6. Djibouti: Gobanimo Doonkii iyo Xorriyaddii

1896-kii ayaa ahayd markii uu Faransiisku soo degay/galay Djibouti, xiligaa oo carradaas loo bixiyay *French Somaliland*. 1967-kii ayaa (malaa iyadoo eraga Somali laga saarayo) magacii loo beddelay *French Territory of Afar and Issa*.

Ka dib markii ay xoroobeen goboladii Waqooyi iyo Koonfur, ayay dhaqdhaqaaqyadii xornimo doonka ahaa ee Djiboutina sii xoogsaysteen; 1963-kii ayaa la aasaasay jabhaddii la odhan jirey *Somali Coast Liberation Front (FLCS)*.

Baadi doonka shanti Soomaaliyeed waxay ahayd hammi ku jirey qof kasta oo Soomaaliyeed; Djibouti ayaa u eekayd inay noqonayso gobolkii seddexaad ee ku soo biira Jamhuuriyaddii Soomaaliya. Waxa xoog warbaahiyayaasha loogaga weerari jirey Faransiiska iyo kooxihii rabay in Faransiisku sii haysto Djibouti; Kuwaas oo, uu malaa, ugu magac waynaa ninkii la odhan jirey Cali Caarif.

Dhacdooyinka ugu waaweynaa ee xilligaa xornimo doonka Djibouti socday dhacay waxa ka mid ahaa 1) Safiirkii Faransiiska Muqdisho u fadhiyay oo FLCS ay afduubtay sannadkii 1975. 2) bas ay ku jireen 31 carruur Faransiis ah oo loo soo afduubay Lawyacaddo, Feb 3, 1976. Baskaa waxa la dhigay kastamka Lowyacaddo meel hortiisa ah, xigtayna xagga xuduudda Djibouti. Ciidamadii Faransiiska ayaa, iyagoo ka soo galay Lawyacaddo dhinacyo badan, sida xagga badda, weerar xooggan ku furtay carruurtii. Toddoba nin oo ahaa kuwii soo afduubay baska iyo gabadh yar oo 5 jir ah ayaa halkaa ku dhintay. Waxa kaloo isna halkaas ku dhintay nin sarkaal ahaa oo ka tirsanaa ciidanka Soomaaliya. Shan carruurtii ka mida, dirawalkii iyo gabadh kalkaaliso u ahayd iyo dhowr ka mida jabhaddii FLCS ayaa iyana halkaa ku dhaawacmay.

Dhimbiishii Halganka

Wax la wadaba aakhirkii, June 27, 1977 ayay Djibouti heshay xorriyadeedii. Hasa yeeshee dadka reer Djibouti iskumay howlin la midowga labadii gobol ee Soomaaliyeed ee hore u midoobay — waxad mooddaa inay si fiican u akhristeen, fahmeenna, fashilaaddii ku dhacday midowgii gobolada Woqooyi yo Koonfur. Siday u muuqato, illaa hadda, go'aankaas ay Djibouti gaadhay wuxu ahaa mid aanay ka cataabin, kagana badbaadeen aafooyinkii ku habsaday Soomaaliya.

5.7. Dagaalkii Itoobiya Iyo Soomaliya Iyo Raadadkiisii

Bilowgii todobbaatanaadkii waxa is daba socday rajada dowladdii milateriga ahayd ay ka qabtay in Djibouti iyo Soomaalida Galbeed ay xoroobaan kuna soo biiraan Soomaaliya. Dhanka Djibouti siday wax u dhaceen waynu ka soo hadalnay.

Xagga Itoobiya waxa laga bilaabay howlgallo ay fulinysay Jabhadda Xoraynta Soomaali Galbeed; Kuwaas oo taageero milateri iyo mid dhaqaalaba ka heli jirey Soomaaliya. 1977-kii Soomaaliya waxay toos dagaal ula gashay Itoobiya; Hub casriya oo Ruushku siiyay Soomaaliya ayaa u muuqday inuu u sahlay Soomaalida inay qabsadaan dhulka Soomaalidu Itoobiya ka degto intiisa badan. Meelaha ugu caansanaa ee la qabsaday waxa ka mid ahaa Goday, Dhagaxbuur, Jigijiga iyo meelo kale oo aad istaraatiiji u ah. Magaalada weyn ee Diridhabana waxay qarka u saarnayd in Soomaalidu qabsato.

Inta badan waxa la sheegaa in dagaalkaa aan lagu galin wax qorshe ah; Waxa la sheegaa in Jenaraal Maxamed Cali Samatar oo ciidamada haystay uu ku war helay uun ka dib markii la go'aansaday in Itoobiya la weeraro (waa sida uu sheegay Ambaasidoor Cawil Cali Ducaale oo u warramayay Horn Cable TV). Dadka qaar baaba ku dacwiya in dagaalku ahaa shirqool la rabay in lagu wiiqo/mashquuliyo ciidankii Soomaliyeed si aanay ugu kicin inqilaab.

Dhimbiishii Halganka

Xarunta ugu weyn ee ciidamadaasi ka duuli jireen waxay ahayd Hargeysa oo fadhi u ahayd qaybta 26-aad, oo ahayd qaybta ugu xooggan ciidamada. Waxa taas dheeraa baabuurta shicibka ee gobolada Woqooyi oo iyana loo adeegsan jirey taakulaynta ciidamada, iyo reer miyigoodii oo aan xoolahoodii iyo inamadoodii midna kala bakheylin dagaalkaa.

Dhakhtar cusub oo dhaawaca loogu tala galay ayaa si dhakhso ah looga dhisay bariga dhakhtarka wayn ee Hargeysa; Dumarka reer Hargeysina si mutawacnimo ah ayay dhakhtartkaa uga howl gali jireen; Mar ay dharka dhaawaca u maydhaan, cuntu u kariyaan, iyo mar ay nadaafadda guud ee cusbitaalkaba ka shaqeeyaan, si hagar la'aan ah, oo ay waddaniyad, iyo walaaltinimo ku dheehantahey ayey cusbitaalkaas uugu adeegi jireen.

Sheekadii iyo guulihii degdegga ahaa waxay is beddeleen ka dib markii dowladaha Ruushka iyo Kuubba ay gargaar milateri oo xooggan u fidiyeen Itoobiya oo markaa ku cusbayd bahda hantiwadaagga. Itoobiya ayuu Ruushku u arkey iney uga dan iyo faa'iido badan tahey Soomaaliya haddey tahey xagga tirada dadka iyo dawlad ahaanba. Taasi waxay keentay in labadaa waddan, Ruushka iyo Kuubba, laga eryo Soomaaliya.

Taageeradii Ruushka iyo Kuubba ay Itoobiya u fidiyeen waxay si dhaqso ah u beddeshay sansaantii dagaalka. Ciidamada cirka ee Itoobiya ayaa markiiba xoog uga gacan sareeyay kuwii Soomaalida. Magaalada Hargeysina waxa ka mid noqotay meelaha diyaaradahaasi sida joogtada ah ay u soo weeraraan; Mar ay habeen soo weeraraan iyo mar ay maalin soo weeraraanba way jirtay. Iyadoy sidaa tahay ayaa, marka laga reebo hal maalin, haddana khasaaraha diyaardahaasi ay Hargeysa u geysan jireen uu aad u yaraa.

Dhimbiishii Halganka

Isbeddelka ugu wayni wuxu dhacay markii dhabar jabin xooggan lagu sameeyay ciidamadii Soomaalida ee ku sugnaa agagaarka Jigjiga. Taasi waxay keentay inuu Maxamed Siyaad Barre uu garowsado inaan dagaalku sidaa ku sii socon karin, wuxuna amar ku bixiyay in ciidamadu ka soo baxaan Itoobiya.

Jabkaa ku dhacay ciidankii Soomaaliyeed wuxu hordhac u noqday burburkii ku yimi Soomaaliya. Saraakiil tiro badan (illaa 84 sarkaal) oo ay ku jireen haldoorkii ciidamada ayaa si badheedha loogu laayay magaalo lagu magacaabo Garab Cas oo Jigjiga u dhow, iyagoon wax maxkamad ah la hor keenin; Qaar kalena beerta xorriyadda ee Hargeysa ayaa lagu xukumay isla markiibana la toogtay.

Intaa waxa ku xigay inqilaabkii dhicisoobay (1978-kii) oo uu hoggaaminayay Maxamed Sh. Cismaan (Cirro). Wixii intaa ka dambeeyay ciidankii waxa ka lumay nidaamkii iyo akhlaaqdiiba, waxana ku batay budhcadnimmo iyo dhac ay kula kacaan shicibkii ay ahayd inay ilaaliyaan.

Sidaad fili karto dowladdii markaa jirtay waxay xadhig iyo dil ku bilowday beelihii ay ka soo jeedeen Cirro (oo loo dilay doorkii uu ku lahaa inqilaabka) iyo Cabdillaahi Yuusuf oo isagu ka badbaaday in loo xidho inqilaabkii, madaxna u noqday jabhaddii SSDF. Tuulloyin la gubo iyo baraagaha oo la qarxiyaa waxay noqdeen ficillo cusub oo ku soo kordhay howshii ay ciidamadu qaban jireen.

Ciidamadii waxay si buuxda ula wareegeen awooddii gobolada. Badhasaabyadii ayaa awooddii laga xayuubiyay, lana hoos geeyay taliyayaasha qaybta ee ciidamada. Tusaale ahaan, taliyihii qaybta 26-aad oo la odhan jirey Maxamed Xaashi Gaani ayay ku soo ururtay taladii gobolada Woqooyi. Kantaroolada magaalooyinka laga soo galo waxa la wareegay ciidamo milateri ah kuwaas oo bartay inay gawaadhida wixii ay doonaanna kala degaan, waxay doonaanna sii daayaan.

5.8. Halgannadii Hubeysnaa

Ka dib inqilaabkii dhicisoobay Apr 1978 ee uu hoggaaminayay Cirro, waxa bilaabmay mucaarad hubaysan oo ka soo horjeeday dowladdii Maxamed Siyaad Barre. Mucaaradkaa kuwoodii hana qaaday waxa ugu horreeyay jabhaddii SSDF oo uu hoggaaminayay Kornayl Cabdillaahi Yuusuf; Taageerada ugu badanna waxay jabhaddaasi ka heli jirtay goboladii Bari (haddana loo yaqaan Puntland). Dowladdii markaa jirtay waxay jawaab uga dhigtay aas-aaska jabhaddaas inay burburiso tuulooyinka ay degaan dadka loo aanaynayay inay xidhiid la leeyiin SSDF-ta; Dilka iyo dhacuna waxay noqdeen joogto.

Taasi waxay socotay illaa intii jabhaddaasi wiiqmaysay; Wiiqitaankaas oo ay ugu horraysay xadhigii Itoobiya xidhay hoggaamiyihii jabhadda (Cabdillaahi Yuusuf); Taasina waxay dhacday markii jabhaddaas, oo ciidamada Itoobiya ay caawinayaan, ay qabsatay Balanballe iyo Galdogob. Halkaas oo uu muran ku dhex maray Cabdillaahi Yuusuf iyo Itoobiya, murankaasina uu sababay in Itoobiya xidho Cabdillaahi Yuusuf.

SSDF-ta waxa soo labaysay jabhaddii SNM oo taageero ka helaysay dadkii deggennaa gobolada Woqooyi (Somaliland). Fikir ahaan waxa SNM-ta laga soo abaabulay dalka Sucuudi Careebiya, waxana lagaga dhawaaqay London bishii Apr 6-deedii 1981.

Axmed Ismaacill Cabdi (Duqsi), Cabdisalaan Yaasiin Gabaxaddi, Xasan Aadan Wadaadiid, Siciid Cabdillaahi Cigaal, Prof. Cabdisalaan Yaasiin, Maxamed Xaashi Cilmi iyo Xasan Ciise Jaamac ayaa ka mid ahaa xubnihii goob joogga ahaa markii jabhaddaa lagu dhawaaqay; Goobta warsaxaafadeedka lagu qabtayna waxay ahayd Toynbee Hall oo ku yaalla xaafadaha Bari ee London. SNM-tu waxay ka koobnayd laba

Dhimbiishii Halganka

garab, mid ciidan iyo mid siyaasadeed (waa meelaha SNM ay kaga duwanayd SSDF-ta).

Garabka ciidamada waxa gundhig u ahaa jabhad uu hoggaaminayay Maxamed Cali ee loo yaqaannay Afraad oo ka sii noolayd jabhadihii faraha badnaa ee taliskii markaa jirey beelaha u sameeyay.

Jawaabta ay dowladdu ka bixisay shaac bixinta SNM wuxu ahaa mid aan u ekayn ficillo laga fikiray; Waxabad moodaysay in dowladdu ay mar walba dhiiri galinaysay in dadweynuhu toos ugu biiraan SNM. Halkii ay ahayd in dowladdu shicibka soo jiidato, lana timaaddo ficillo muujinaya horumar iyo tixgelin dadweynaha la tuso, iyo in ay dowladdu tahay toodii iska daayoo, waxaba la qaaday talaabooyin shicibka iyo dowladda mar walba sii kala fogeynayay; Xadhiga, dilka iyo maalka dadka, sida baabuurta, oo lala wareegaa waxay noqdeen wax maalinle u dhaca. Waa sababta nimankii baryahaa meesha ka talinayey qaarkood loogu yeedhi jirey "Diiriye". Dhinaca kale, SNM waxay qaadeen howl gallo khalkhal ku riday dowladdii.

Dowladdii miletariga ahayd iyo maamulkeeda waxa ku yaraa dulqaadka iyo hubsiimada; Cid kasta oo laga shakiyaa waxay halis u ahayd in ay nafteeda waydo; Maxaadse u malayn ciddii faraha la gasha arrimohoodana?

5.9. Boobkii Lagu Hayay Hantida Dadweynaha

Inta badan waxad maqashaa dil, xadhig iyo dhac in lagula kici jirey shicib weynaha. Xagga dhaca iyo boobka hantida dadweynaha haddaynu eegno, waxan fursad u helay inaan daawado waraysi laga sii daayay "Hanoolaato Media TV" taariikhdu marka ahayd Jan 18, 2022, oo uu Dr. Cabdikariim Axmed Cali ka warramay xaaladihii ka taagnaa gobolada Woqooyi gaar ahaanna Hargeysa sanadihii 1980-naadkii. Dr. Cabdiraxmaan wuxu ka soo jeedaa gobolada Koonfureed, Hargeysana wuxu u joogay isagoo ka shaqayn jirey shidaalka diyaaradaha. Sidaa darteed markhaati furkiisani wuxu leeyahay miisaan gaar ah.

Inkastoo uu ka hadlay waxyaabo badan oo uu goob joog u ahaa, waxan soo qaadan doonnaa laba sheeko oo midi ay isaga ku dhacday midna uu xog-oggaal u ahaa. Wuxu ku warramay sheeko u dhigan sidan soo socota:

Haddii aannu ahayn shaqaalihii ka soo jeeday gobolada Koonfureed (ee Hargeysa joogay), waxannu iskugu iman jirnay Somali Airlines horteeda; Halkaas oo aannu ku sheekaysan jirnay wixii salaadda Casar ka dambeeya. Maalin ayaa aniga iyo nin aannu saaxiib nahay, oo la yidhaa Axmed Cismaan (madaxna ka ahaa *Crash Program*-ka), markaannu salaaddii Maqrib ka soo baxnay, ee aannu bilownay in aannu gaadhiga dhexdiisa ku sheekaysanno, ayaa waxa iskaaya soo barbar istaagay gaadhi Karasida (Cresida) ah oo uu wato nin sarkaal ahi; Askari baa ka soo degay oo furay daaqaddii uu fadhiyay Axmed. Askarigii xoog buu Axmed ku saaray gaadhigii Karasida ahaa; Anigana xagga dambe waxa ii soo fadhiistay askari kale oo qori wata.

Gaadhigii Axmed la saaray markuu dhaqaaqay ayuu askarigii igu yidhi daba gal gaadhigaa. Biriishka markaannu ka degnay ayaan ku idhi "imikaba markaan gaadhno istayshan bilayska Total waan ku

Dhimbiishii Halganka

baydhayaaye yaanay yaab kugu noqon". Wuxu iigu jawaabay "gaadhigaa ha ka hadhin." Intii hore maan garanayn cidda na wadata; Markaannuse xagga Birjeex u baydhnay ayaan fahmay in nimanka na waataa aanay afduubayaal ahayn ee ay yihiin niman ka tirsan ciidamada.

Waxa nala geeyay Birjeex (xerada milateriga). Markaannu halkaa gaadhnay ayaa ninkii sarkaalka ahaa oo na horgalayey uu galay qol laydh ka shidnaa. Ninkii markii uu na arkay ayuu qufac ku waashay; Waxaba aannu is nidhi "malaa wuu ku dhimanayaa"; Kolba telefoon ayaa u soo dhaca, isna wuxu ugu jawaabaa "anaa idiin warrami" ka dibna wuu dhigaa telefoonka.

Markii dambe ayuu yidhi "waaryaa Cabdikariim, waaryaa Axmed Shiine maxaa meesha idin dhigay; Waar waan ceeboobaye Ilaahay baan idinku dhaarshee ha sheegina; Waxa naloo sheegay in dadka meeshaa joogaa ay intaa SNM taarar iyo wax la mid ah u diraan". Lamaannaan hadale gaadhigayagii baannu iska soo kaxaysanay; Waxannu ku soo noqonay meeshii nalaga soo kaxeeyay oo dad ka soo buuxsamay; Waxa lays wada gaadhsiiyay "Cabdikariim iyo Axmed Shiine waa la afduubay."

Nin sarkaal ah oo la odhan jirey Xubeero ayaa ku xila furay inaan gogol dhigno oo aan ninkaa, oo la odhan jirey Jibriil, aannu fadeexaydayno; Sidiina waan yeelnay; Markuu na arko ayuu iska oohin jirey oo odhan jirey "waad i ceebayseen."

Tan nagu dhacday waxay ahayd wax magaalada caado ka ahayd. Habeenkii ninka sarkaalka ah ee heeganka hayaa gaadhiga kolba cajabiya ayuu sidan oo kale u afduubi jirey, qofka gaadhiga lehna SNM ayaa lagu shaambadayn jirey; Iska daa gaadhigee, waxay ahayd in ninkii gaadhiga lahaa lacag lagu soo furto. Ninkii Jibriil isna muu mahadine wuxu ahaa ninkii ugu horreeyay ee SNM ay Arabsiyo ku disho.

Dhimbiishii Halganka

Waxa kaloo jirtay sheeko ku dhacday nin aannu saaxiib nahay oo la yidhaa Cali Yaasiin oo reer Hargeysa ah. Gaadhigiisii ayaa isna looga qaaday si la mida taa aan soo sheegay. Maalin ayuu arkay gaadhigiisii oo nin (aan seddexdiisa magac garanayaa wato); Yaasiin wuxu ku yidhi ninkii gaadhiga watay "malaga yaabaa gaadhiga aad sidaa ugu xarragoonayso in kuwii lahaa ay lugaynayaa?"; Ninkiina wuxu ugu jawaabay "ma anigaa kaa qaaday?"

Cali, wiil ay walaalo yihiin buu u diri jirey inuu gaadhigaa saliidda ka beddelo markay gaadho xilligii saliidda laga beddeli lahaa (isagoo rajaynaya inuu maalin uun gaadhiga dib u heli doono). Yarkii intuu guriga gaadhigu yaalloo tago ayuu odhan jirey "gaadhiga ayaan saliidda idiinka beddelayaa". Maalintii dambe ayuu nin oday ahi u soo baxay oo yidhi "yaa ku soo diray?"; Yarkiina wuxu uga warrammay inay gaadhiga lahaayeen; Ninkii odayga ahaa intuu labistay ayuu yarkii kexeeyay oo geeyay xaruntii ciidamada yidhina "bal dhegeysta yarkan"; Halkaas ayaanu gaadhigii ugu soo celiyay Cali Yaasiin.

Sheekooyinkaa uu Dr. Cabriraxmaan soo bandhigay waxay si fiican u iftiiminayaan waaqicii markaa ka taagnaa gobolada Woqooyi. Waxa hubaal ah in si dhib yar loo soo heli karo kumannaan dhacdooyin oo u dhigma ammaba ka sii argagax badan kuwan uu Dr. Cabriraxmaan inala wadaagay.

6. Dhacdooyin Raadayn Lahaa

Waayaha waddanka ka jirey wuxu ahaa mid marba marka ka dambaysa waddanku uu sii galayay xaalado ad-adag. Gaar ahaan awalkii 1980-maadkii oo ahaa sannado waxyaabo badan lagu xusuusan karo. Ugu horreyn waa markii uu bilaabmay kacdoonkii ardaydu horkacaysay kaasoo cutubyada soo socdana aynu si qoto dheer ugu faaqidi doonno. Kacdoonkaa ardaydu waxa uu in yar ka dambeeyay xadhiggii UFFO oo aynu isna ka warrami doonno. Dhacdooyinka kale ee waqtigaa dhacay waxa xusid mudan in aynu carrabowno:

6.1. Xadhiggii Saraakiisha

1982 waxa xabsiga loo taxaabay siyaasiyiin sar-sare oo dowladda ka mid ahaan jirey, qaarkoodna kaba mid ahaayeen golihii sare ee riday inqilaabkii 1969. Siyaasiyiintaa waxa ka mid ahaa: Ismaaciil Cali Abokor, Cumar Carte Qaalib, Maxamed Aadan Sheekh, Cumar Xaaji Masalle, Maxamed Yuusuf Wayrax, Cisman Maxamed Jeelle iyo Warsame Cali Faarax. Sidaad filan karto markii maxkamadda badbaadada la soo hortaagay waxa dhammaantood lagu xukumay dil. Nasiib wanaagse dilkaa lama fulin; 1988-kii ayaana la sii daayay.

6.2. Jebintii Jeelka Madheera

Jeelka Madheera ayaa Jan 3, 1983 la jabiyay lagana baxay maxaabiis u badnaa odayaal u xidhnaa siyaasad. Hawlgalkan, oo uu hoggaaminayay Lixle, wuxu fajiciso ku noqday madaxdii ciidanka; Dad aad u badanna waa loo dhibaateeyay. Odayaal fara badan oo arrintan darteed loo xidhay ayaannu Madheera kula kulannay. Intooda badan, amma dhammaantood, waxay ku xukunnaayeen xadhig dheer. Marka runta la eegana waxa lagu soo wada xidhay waxay u badnayd uun "waa laydin ag maray" amma "waa laydin martiyay".

6.3. Furashadii Kornayl Cabdillaahi Askar

12-ka Apr waxay ahayd maalinta ciidamada qalabka sida la xusi jirey. Markii la gaadhay Apr 12, 1982, dowladdu waxay wali dareensanayd xannuunkii ka soo gaadhay muddaaharaaddadii bilaabmay Feb 20, 1982 (oo aynu si faahfaahsan uga hadli doonno). Malaa cadho burbur dartii ayaa habeenkaas madaafiicdii ciidamada loogu dabbaal degayey lagu soo foorariyey Hargeysa; Taasoo keentay dhimasho iyo dhaawacba. Sannad buuxa ka dib ayaad mooddaa inay sheekadii si kale u eekaatay. Habeenkii Apr 12, 1983 ayaa ahayd markii Kornayl Cabdillaahi Askar ay la baxeen kooxdii uu hogaaminayay Ibraahin Koodbuur. Cabdillaahi Askar wuxuu ku xidhnaa miiska saraakiisha (ka dib markii la qabtay isagoo Hargeysa howlo SNM-tu lahayd u joogay). Wararka laysla dhexmarayay ayaa ahaa in qorshaha dowladda u dejisnaa uu ahaa in maalintaa dabaaldegga ciidamada la soo bandhigo Cabdillaahi Askar isagoo xidhxidhan.

6.4. Soo Galkii Buuraha

Soo galkii buuraha Gacan-libaax, Sheekh, iyo Galbeedka oo dhacay aakhirkii 1984 ayaa iyana muujiyay dhiiranaan ay SNM ku soo dhiiran karto fulinta hawlgallo balaadhan oo ay ka fuliyaan waddanka.

Xilliyadaas, sidaad filan karto, waxa shicibka soo gaadhay dhib aan la soo koobi karayn hadday noqoto mid nafeed ama mid maalba. Dilka, dhaca iyo maal boobka ayaa heer aad u sareeya gaadhay. Tobannaan shicib ah, oo kor u dhaafay 50, ayaa laga soo kala ururiyay magaalooyinka Burco iyo Sheekh lana toogtay iyagoon wax maxkamad ah la saarin. Bandoo loogu tala galay in lagu xaddido isku socodka magaalooyinka ama magaaloyinka dhexdooda ayaa ka mid noqday nolol maalmeedka.

6.5. Afduubkii Diyaaraddii Somali Airlines

Sida aynu dhawaan xusi doonno, waxa jirey toddoba dhallinyaro oo xukun dil ahaa loogu riday si loogu ciqaabo raadkii ay ku lahaayeen kacdoonkii ardayda. Cawil Cadami Burhaan oo ahaa sarkaal ka tirsan ciidamada asluubta kana shaqayn jirey xarunta ciidamada asluubta ayaa wuxu ka war helay in la ansixiyay in la toogto toddobadii dhallinyaro ee lagu xukumay dilka. Wuxu go'aansaday inuu ka howlgalo sidii uu dilkaa u baajin lahaa. Arrintaas wuxu kala tashaday nin ay saaxiib ahaayeen oo macallin ahaa lana odhan jirey Axmed X. Maxamed Aadan (Axmed Waraabe).

Waxay qorshaysteen in Nov 24,1984 oo ku beegnayd maalmihii loo asteeyay in la fuliyo dilkaa toogashada ah, ay afduubaan diyaaraddii Somali Airlines. Waxay soo raaceen diyaaraddii Somali Airlines oo ku sii jeedday Sacuudi Carabiya, magaalada Jiddah, siina fadhiisanaysay Berbera, iyada oo sidday 130 rakaab ah. Markay hawada marayso, ayay u sheegeen in diyaaraddu afduuban tahay; Nin rakaabkii ka mid ahaa oo isna macallin ahaa, lana odhan jirey Baashe Muuse Mohamed (Baashe Diig) ayaa isna labadii nin taageeray kuna biiray.

Waxay duuliyihii u sheegeen in ay rabaan Cadan inay ku degaan. Dowladdii Cadmeedna arrinkaas way diidday; Ka dibna waxay codsadeen Liibiya; Duuliyihii diyaaradda ayaa u sheegay inaanu haysan shidaal ku filan oo Liibiya gaadhsiin kara. Intaa ka bacdi, waxay codsadeen in diyaaradda la fadhiisiyo Addis Ababa.

Markii diyaaraddii halkaa laga dejiyay, nimankii diyaaradda afduubay waxay codsadeen: In la joojiyo fulinta dilka toogashada ah ee la rabay in lagu fuliyo toddobada dhallinyaro ee ardayda u badan, iyo waliba in la sii daayo maxaabiista siyaasadda u xidhxidhan.

Dhimbiishii Halganka

Intii waanwaantu socotay, 19 ka mida rakaabkii oo iskugu jirey dumar iyo carruur ayaa la sii daayey. Cawil Cadami rakaabka intiisii kale wuxu u sheegay in aanay waxba yeelayn, waxay u dagaalamayaanna yihiin *"dad idinkoo kale ah"*.

Rakaabka waxa ka mid ahaa guddoomihii gobolka Woqooyi Galbeed (Maroodi Jeex) oo la odhan jirey Af-Gaab iyo gaashaanle sare Cabdillaahi Axmed Af-Nahar (oo ahaa xeer ilaaliyihii dacweeyey 20-ka dhallinyaro ee aynu buuggan kaga hadlayno). Waxa kaloo diyaaradda la socday dhowr qof oo ajaanib ahaa oo ka kala socday Maraykanka iyo Talyaaniga.

Ururkii SNM, oo ka cabsi qabay in lagu shaanbadeeyo inay yihiin argagixiso, ayaa Cawil iyo kooxdiisii u sheegeen in aanay sheegan SNM (waa sida uu sheegay Boobe Yuusuf Ducaale oo ka tirsanaa madaxda SNM).

Dowladda Talyaaniga oo ay aad iskugu dhawaayeen Siyaad Barre ayaa dhexdhexaadin xoog ah gashay. Dowladdii Maxamed Siyaad Barre waxay ballan qaadday in aan toddobadaa dhallinyarta ah dilka lagu fulin doonin; Diyaaraddiina sidaasaa dhowr cisho ka dib lagu sii daayay.

Dhimbiishii Halganka

7. UFFO

Wax qabad la'aantii ka jirtay gobolladii woqooyi waxay ahayd mid aan indhaha laga qarsan karin. Cashuuraha ka soo bixi jirey gobolada Woqooyi wax la taaban karo oo goboladaa loogu qaban jirey, haba yaraatee, may jirin. Waxa taas dheeraa in gobolada Woqooyi ay saarnayd cashuur dheeraad ah oon waddanka intiisa kale ka jirin. Dhinaca kale, ciddii aragtay sidii Xamar loo horumariyay waxay is waydiin karaan waa maxay sababta keentay in dalka badhna la dhiso, badhna laga ilaaliyo horumarka – waxa la odhan jirey, oo waaqacana u dhawaa in Hargeysa, Burco amma Boorama oo kale aan loo ogolayn daar ka dheer laba dabaq in laga dhiso.

Cusbitaalka guud ee Hargeysi wuxu ahaa sidii Ingiriiskii kaga tagay. Laydh la'aan, nadaafad xumo, nidaam la'aan iyo adeegyo bilaa tayo ahaa ayaa cusbitaalka ku habsaday. Hadday Hargeysi sidaa ahayd, maxaad ka filan kartaa magaalooyinka kale ee ku yaallay gobolada Woqooyi.

Masuuliyiintii gobolada woqooyi loo soo diri jirey, marka laga reebo (sidaan filayo) Bile Rafle Guuleed, wax wax-qabad ah oo lagu xusuusan karo, haba yaraatee, kamay tagi jirin. Masuuliyiintii is bed-beddeli jirey wuxunbay u eekaayeen inay u yimaaddeen sidii ay hanti uga urursan lahaayeen gobolada Woqooyi. Qaarkood boob cad ayaabay shaqada markiiba ku bilaabi jireen; Illaa xad midkood loo bixiyay naanays ahayd *Afar-Jeeble*.

Arrimahaas aan soo sheegnay shicibku mar walba hoosta ayay kala socdeen, balse waxay u baahnaayeen cid hor kacda. Awalkii 1981-kii ayay fursad isku heleen koox dhallinyaro aqoon yahanno ah oo ka koobnaa macallimiin, dhakhaatiir, baayac mushtar iyo jaamiciyiin. Kooxdani markii dambe waxay ku caan baxeen magaca UFFO.

Dhimbiishii Halganka

Magaca UFFO wuxu ka yimi majalad (jaraa'id) yar oo ay si sir ah u qori jireen, magaceeduna soo shaac baxay markii la xidhxidhay dhallinyartaas. Dhallinyaradan intooda badani markaas uun bay ka soo qalin jabiyeen jaamacadii Ummadda Soomaaliyeed iyo kuwo ku yaal qurbaha; Dhowr ka mid ahaana markaas uun bay yagleeleen reero cusub.

Waxay daraasad ku sameeyeen cashuuraha iyo dakhligii ka soo bixi jirey magaalooyinka iyo dekedda Berbera, iyo dakhligaa sida loo maareeyn jirey. Waxay ku heshiiyeen inay waddankooda wax u qabtaan kana bilaabaan cusbitaalka Hargeysa oo nadaafaddiisa iyo maamulkiisu ay aad u liiteen.

Dhakhtarkii waxay muddo yar ku sameeyeen dib u habayn; Maalin kasta waadhadhka waa la maydhi jirey. Waxa loo sameeyay saacado bukaanka la soo booqan karo, iyo xilliyo aan la soo gali karin cusbitaalka. Waxa lagu beeray dhir bilicda cusbitaalka kor u qaadday. Waxa la keenay dhakhaatiir ajaanib ahaa iyo qalab cusub oo ay ku deeqday hay'ad oo uu Dr. Adan Abokor la shaqayn jirey. Waxan xasuustaa Dr. Gaabi oo ka mid ahayd dhakhaataas cusub, ahaydna dhakhtarad aadka u firfircoonayd wax weyna ka tartay cusbitaalka Hargeysa.

Aniga iyo koox asxaabtayda ka mid ahayd waxanu sii dhex mari jirnay cusbitaalka markaannu iskuulka ka soo rawaxno annagoo ku sii jeedna masaajidka Ina Xasan Rakuub oo Togdheer u dhow si aannu halkaa salaadda duhur ugu tukanno. Albaabka hore ayaannu ka soo gali jirney cusbitaalka waxana aannu ka dhici jirnay gidaarka xagga Woqooyi (si aannu u soo koobno waqtiga aannu masaajidka u soconno). Indhahayagu waxay si maalinle ah u dareemi jireen dayaca ka muuqda cusbitaalkaas. Balse ka dib markii UFFO ay dib u habaynta iyo hagaajinta

Dhimbiishii Halganka

ku sameeyeen, cusbitaalkii, gidaar ka-dhicii iyo iska-dhexmarkii cusbitaalkuba halkii bay nagaga go'een.

7.1. Xadhiggii UFFO

Sidaan hore u sheegnay waxqabad muuqda oon indhaha laga qarsan karin ayay dhallinyartii UFFO ka sameeyeen cusbitaalka magaalada Hargeysa. Waxqabadkaasi wuxu si fiican u soo jiitay quluubtii dadweynaha. Dhallinyartii UFFO-na waxay mujtamaca ka dhex heleen sumcad aad u sarraysay.

Hinaasuhu wuxu ahaa mid ahaa tilmaamihii uu Hadraawi ku sifeeyay Maxamed Siyaad Barre: *"Marka hebel la sheegee, hebel kale la sheegana, nin hinaasiyaad tahay"*. Hinaasahaas waxa la qabay in badan oo madaxda dowladda ahaa. Taasina waxay keentay in xadhig iyo jidhdil lagula kaco dhallintaas.

Sheekada kooxda UFFO oo tifatiran waxad ka heli kartaa buugga uu qoray Maxamed Baaruud (oo ka tirsanaa UFFO) ee cinwaankiisu yahay *"The Mourning Tree (Weerane)"*; Waxa kaloo aad ka akhrisan kartaa "A Note on *My Teachers' Group: News Report of an Injustice*" oo uu qoray Dr. Jama Muse Jama.

Yuusuf Cabdillaahi Rooble (Shamaaxiye) oo ka mid ahaa dhallinyaradii Jasiira lagu xasuuqay Jul 17, 1989 ayaa maalin annagoo Xamar joogna iiga sheekeeyay waxa ku dhacay nin is yidhi bal wax tilmaan. Wuxu yidhi *"ninkaasi wuxuu soo sheegay in taangi biyood oo ku yaallay meel dowladdu leedahay uu fatahayo oo uu u baahan yahay in biyaha laga xidho."* Ninkii su'aal aan meesha qaban baa la waydiiyay oo waxa la weydiiyay *"yaa kuu sheegay?"*; Ninkii isagoo yaabban buu yidhi *"cidna iimay sheegini anaa arkay""*. Intaa ka dibna ninkii waa la xidhay maaddaama uu keeni waayay caddayn tusaysa sidii uu ku ogaaday taangigaa fatahaya.

Dhimbiishii Halganka

Heesta uu Maxamed Mooge qaadi jirey ee A-Raxmaan erayadeedana ay ka mid yihiin *"Dadku yuu ku eedayn; Ha dhex gelin ammuuraha; Isha xidho afkana dhowr; Arag, maqal, warkana dhaaf"* ayaa kuu soo koobaysa xaaladdu siday waagaa ahayd.

Halkii dowladdu ay soo dhawayn lahayd waxqabadkaa fiican ee UFFO qabatay, waxad mooddaa in loogu jawaabay *yaa "idiin dirtay?"* iyo *"qaran dumis ayaad tihiin".* Dhinac kale, haddaad ka eegto, oo caqliga wanaagsan la isticmaalo, wixii wanaaga ee UFFO ay samaysay waxay dowladdu u rogi kari lahayd mashaariic ay is barbar taagto, dhiiri galisana; Taasi waxay u soo jiidi lahayd sumcad wanaag iyo quluubta dadka ooy kasbato.

Waxay heli lahaayeen jiilkii ugu badnaa ee aqoonyahanno reer Woqooyi ah oo intay Hargeysa iskugu yimaaddeen diyaar u ahaa inay wax qabtaan. Marka laga hadlayo aqoon iyo waxbarasho, hore ugamay dhicin Hargeysa in intaas oo aqoon yahan intay isku yimaaddaan ay falanqeeyaan wixii loo baahnaa in laga qabto gobolada Woqooyi, una diyaar ahaa inay aqoontooda iyo waqtigooda ku tabarucaan. Waxa taa sii dheereyd iyada oo ay odayaashii Gobolka iyo baayacmushtarkuba dhalinyaradaa taageero ay la grab taagnaayeen.

Dowladdiise dhinaca kale ayay sheekadii ula kacday. Ka dib markii ay ka war heshay cidda wadday howlahaa khayriga ahaa, waxii ugu horreeyay ee ay bilowday waxay ahayd in la soo qabqabto cid kastoo loo tuhunsanaa ka qayb galka howlihii UFFO wadday. Yaa la shiray, yaase ay wada fadhiisteen, intay isweydiisay dowladdii ayay cid kasto labadaa su'aalood khuseeyaanba jeelka soo dhigtay.

Xadhig uun laguma eekayne waxa dhallinyaradii lagula kacay jidhdil; Kaas oo ku cusbaa dhegaha dadweynaha. Warar laga naxo oo tilmaamaya jidhdilka lagula kaco dhallintaas ayaa maalin kasta shicibka

Dhimbiishii Halganka

soo gaadhi jirey. Jidhdilkaas waxa iska kaashanayay ciidamada Nabad-sugidda, Dhabar-jabinta iyo kuwo loo yaqaannay Hangash oo ku cusbaa dhegaha dadka. Marba marka ka dambaysa ayaa dareenka shicibka ee ku aaddan dhallintaas la xidhxidhay uu soo kordhayay. Malaa su'aasha qof kastaa is weydinayay waxay ahayd "tollow goormaa badhka la soo taagi doonaa?".

Waxaynu carrabka ku dhufannay in dhallinyartaa lagula kacay jidhdil; Haddaba si aan u ogaanno bal waxay diinteena suuban iyo hay'addaha xuquuqul insaanku ka yidhaahdeen jidhdilka aan isla eegno.

7.2. Jidhdilka

Hadday noqoto diin iyo dadnimaba, jidhdilku waa wax ka xaaraana in lagula kaco qof banii-aadam ah — xataa xayawaanka in la jidhdillo ayaa ah ficil laga yaqyaqsoodo, mamnuucna ah oo Ilaahay (SWT) iyo Rasuulkiisuba ay xaaraantimeeyeen. Qofka jidhdilka ku kacayaa wuxu ilowsan yahay, malaa, in Ilaahay (SWT) uu arrimaha kala qallibi karo, oo isaga laftiisa la tusi karo isagoo ifka ku nool waxaa uu dadka ducafada ah uu kula kici jirey. Bal aan isla eegno xadiiskan cajiibka ee Rasuulku (NNKHA) uu casharada qaaliga ah innagu barayo; Waa in ka dhow 1400 oo sanno ka hor intaan hay'adaha xuquuqul insaanku ka hadal jidhdilka.

Abuu Mascuud Al-Badri ayaa wuxu yidhi "waxan garaacayay inan yar oo aan lahaa (addoon ii ahaa) dabeetana cod leh *"ogow Abu Mascuudow"* baan ka maqlay xaggayga dambe. Aad baan u cadhaysnaa oo maan fahmin. Markuu ii soo dhawaaday wuxu noqday Rasuulkii (NNKHA) oo leh – *"ogow Abu Mascuudow in Ilaahay (SWT) kaaga awood badan yahay in ka badan inta aad wiilkan yar ka awood badan tahay"*, Markaasaan idhi "addoon dambe garaaci maayo". Ruwaayad kalana waxay ku dartaa inuu Abuu Mascuud yidhi "Rasuul Allow waa xor (wiilku)", dabeetana Rasuulku yidhi "haddaanad sidaas samayn lahayn naartaa ku taaban lahayd ama ku gubi lahayd". Akhriste haddaad noole kaa itaal daran gacan u qaaddo, fadlan xadiiskan xusuuso.

Waxa isna jira xadiis uu Nabigu (NNKHA) odhanayo (macno ahaan): Ilaahay (SWT) wuxu cadaabaa kuwa addoomadiisa ifka ku cadaaba.

Axaadiista ka hadlaya jidhdilku way badan yihiin – waxan filayaa inaad macnaha guud labadaa xadiis ka qaadatay, ood ku qanacdid.

Hay'adda Xuquuqul Insaanku waxay ka tidhi jidhdilka:

"The prohibition against torture is a bedrock principle of international law. Torture, as well as cruel, inhuman or degrading treatment, is banned at all times, in all places, including in times of war. No national emergency, however dire, ever justifies its use. No one may ever be returned to a place where they would face torture. Many countries and armed groups nonetheless have engaged in torture. Human Rights Watch documents the use of torture all over the world. We are committed to pressing government authorities to act to prevent torture, as well as bringing those who engage in torture to justice. We also work to ensure that victims of torture obtain redress, including an enforceable right to fair and adequate compensation, and full rehabilitation."

Af Soomaali ahaan waxa loo dhigi karaa sidan:

Mamnuucidda jidhdilku waa mabda aas-aasi ah, oo ka tirsan xeerarka caalamiga ah. Jidhdilka, axmaqnimo ama xaqiraad ula dhaqanka (dadka) waa mamnuuc goor kasta, meel kasta, xataa xilliyada dagaalka. Ma jirto xaalad qaran oo degdeg ah, siday doontaba how adkaatee, oo fasixi karta istimaalka jidhdilka. Qofna maaha in lagu

Dhimbiishii Halganka

celiyo meel uu jidhdil ku waajihi karo. Iyada oo ay sidaa tahay, ayaa hadana kooxo ama dowladdo badani ku kacaan jidhdil. Hay-adda Xuquuqul Isaanka Ilaalisaa waxay diiwaan galisaa jidhdilka ka dhaca meel kasta oo adduunka ka tirsan. Waxa naga go'an in aannu masuuliyiinta dowladaha cadaadis ku saarno sidii loo joojin lahaa isticmaalka jidhdilka, iyo waliba inay caddaaladda horkeenaan kuwa ku kaca jidhdilka. Waxa kaloo aannu hubinnaa in ciddii lagula kacay jidhdil ay helaan mag-dhow ay ka mid tahay inay ka dacwoodaan maxkammad awood leh, si ay si caddaalad ah u helaan magdhow iyo wax ay ku illaabaan dhibtii loo gaystay.

7.3. Xukunkii UFFO

Sida aynu dhowaan ka hadli doonno, maxkammaddii la soo taagayay dhallinyaradii UFFO waxay hurisay kacdoonkii ardayda. Maxkammaddiina waxa ku dhacay dib u dhac weyn; aakhirkiisa 20 ka mid ahaa dhallinyaradaa ayaa dhammaadkii Feb 1982 lagu kala xukumay sidan:

1. Axmed Yuusuf Jabane (Macallin Fisigis): Xabsi daa'im
2. Maxamed Baruud Cali (Kemistariga Warshadaha): Xabsi daa'im
3. Maxamed Maxamud Cumer Xaashi (Dhaqaale-yahan): 30 sano
4. Cabdiraxman Cabdillahi Xaji Aden (Sarkaal Sibil ah): 30 sano
5. Maxamed Ali Ibrahim (Sarkaal Sibil ah): 25 sano
6. Dr. Aden Yuusuf Abokor (Dhakhtar): 20 sano
7. Xuseen Maxamuud Ducaale (Macallin Kemistari): 20 sano
8. Aaden Warsame Siciid (Dhaqaale-yahan): 20 sano
9. Yuusuf Cabdilaahi Kaahin (Injineer): 20 sano
10. Dr. Maxamuud Sh. Xasan Taani (Dhakhtar): 20 sano
11. Dr. Cabdillaahi Cali Yuusuf (Dhakhtarka xoolaha): 20 sano

Dhimbiishii Halganka

12. Dr. Cismaan Cabdi Meygaag (Dhakhtar): 20 sano
13. Axmed Xuseen Caabbi (Sarkaal Bangi): 20 sano
14. Baashe Cabdi Yuusuf (Baayacmushtar): 20 sano
15. Maxamed Macallin Cismaan (Macallin Bayoolaji): 8 sano
16. Ahmed Muhumed Madar (Macallin Bayoolaji): 8 sano
17. Maxamed Cabdi Jiciir (Macalin Bayoolaji): 3 sano
18. Cali Cige Faarax (Cali Biid) (Injineer): 3 sano
19. Cumer Ciise Cawaale (Xisaabiye Dawladeed): 3 sano
20. Dr. Maxamed Cali Sulub (Dhakhtar): 3 sano

Fiiro gaar ah: waxa jirey siddeed ka mid ahaa dhallintii la xidhxidhay oo aan la xukumin lana sii daayey.

Dhimbiishii Halganka

8. Hordhacyadii Kacdoonka Ardayda

Yuusuf Maxamed Ciise ayaa si kooban innoogu soo bandhigaya waxa uu daaran yahay cinwaanka buuggu. Yuusuf wuxu araar kooban innaga siin doonaa xaaladihii ku gadaannaa dhallintii la hana qaadday dowladdii milateriga ahayd ee waddanka muddada dheer ka talinaysay. Dhacdooyinka halkan lagu xusi doono qaarkood weynu ka soo hadalley, ama se soo taataabannay, waxase dib u xusiddoodu innoo faa'iidaynaysaa in Yuusuf uu wixii uu markaa arkayey, ama xaaladihii aannu ku sugneyn uu idinka tuso isna dhankiisa.

Markay noqoto dhacdooyin iyo taariikhda Yuusuf u gaarka ah, waxaynu ku soo bandhigi doonnaa bogagga isaga u gaarka ah oo uu innagula wadaagi doonno shaqsiyan siday u saamaysay doorkii uu ku lahaa kacdoonkaa ardaydu horseedka ka ahayd. Yuusuf anoo wareysanaya wuxu falanqaynta innoogu bilaabay sidan:

Waxannu ku garaadsannay xilli uu waddanka ka talinayay ninkii la odhan jirey Maxamed Siyaad Barre oo xukunka boob ku qabsaday, isagoo Oct 21-keedii, 1969-kii ridey dowladdii dimoqraadiga ahayd ee markaa jirtay.

Waxan filayaa inaad ka wada dheregsan tihiin, sida buuggu xagiisa horeba lagu soo xusey, wixii intaa ka dambeeyay, dhacdooyinkii waaweynaa ee xilligaa waddanka ka jirey oo ay ka mid ahaayeen in:

- la qaatay Hantiwadaagga Cilmiga ku Dhisan
- la kala direy dhamaan ha'adihii dawlada iyo baarlamankiiba
- la laaley dastuurkii labadii waddan ee isu yimi lagu xukumayey

Dhimbiishii Halganka

- la mamnuucay dhamaan asxaabtii siyaasiga ahayd, iyo ururadii madaniga ahaaba, haddii aaney aheyn qaar dowladdii milateriga ahayd ka tirsan, una adeega iyaga
- xorriyatul qowlkii la jooyiyay; Jaraa'iddo iyo raadiyowyo aan dowladdu lahayna la mamnuucay. Wuxunbaa waddanka ka jirey oo la ogolaa Radiyow Hargeysa iyo Radiyow Muqdisho iyo hal jaraa'id ooy dowladdu soo saari jirtay. Waxa intaa dadka u soo raaci jirey inay dhegaystaan idaacadaha ajanabiga ah iyo jaraa'iddo dibadda ka yimaadda oo laftooda laga saari jirey waxan dowladdu raali ka ahayn
- baayacmushtarkii xorta ahaa illaa xad la xaddiday. Soo dejinta badeecada asaasiga ah ayaa la joojiyay, markii dambana dad gaara lagu naas-nuujin jirey
- la diiday ka hadalka ama faaqidaadda siyaasadda; Qof kastoo isku daya inuu faallo ama faaqidaad ka bixiyo goddaloolooyinka jira wuxu halis u ahaa in uu xadhig kasbado

Haddaan ka soo bilaabo xilligii Somaliland ay la midowday Soomaalidii Koonfureed, waxa markiiba soo if-baxay tacaddiyo fara badan oo run ahaantii markiiba bilaabmay. Badiyaa waxa dhacdooyinka nololeed, siyaasdeed, iyo dhaqan-dhaqaaleba innoo kaydiyaa waa murtida, sida heesaha iyo gabayada. Waad maqasheen baan filayaa, tusaale ahaan, murtidii ay tiriyeen Saxardiid Maxamuud Cilmi (Jabiye), Axmed Ismaaciil Diiriye (Qaasim), Axmed Muxumed Good (Shimbir), Cali Sugulle Cigaal (Duncarbeed), iyo Cabdillaahi Suldaan (Tima-cadde) ood wada garanaysaan inuu gaar ahaan ku sii suntaana siduu ugu ololayn jirey in la helo shanta Soomaaliyeed oo midaysan. Haddaad u fiirsato sugaanta raggaas xornimo udirirka ahaa, jeclaana Soomaalidoo dhan oo israacda, oo dawlad wada yeelata, waxad si fudud u fahmi kartaa in

Dhimbiishii Halganka

markii dame ee ay saluugeen isku darkii labaddii dal iyo riyadoodii oo hungowdey. Waxad si fiican u sawiran kartaa sooyaalka dhacdadan kacdoonka ardeydu halka ay salka ku heyso ee ay ka soo unkantey. Tuducyo badan oo abwaanadaasi tiriyeen waxad ku soo martay qaybaha hore ee buuggan, kuna noqon maayo.

Intaa waxa soo raaca inqilaabkii 1961-kii ay isku dayeen saraakiil Somaliland ka soo jeedday, sidaad horaba u soo akhridey, oo ahaa niman aad u tababaran rabayna in Somaliland ay madax bannaanideeda la soo noqoto. Inqilaabkaas oo ka dhicisoobay nimankii hoggaaminayay, marka laga reebo Cabdillaahi Congo oo Qaahira wax ku bartay, waxay wax ku soo barteen *Royal Academy Sandhurst* ee carriga Ingiriiska oo ka mid ah dhowrka kuliyadeed ee aduunka ugu wanagaasan ee saraakiil ciidanka militariga ah lagu tababaro. Markiiba waxay dareemeen in qaabka wax loo wadaa uu ahaa mid aan qiimaynayn midowgii labada dawladood ee israacey.

Waxyaabaha kale ee saluugga ku riddey waxa ka mid ahaa iyagoo arkay in hoggaankii milateriga markiiba loo dhiibay niman aan khibrado milateri lahayn oo darajooyin lagu taxay (Koonfurtu xilligaa may laheyn ciidanka milateriga).

Waxa intaa dheeraa in la isku qasbayey laba nidaam dowladood oo ay aad u adkeyd iney is qabtaan marka laga eeggo xagga dhaqanka siyaasiga ah, ka maamulka, waxbarashada, iyo maxkamadaha.

Koonfurta waxa xukumayey Talyaani oo nidaamka xukunkiisa hab-dawladeed ku saleysnaa xilliyadaa aragtidii Benito Mussolini, kaas oo ay saldhig u aheyd awoodda oo la isugu geeyo dawladda dhexe, iyo in si buuxda ay dawladda gacanta ugu jiraan dhammaan arrimaha ijtimaaciga ah ee ummaddi leedahey. Waa xukun aan jimicsi laheyn. Xagga kale, xukunka Ingiriisku, ha ahaado mid gumeysi ku saleysanne, haddana wuxu lahaa dhaqan siyaasadeed uu kala yimid waddankiisa,

Dhimbiishii Halganka

kaas oo ku saleysan in xukunku ku arrooro heshiis xor ah oo u dhaxeeya xukumaha iyo la-xukumaha, kaas oo si ikhtiyaar leh uu la-xukumuhuna oggolaado u hogganaanshaha xukuumadda iyo awaamiirteeda, xukuumadduna kafaallo qaaddo nabad-galyada iyo xuquuqda la-xukumaha ama muwaadinka. Tani waa dhaqan siyaasadeedkii ka yimid falsafaddii Social Contract-ka ee faylasuufkii Ingiriiska ahaa ee Thomas Hobbes uu lahaa. Arrintani waa ta keentey in ay dadka reer Somaliland iyo Ingiriis-ku ay heshiisyo badan kala saxeexdaan, arrimahooda xagga dhaqanka iyo diintana aanu faro galin badan ku yeelan Ingiriisku. Waatan sababta loo yidhaado xukunkii Igiriiska ee Somaliland wuxu ahaa mid dadban (indirect rule through the clan system). Waxey tani, haddaba dadka reer Somaliland dhaqan siyaasadeed uga dhigtey iney dawladda iyo shicibkuba mudnaanta kowaad siiyaan suggida nabadgalyada iyo illaalinta xaqqa muwaadinka.

Xilliyadaa luqadda lagu maamuli jirey xafiisyada Somaliland iyo hab agaasimka maamulkuba wuxu ahaa Ingiriisi, kuwa Soomaaliyana Talyaani. Waxbarashada Somaliland (haba koobnaato oo inta wax barataa haba yaraatee) tayo ahaan iyo nidaam ahaanba waxey la mid aheyd tii Ingiriiska. Talyaanigu Soomaaliya tacliinta wuxu ka dhigey mid heerkeeda iyo tayadeeduba ay xaddidnaayeen.

Xagga garsoorka, nidaamka maxkamadeed ee labada waddan wey kale duwanaayeen. Somaliland waxey lahayd mid ku salaysan kii *English Common Law*-ga, kii dhaqanka ee arrimaha madaniga ah, iyo kii Shareecada ee arrimaha qoyska iyo magaha. Soomaaliya wuxu sharcigoodu ku saleysnaa *Italian law*-gii iyo qeyb Shareecada ah.

Marka laga hadlayo la xisaabtanka dawlada iyo ilaalinta hantida ummadda, Soomaaliya may laheyn xilligii isku darsiga ka hor hay'adda hantidhowrka dawladda ee la xisaabtanta maamulka dawladda,

Dhimbiishii Halganka

illaalisana hantida qaranka; Xagga ay Somaliland xilligaas ka lahayd Hanti Dhawre Guud.

Waxa kale oo xusid muddan in sooyaalka, inta aynu garaneyno, jiritaanka Somaliland iyo Soomaaliya, ha ahaato taariikhihii ka horeeyey isticmaarka, ama muddooyinkii uu haystey isticmaarkuba'e, aaney jirin xidhiidh la taaban karo oo ka dhaxeeyey labadaa ummadood; Ha ahaado mid dawladeed, maamul, ganacsi iyo is-dhexgal kaleba, laga reebo muddadii gaabneyd ee soddonka sano aheyd ee Jamhuuriyaddii Soomaaliya ee burburtey ay jirtey. Somaliland cilaaqeedkeedu wuxu u badnaa Itoobiya, Cadan, Masar, waddamada Khaliijka, Turkiga, Djibouti iyo Hindiya.

Iyada oo ay arrimaha aynu kor ku soo sheegney oo dhammi ay jireen, ayaa haddana wadahadalladii isku darka ee labada dhinac aanu dhaafsiisneyn kursi qeybsiga goloha wasiirada oo laftiisu dhinac aad ugu janjeedhey. Siyaasiyiintii labada dhinacba waxey ilduufeen iney ka fikiraan nidaam-dawladeed xallin iyo xakameynba u sameyn kara hagardaamooyinka siyaasiga, dhaqaalaha, amma habdhaqan-maamuleedka, iyo kan awood qeybsiga guud ee dawliga ah, ee labadan dawladeed ee isu yimi, ee labada habdhaqanka dawladnimo ee kale duwan leh, lagu xakameyn lahaa, haddiiba ay dhacdo in xal loo waayana, lagu kala gurri lahaa.

Intaa ka dib, haddaba, marba marka ka dambaysa way ka sii daraysay; Annaguna markaannu koraynay dareenka shicibku wuxu marayay meeshii u sarraysay. Xilligaa bilowgiisu wuxu ahaa markii laga soo noqday dagaalkii Itoobiya iyo Soomaliya, 1978-kii. Dagaalkan oo markii hore loogu yeedhi jirey inay jabhado Itoobiya la dagaalamayaan, markii dambana la shaaciyay in Soomaaliya ay dagaalka ku jirto.

Ciidanka Soomaalida, oo dadka qaar odhan jireen wuxu ahaa ciidanka labaad amma seddexaad ee Afrika, markii hore guullo badan buu gaadhay. Markiise Ruushka iyo Kuuba ay Itoobiya la soo safteen, waxa ku dhacay ciidankii Soomaalida jab. Dadka qaar waxaabay yidhaahdaan dagaalka waxa lagu galay qorshe la'aan, ujeedaduna wuxun bay ahayd in ciidamada lagu jabiyo si aanay u hugurayn in ay Siyaad Barre xukunkiisii inqilaabaan.

Markii ciidankii jabay soo noqday, Siyaad Barre waxa galay cabsi siyaasadeed isagoo ka baqanayay in ciidanku dib ugu soo jeesto; Sidaas ayaanay u dhacday oo waxa markiiba ku xigay inqlaabkii dhicisoobay ee Cirro hoggaaminayay 1978-kii. Waxa iyana durbadiiba abuurmay jabhado hubaysan oo ka soo horjeeda dowladda.

Jabhadahaas waxa ka mid ahaa Somali Salvation Front oo Mustafe Xaaji Nuur madax ka ahaa, markii dambana isku beddeshay Somali Salvation Democratic Front (SSDF) oo Cabdillaahi Yuusuf hoggaankeeda hayay; Waxa iyana jirey ururo yar yar oo mucaarid ah oo kale oo qaarkood Cadan lagu sameeyay se hanaqaadin.

Waxa aad moodaysay in dagaalkii ka dib nidaamkii dowliga ahaa uu baaba'ay. Ciidamadii iyo mas'uuliyiintii waddankana uu ka lumay qiyamkii loo igmaday. Qabyaaladdiina, iyadoo ay dowladdu dabada ka riixayso, dib loo xoojiyay. Dhaqaalihii waddankana burbur baa ku yimi.

Markaa annagu waxannu la kornay xilli dadka layska xidho, layska laayo, xoolahooda si dhib yar loola wereego, waxbarashadii hoos u dhacday, dhaqaalihiina uu burburay, cabbudhintiina sii xoogaysatay. Taa waxa sii dheeraa in gobolladii Woqooyiga uu Siyaad Barre cadaadis dheeraad ah sii saaray. Waxaa ka mid aheyd in cashuur dheeraad ah oo 6% aheyd ay saarnayd gobaladii Waqooyi, wax dheef ahina aanay kaga soo noqon jirin haba yaraatee.

Xaggii warbaahinta waxa noo galey oo aanu dhegaysan jirnay heeso, gabayo iyo ruwaayado ay dowladdu ugu yeedhi jirtay "*anti*"

Dhimbiishii Halganka

amma *lid inay ku yihiin dowladda*. Waxa bilaabmay dhaqdhaqaaqyo badan oo dadka indheer garadka ahi ay wadeen hadday noqoto aqoon yahanno, saraakiil ciidan, siyaasiin, abwaanno, amma baayac mushtar.

Halganku kolba siduu isku soo tarayay, waxay gaadhay xilli ay dadku yidhaadaan *"enough is enough"* amma *"intaa waxka badan u dul qaadan mayno"*.

Markaa haddaan in yar halkaa taataabto, waxaynu ognahay in xilliyadaasi ay jireen dhaqdhaqaayadii milateriga ee ay hormoodka ka ahaayeen niman ay ka mid ahaayeen Cabdillaahi Askar, Maxamed Xaashi (Lixle), Axmed Maxamed Halac, Aadan Shiine, Axmed Dhagax, Cabdiqaadir Koosaar, Cabdillaahi X. Siciid, Cabdisalaam X. Maxamuud Jaamac (Turki), Dayib Gurey, Maxamed Kaahin, Muuse Biixi, Axmed Mire, Ibraahin Koodbuur iyo kuwo kaloo badan oo aanan magacyadooda hayn hadda.

Raggaas saraakiisha, amma askarta, ahaa waxa la xusaa in bilowga ururintooda uu lahaa ina Halac, isku xidhena ka ahaa Cabdilaahi Askar, hoggaamiyena Lixle (ood ka wada dheregsantiin kaalinta mugga weyn laheyd ee uu halganka kaga jirey) u noqdey. Fiiro gaar ah: waxaynu ka hadlaynaa oo kaliya intaan ka xusuusto saraakiishii ugu horreeyay ee tallaabay.

Xagga kale, waxa iyana jirtay jabhaddii Afraad ee uu watay ninkii la odhan jirey Dhuxul, markii dambana uu madaxa ka noqdey Maxamed Cali; Waxey ka mid aheyd jabhadihii la odhan jirey Jabhadaha "Soomaali Galbeed" ee Itoobiya la dagaalami jirey. Afraad markaa waxay ka soo hadhey jabhad barigaa la odhan jirey Axmed Gurey. Afraad wuxu fadhiisinkeedu ahaa xadka Galbeedka ee u dhaxeeyey Itoobiya iyo dawladdii Soomaaliya. Waa ciidankii ugu horeeyey ee SNM, ee lagu furey dugsigii isna ugu horeeyey ee tababarka ee Durya.

Dhimbiishii Halganka

Is urursigu kumuu koobnayn askarta oo qudha ama siyaasiyiinta, wuxuse ka jirey meelo fara badan; Aqoonyahanadii ay ka midka ahaayeen Cabdi Ismaaciil Yoonis (Duse), Engineer Yuusuf Warsame Siciid (sameeyihii astaanta SNM), Engineer Saleebaan Nuux Cali iyo Maxamed Cabdi Ismaaciil (Diktoorka) ayaa iyana lafdhabar ka ahaa dhaqdhaqaaqyadii abaabulka halganka ee qarsoonaa.

Dhanka kale, dhallinyaradii UFFO, oo aynu hore uga soo hadalnay, ayaa iyaguna ah tusaale wanaagsan marka laga hadlayo dhaqdhaqaaqyadii kala duwanaa ee waddanka ka socday.

Waxan la ilaabin karin bahda suugaanleyda oo iyaga aad is odhanaysaba dadka aad bay uga horreyeen; Soo koobi kari mayno magacyadooda haddaynu bilowno. Waxay mar walba suugaan ku soo bandhigi jireen, kuna dhiteyn jireen, iyaga oo dhaxal reebaya taariikhdeena, wacyiga hadba markaa jooga, iyo waayaha ummuddu ay ku sugantahey. Abwaaniinta badidoodu kuma ay joogin oo kaliya ku dirirka afka, ee halgankii addinkana ciddi kamey badsan.

Aakhirkii waa tii SNM abaabulkeedii lagu soo gebegabeeyay waddanka Saudi Arabia, markii dambana lagaga dhawaaqay magaalada London ee carriga Ingiriiska bishii Apr 1981.

In kasta oo taageerayaasha SNM intooda badani ay ka soo jeedeen beesha dhexe ee Somaliland, waxa jiray saraakiil, amma rag badan oo ciidamada ka mid ahaa, oo ka soo kala jeedey gobollo kala geddisan. Ragaas waxa ka mid ahaa Cabdiraxmaan Aw Cali Faarax oo madaxweyne ku xigeen ka noqday Somaliland, kana mid ahaa rukumadii waaweynaa ee SNM; Waxa kaloo iyana ka mid ahaa Aadan Khabbaas, Cilmi Cali, Cabdi Cabdillaahi, Yaasiin Axmed (Yaasiin-Dheere), Cali-gaab, Faarax Gammuute, Yaasiin Tamaad, Yuusuf Cabdillaahi, Gadh-dheere, Ciise Soofe, Siciid Cali-giir, Cali Cabdi Bayr, Cumar Salaad, iyo Cabdinaasir

Dhimbiishii Halganka

Sheekh, kuwaas oo ka soo kala jeeday gobolada/degaamada Awdal, Sool, Ceerigaabo, Musqdisho, Dhagaxbuur iyo Baay.

Waxay u muuqatey in casharada waayaha iyo ayaamaha laga barto, mid walba aannu hoosta ka xarriiqaynay, aannu si fiican ula soconnay, waxna ka barannay. Haddaynu u soo noqonno dhallinyaro ahaan, wacyigayaga siyaasi wuu sarreeyay, inkastoo da'dayadu yarayd, haddana waxyaabaha jirey waxba nagumay seegganayn.

Waxa aannu goosannay in aannu ka qayb qaadanno sidii ninkaa waddanka haysta la iskaga dhicin lahaa, loogana xoroobi lahaa. Markii hore waxannu ku bilownay wada sheekaysi, doodo, iyo dhagaysiga cajaladahii suugaanta wacyi galinta ahaa. Run ahaantii wax qarsoonaa ma jirin, xamxamta iyo guuxuna meel kasta oo gayigeenna ka mid ah wey ka uugaamayeen. Markaa, dhallinyaro ahaan, waxad mooddaa in aannu isku qancinnay in aannu door wayn ku yeelan karno isbeddelkii loo baahnaa.

Waxa aannu isku aragnay in aannu nahay xoogga qudha ee waddanka gudihiisa wax ka bilaabi kara; Aqooni meel ay na dhigtaba dadaal ayaannu la nimi. Halganku, sida aynu hore u xusney, wuxu ka socday dhinacyo badan; Dhinac waxa ka waday haldoorkii xagga aqoonta, kuwii xagga maalka, iyo kuwii xagga ciidamada ka soo jeeday.

Dhacdadii bilaabantay Feb 20, 1982 ee ardaydu isku soo taageen dowladdii Siyaad Barre ee argagaxa iyo cabsida badan laga qabey, iyadoo loo adeegsanayo hub iyo teknikadii ciidamada, halka ardayduna ka adeegsanaysay muddaharaadyo, hal kudhigyo, iyo dhagax markii ay ku qabsatey in ay isku difaacaan, ayaa cadceed soobax cusub oo hor leh u baryey halgankii muddada dheer soo jiitamayey, ee bilaabmay in yar ka dib midowgii labadii dal ee Woqooyiga iyo Koonfurta. Kacdoonkii ardeydu wuxu dadweynihii tusey in dulmiga la diidi karo, dawladana la iska caabiyi karo. Waxey taasi keentey in dadweynihii dhiirado,

Dhimbiishii Halganka

halgankiina gaadho meel aan laga soo laaban karin, oo si badheedh ah oo aan gabasho laheyn dawladdii Siyaad Barre looga hor yimaado, laguna tashadey in lala kifaaxo – *sidaas ayaanay maalintii 20-ka Feb ku noqotey dhimbiishii hurisay dogobyadii waaweynaa ee halgankii la soo noqoshada Somaliland!*

Maalintaas ardaydu waxay midaysay amma isku xidhkooda sabab u noqotay halgannadaa kala qoqobnaa, haddana isku ujeeddada ahaa. Hogaankii halgankuna wuxu ku soo ururey gacanta SNM. Waxan odhan karnaa in ardaydu halgankii ku koobnaa indheer-garatada ay ka dhigeen mid shicibku leeyahey (*popular uprising*) oo dhaliyey in ay bulshadii reer Somaliland xoogeedu taageerto in halgan hubeysan nidaamkaas jirey la iskaga caabiyo. Isku soo wada duuboo, maalintaas Feb 20, 1982, waa la isla jaan qaaday. Tusaale ahaan, in yar uun ka dib Feb 20, 1982, waxa SNM ku biiray xoogag faro badan oo iskugu jirey arday iyo shicib kaleba noqdeyna lafdhabartii xoogaggii SNM.

Xagga gudaha haddaynu u soo noqonno, waxa samaysmay ururro ardaydu leedahay; Qaar ay kaba horreeyeen xilliyadii UFFO xadhigoodu bilaabmay; Tusaale ahaan, ardey u badneyd dugsiga sare ee 26-ka June waxey sameeyeen ururkii Somali Students Movement (SSM) oo si rasmi ah loo aasaasay bishii Nov 1981. Dugsiga sare ee Faarax Oomar waxa tiraba ka abuurmay seddex urur oo intaba aan filayo inay unkameen dhagaxtuurka ka dib.

Sidoo kale, ururro dhowr ah (yaan laba iclaamine) ayaa gobolada kalena ka samaysmay. Bogagga soo socda ayaydun si fiican uga akhrisan doontaan maxkamaddii la saaray kooxda buuggani iftiiminayo doorkay ku lahaayeen kacdoonkii ardaydu hor kacaysay; Waxa se aannu dhallinyarta la wadaageynaa in waddanka iyo nabadda ay maanta ku naaloonayaan aan dhayal lagu helin; In waajib ka saaran yahay sidii ay u ilaashan lahaayeen calankaa iyo xorriyaddaa ay maanta hadhsanayaan,

Dhimbiishii Halganka

dibna aaney u dhicin in mar labaad waddanku gacantooda ka baxo. Waxa kale ee ay u baahan yihiin in ay ogaadaan in aanay wali fari ka qodneyn hiigsigii ay ummado rabtey. Hayaankii xilligaa la galeyna aanu ku eekeyn oo kaliya xoreyn dhulka la xoreynayey oo qudha, ee uu se halgankii ijtimaaciga ahaa ee u baahnaa caqliga, afka, iyo qalinku ay intiisii badaneyd ay baylah tahey iyagana sugayso. Halgankan ijtimaaciga ahi marka dhinacyada qaarkood laga eego, isagaa badiyaa kaba adag kii hore ee xoriyad u dirirka ahaa. Waxa dhalinyarooy idin sugeysa waa dhisid ummadeed oo xag dhaqan, mid aqooneed, siyaasadeed, dhaqaale, iyo diimeedba leh. Raqba waa ku raqdeed! Nin la sugayoow, maxaad sugi!

Wax yar haddii aan ka tilmaamo ayaamihii na soo maray, anigoo gadaal ka faahfaahin doono, akhriste, waxan bal kaa codsan lahaa inaad sawirataan *adigoo dil ku xukuman oo usbuuc walba mar ama dhowr goor arkaya xabaal agtaada laga qodayo ood ogtahay in mid ama dhowr idinka mida xabaashiisi/xabaashoodii la qodayo*. Balse sawiro *iyadoo dil lagugu xukumay oo gawaadhi gaashaamaani magaaladii kaala baxeen oo aad tirinayso daqiiqadaha kuu hadhay, dhegtana aad u taagaysid in lagu yidhaa soo deg!* Balse sawiro *adigoo dharkii kafanta ahaa laguu xidhay, oo xag Allood ka baxdo mooyee, aan wax laguula hadhay jirin, waxa qudha eed sugtaana yahay indhaha inta lagaa xidho tiirka toogashada labadible lagugu xidho*.

Waa Ilaah mahaddii oo intayadii aan waqtigoodi galini waanagaa maanta, oo in ku dhow 40 sano ka soo wareegtay, ka sheekaynayna; Kumaankun baa jira aan nasiibkaa helin, qaar la og yahay goorta iyo goobta lagu dilay, iyo qaar aan illaa hadda la garanayn xataa meel lagu tuhunsan yahay inay ku aasan yihiin; Fadlan la soco qormada *Gunaannad* oo ku xusan qaybaha soo socda ee buuggan.

Dhimbiishii Halganka

9. Bilowgii Kacdoonka: Feb 20, 1982

Habeenkii iyo ayaamihii ka horreeyay 20-kii Feb, 1982 welwel wayn ayaa dadweynaha Hargeysa, ammase goboladii Woqooyiba guud ahaanba, ka muuqday. Waxaad sawirataa waxa maskaxdooda ka guuxayey eheladii iyo asxaabtii dhallinta maxkamadda la soo hortaagayay. Wewerka waxa sii hurinayay kiiskooda oo ahaa kiis aan noociisa oo kale hore Hargeysa uga dhicin. Dadku waxay sawiranayeen dhallinyartii waddanka wax u soo baratay iskuna xilqaamay inay waddankooda wax ka qabtaan oo maxkammad la soo taagi doono; Maxkamaddaas oon wax khayr leh iyo caddaalad midna laga filayn. Waxa iska sii caddaa oo kale in intooda badan lagu xukumi doono dil ama xadhig aad u dheer. Sidaa darteed, waxad moodaysay in dadwaynuhu, gaar ahaan dhallinyaradu, ay xil iska saareen bal in aanay ka daahin goobta dacwaddaasi ka dhici doonto.

Aroortii hore (abbaaro 6:30) waxan soo maray maxkammadda horteeda anigoo ku sii socday dugsiga Faarax Oomaar. Waxan xasuustaa dadkii tirada badnaa ee aad moodaysay inay halkaa u hoydeen; In yar markaan halkaa ku hakaday waxan u sii dhaafay xaggaa iyo dugsiga Faarax Oomar oo markiiba aannu guda galnay faaqidaadda dacwaddaha lagu soo oogay UFFO iyo maxkamadda la soo taagayo.

Aroortaa warku wuxu u eekaa in uu si isku wada mida u gaadhay ardayda laguna tashaday in maxkamadda aan laga maqnaan marka dhallinyarada UFFO la keenayo; Taas oo la filayay inay dhacdo abbaaro 10:00 arroornimo ama xilli ku dhow. Iskuulada kale ee 26-ka June ugu horreeyaana sidaa si leeg bay ku tashadeen.

Markii nususaacihii la gaadhay ayaa, hal mar, ardaydii Faarax Oomaar intoodii badnayd foodda u saareen xaggaa iyo maxkamadda oo

Dhimbiishii Halganka

aan sidaa uga fogayn dugsiga Faarax Oomar. Goobta maxkammadda waxannu gaadhnay in yar ka bacdi 10:00 arroornimo. Markiiba waxannu aragnay maxkammaddii agagaarkeedii oo la ciiraysa dadweyne iyo arday ka kala timid dugsiyo kele. Qofba meeshii ku soo hagaagtay buu kaga biiray xoonkii dadka ee is qariyay.

Wuxu xilligu isa soo taraba abbaaro 10:30 aroornimo ayuu maxkadda isa soo hortaagay gaadhi shabagle (gawaadhida maxaabiista lagu qaado) ahi. Dadwaynihii iyo ardaydiiba waxay isla mar qudha ku soo urureen gaadhigii taasoo carqalad ku noqotay askartii wadday maxaabiista.

Askartii waxay isku dayeen inay dadka u sheegaan in aanay sidin dhallinyartii UFFO balse cidi dheg jalaq umay siin – dadwaynihii arrintaas kumay qancin. Intaa ka dib ayay askartii isku dayday inay dadkii kala didshaan iyagoo ku handadaya qoryihii ay siteen. Orin iyo foodhi ka dib, askari baa xabbad riday, ardaydiina waxay ugu jawaabeen dhagax – talo markaasay faraha ka baxday. Sidaad qaybaha dambe ee buugga ku arki doonto, Maxamuud Aw Cabdi (Faraska-Cad) wuxu arrintan ku cabbiray in "dowladdu gacanta ku horreysay". Daqiiqaddaa ay bilaabantay isweydaarsiga xabadda iyo dhagaxu waxay noqotay mid taariikhda Afrika, dunida muslimka ah iyo adduunka intiisa badan ku cusub. Dowladdii waxay ku noqotay dhacdo aan loo tabaabushaysan.

Jawigu wuxu isku beddelay mid iska hor imaad badheedh ah oo u dhexeeya ardaydii oo horkacayay in badan oo bulshada ka mida iyo dowladdii oo adeegsanaysa nooc kasta oo ka mida ciidamadii kala duwanaa. Ardayduna, xaggooda, waxabad moodeysay inay ka rummeeyeen odhaahdii Soomaaliyeed ee odhan jirtay *"Colka wadhaf ma lagu deyey?"*.

Magaaladii markiiba waxa soo qarqiyay ciidan ku hubaysan baabuurta gaashaaman, bee-bee-yadu haba u badnaadaane. Ta kale,

Dhimbiishii Halganka

waxay u eekayd in kacdoonkan ardaydu hor kacaysay aanu ahayn mid dhakhso u damaya. Magaaladii waxay isku bedeshay goobo dagaal oo furimo badan leh – dab meelo badan ka holcayayay ayay dawladdu isku dayaysay inay qasab ku damiso. Jawigaa malaa waxan ku cabbiri lahaa tuducdii Cabdillaahi Suldaan ku lahaa "Dab markaan bakhtiiyaba, Meel kalaa dogob ka qiiqaaye".

Dawladdu waxay adeegsanaysay xabbad halka dadwaynuhuna dhagaxa iskaga reebayay askarta. Sidaad filayso dhimaso, dhaawac iyo xadhigba wuu dhacay. Inkastoo dad dhowr ahi ku dhiteen muddaaharaadadaas, waxa nasiib darro ah in aany jirin cid ururisay oo xaqiijisay tirada dhabta ah ee kacdoonkaas ku dhintay; Dhaawaca, oo aad uga badnaa dhimashada, intooda badan waa la qarin jirey iyadoo laga cabsi qabay in dowladdu xadhig ama dhib kaleba u geysato.

Dib markaan hadda u eego, waxa sharaf iyo ammaan mudan ardaydii iyo dadweynihii muddaaharaadada ka qayb qaadanayay. Muddadaa dheer ee muddaaharaadadu socdeen taladuna faraha ka baxday, lama soo sheegin wax boob amma burburin ah oo loo geystay hanti dadweynahu lahaa amma dad shicib ahaa oo dhallintii muddaaharaadaysay ay wax yeeleen – fiiro gaara: ardayda waxa la muddaaharaadayay dadweyne cid walba leh oo ay kuu jireen qaar masaakiin ah, qaar tuugnimada ku xirfadysta, iyo qaar derbi-jiif ahba.

Ardaygii ugu horreeyay ee lagu dilo muddaaharaadkaas waxa la odhan jirey Barre X. Cilmi Axmed (Badho) oo wax ka dhigan jirey dugsiga sare ee Gacan Libaax, ilaa bil ka horna ka soo bedashey dugsiga sare ee 26-ka June. Waxana xabsiga loo taxaabay boqolaal iskugu jirey hablo iyo wiillal kuwaas oo xidhnaa muddo bilo ah.

Bal gabey maalintaa Barre la diley (Feb 20, 1982) loogu baroordiiqey, oo uu tiriyey Cabdiraxmaan Axmed Naasir (Dhako) oo

Dhimbiishii Halganka

kooxdii ardeydan ka mid ahaa, Yuusuf M. Ciise ha inala wadaago inta uu ka xasuusto. Gabeygaas oo la yidhaa *Gubtaanyo* wuxu u dhigan yahay sidan:

Cabdiyow galiilyadaan qabiyo   Caga gubyoodkeyga
Gasariirka waxa iigu wacan   Inaan la geesaaso
Guuldarrada adduunyadu dhashaan   Soo garwaaqsadeye
Illeyn geeriyi waa falaadh   Guudka kuu sudhane
Goortey ku soo waajehdey   Gacalka naafeyso
Ayaabey kuu geysataa hadimo   Garaw la'aaneede
Guhaaddeedu waa midaan dhammaan.   Gudhin waliidaanye
Gubtaanyoodey jeerkaan hubsadey   Geeridii Barre'e
Ma galbadey walaalkey intuu   Gaydh u diriraayey
Dharaartey qiyaamaha gaadhiyo   Kala galliimoodka
Ee nin waliba wuxu geysan jirey   Gacanta loo saaro
Dhagar qabe cadaabkuu galaa   Gudihii naareede
Gawsihii Jaxiimaad adey   Kuu gablamayaane
Jahannama adaa galabsadoo   Goob xun beegsadaye
Ha ku gubo Ilaahey dilbaad   Saartey gaadada'e

Sidaan hore u xusnay, kacdoonka ay dhallinyaradu hogaaminaysay wuxu ahaa midaan cidina raadka uu yeelananayo ku sii xisaabtamin. Ma wuxu ku joogsan doonaa saacado, maalin ama ayaammo; Ma wuxu istaagi doonaa marka dhiig qulqulo nafana la waayo; Mise wuxu dhammaan doonaa marka awoodda ciidamada kala geddisan ee milaterigu ugu xoogga badan yahay si buuxda loo adeegsado?

Waxa caddaatay in taliskii lagu yaqaannay xoogga iyo muquuninta dadku, si qeyrul xad ahna looga cabsan jirey, uu xal sugan arrintan u waayey. Bandow ayaa maalintiiba la soo rogay; Gaadhiga idaacadda ee la odhan jirey *Gaadhiga Gaashaaman* ayaa magaalada kula wareegayay digniino iyo awaamiir ah in aan guryaha laga soo bixin; Heesihii loo qaadi jirey Itoobiya markii dagaalka lagula jirey toddobaatanaddii ayuu gaadhigu la wareegayay;" Dhulka *sow anigu ma lihi, Dadka sow anigu ma lihi; Ninkii dhoofku ku yimi bay geeridu dhibaysaa; Waqtigii dhammaayo wuu dhaqaaqi doonaa"* ayaa ka mid ahaa heesahaa lagu celcelinayay. Balse maalintii labaadba heestaa waxa lagu shaambadeeyay inay tahay anti (kacaan diid) halkaasaana lagu mamnuuncay.

Qaybtii hore ee kacdoonkan ardeyda iyo muddaaharaadadani waxay socdeen dhowr maalmood. Maalintaa laga bilaabo dowladdu indho dheeraad ah waxay u yeelatay ardayda, gaar ahaan kuwii dugsiyada sare; Qaar ka mid ahaana gaar ayaaba loo beegsaday oo loo xidhxidhay.

Ardayda laftoodu waxay dareemeen, siina dhiirri galiyay, dhaawacii iyo sumcad xumadii ay u gaysteen dowladdii. Waxa kaloo sii dhiirri galiyay sida balaadhan ee shicibkii ugu riyaaqay bannaan-baxyadaa. Ururadii hubaysnaa ee dowladda ka soo hor jeeday, sida SNM, waxay heleen yididiillo dheeraad ah markay arkeen sida dhallinyaradu xabbada isugu dhigayeen.

Abu-Qaasim Al-Shaabi oo ahaa gabayaa da'yar oo u dhashay waddanka Tuunisiya ayaa Sept 16, 1933 gabay aad u qurux badan ka tiriyay sida shicibku u hanan karo is beddel. Gabaygan oo aannu ku dhigan jirey dugsiga sare, waxabad moodaysaa inuu wadcigii markaa taagnaa iyo wixii nala gudboonaa uu ka hadlayey. Gabaygan oo ku bilaabma, loona yaqaan, "Maalintuu shicibku Doono Nolol" ayaa sannadaddii 2010 iyo 2011-kii aad dib ugu soo shaac baxay, ka dib markay kacdoonadii *Arab Spring* ka la magac baxey ka bilaabmeen dunida Carabta.

Dhimbiishii Halganka

Nuxurka gabaygu waa inuu muujiyo in:

- Ay muhiim tahay in loo dhabar adaygo dhibta lala kulmo marka la rabo in isbeddello la sameeyo
- Qofkaan isbeddel samayn amma ku hammiyini aannu horumar gaadhi karin
- In qalbiga la laxaamato marka loo dhaqaaqo howl looga dan leeyay in isbeddel lagu sameeyo
- Qofka dhibta iyo howsha necebi inuu nolol xaqirran ku waaro

فَلا بُدَّ أَنْ يَسْتَجِيبَ القَدَر	إِذا الشَّعْبُ يَوْمَاً أَرَادَ الْحَيَاةَ
وَلا بُدَّ لِلقَيْدِ أَنْ يَنْكَسِر	وَلا بُدَّ لِلَّيْلِ أَنْ يَنْجَلِي
تَبَخَّرَ في جَوِّهَا وَانْدَثَر	وَمَنْ لَمْ يُعَانِقْهُ شَوْقُ الْحَيَاةِ
مِنْ صَفْعَةِ العَدَمِ المُنْتَصِر	فَوَيْلٌ لِمَنْ لَمْ تَشُقْهُ الْحَيَاةُ
وَحَدَّثَني رُوحُهَا المُسْتَتِر	كَذلِكَ قَالَتْ لِيَ الْكَائِنَاتُ
وَفَوْقَ الجِبَال وَتَحْتَ الشَّجَر	وَدَمْدَمَتِ الرِّيحُ بَيْنَ الفِجَاجِ
رَكِبْتُ المُنَى وَنَسِيتُ الحَذَر	إِذا مَا طَمَحْتُ إِلى غَايَةٍ
وَلاكُبَّةَ اللَّهَبِ المُسْتَعِر	وَلَمْ أَتَجَنَّبْ وُعُورَ الشِّعَابِ
يَعِشْ أَبَدَ الدَّهْرِ بَيْنَ الحُفَر	وَمَنْ لا يُحِبُّ صُعُودَ الجِبَالِ
وَضَجَّتْ بِصَدْرِي رِيَاحٌ أَخَر	فَعَجَّتْ بِقَلْبِي دِمَاءُ الشَّبَابِ
وَعَزْفِ الرِّيَاح وَوَقْعِ المَطَر	وَأَطْرَقْتُ، أُصْغِي لِقَصْفِ الرُّعُودِ
" أَيَا أُمُّ هَلْ تَكْرَهِينَ البَشَر؟"	وَقَالَتْ لِي الأَرْضُ - لَمَّا سَأَلْتُ :
وَمَنْ يَسْتَلِذُّ رُكُوبَ الخَطَر	"أُبَارِكُ في النَّاسِ أَهْلَ الطُّمُوحِ
وَيَقْنَعُ بِالعَيْشِ عَيْشِ الحَجَر	وَأَلْعَنُ مَنْ لا يُمَاشِي الزَّمَانَ
وَيَحْتَقِرُ المَيْتَ مَهْمَا كَبُر	هُوَ الكَوْنُ حَيٌّ، يُحِبُّ الحَيَاةَ

Dhimbiishii Halganka

فَلَا الأُفْقُ يَحْضُنُ مَيْتَ الطُّيُورِ   وَلَا النَّحْلُ يَلْثِمُ مَيْتَ الزَّهَرِ

Bashiir Cabdi Daahir ayaan ka codsaday bal inuu gabay yar, oo kooban, oo macnaha gabaygan sheegaya innoo tiriyo. Wuxu Bashiir ku dabaqey gabeygii tuducdan:

Haddaad noloshaada doonto
 Inaad waayaha habaysaa
Habeenkuna joogi mayo
Haddaad Hanadow illowdo
Maxaad Hanadow habsowday
Ha yeeshe guusha raagta
Hodonimo looga aayaa
Habaaskiyo omoska boodhka
Higilka roobkaa kaxeeya!
Himilo madhan iyo hasaawe
Haddaad abidkaa ka faagto
 Inaad hammigaa ku fuusho
Intaad abidkaa hagaaskiyo nooshahay

Inay abidkeed hagaagto
Ayaa Hanadoow horreysa
Hogaankuna waari maayo
Hiigsiga noloshood dulawdo
Hirarka noloshaa adayg ah
Ayaa hadhacoo qabow iyo
Hanfiga jilaalka jooga
Ogow Hanadoow abaarta
Ogow Hanadoow hankaagu
Ma aha heelladii dhallaanka
Buuraha heegadaa dushooda
Godadka hoosaad ku raagi
Hummaagga aad ku

Sida laga filayay qof kasta oo karahsanaa dowladdii milateriga ahayd wuxu ku diirsaday dhiiranaanta dhallintu muujisay iyo sida geesinimada leh ee ay ugu babac dhigayeen xoogaggii lays lahaa ku muquuniya. Yaabku kumuu koobnayn in hal mar muddaaharaado xooggan lagu maro halbowlayaasha Hargeysa, waxase lama filaan ahaa in si joogto ah loo sameeyo muddaaharaadada; Mararka qaarkood ayaammo isku xigxiga socday; Marka lays yidhaa wuu damayna marka kale uu dib u soo rogaalcelinayey. Muddaaharaadaas oo ku fiday magaaloyinkii kale, sida Burco oo kale.

Dhimbiishii Halganka

Haddaan dib u xusno raadadkii kacdoonkani lahaa, wuxu ahaa mid raadayn xooggan ku yeeshey waddanka. Waa ta koowaade fajiciso ayuu ku noqday xukunkii markaa taagnaa. Waxa soo ban baxay axmaqnimada iyo aqoon gaabnida madaxdii xukuumaddaa oo beebeeyo iyo xabbad u adeegsaday ardaydii iyo shicib waynihii taageerayay. Sumcaddii iyo sharaftii dhallinyaradii UFFO ayaa kor u kacday; Xukunkii dilka ahaa ee lala maaganaana wuu ka baaqday iyada oo ay dawladdii cabsi weyni gashey haddii ay disho. Waxa intaa dheeraa iyado oo arinta xadhigoodii gaadhey aduun weynaha, iyo gaar ahaan hey'adaha xuquuqda aadamaha u dooda.

Suugaantii halganka wadday oo si xoog ah ugu soo hal qabsan jirtay dhacdooyinkan; Sida tuducyadan maansadii Hadraawi "Hambaaber dhawaanta; Dareen ma hurdaan ah; Dagaal wata heeso; Hidey u laheyde; Hargeysi ma toostay, Hoggaanka ma diidday; Harqoodka ma tuurtey; Waxay hibanayso; Ninkay la hadleyso; hagaag ma u sheegtay". Intaas oo dhan waxa sii dheer sida kacdoonkani shicibkii u mideeyay. Qaybo ka mida suugaantaa ayaynu wax ka tilmaami doonnaa.

Waxa iyana dhacday arrin yiddiillo sii galisay jabhaddihii mucaaradka ahaa ee ku sugnayd gudaha Itoobiya. Waxana bilaabmay qulqul cusub oo ku biiraya SNM. Marka laga reebo dhallinyaro badneyd oo isugu jirey shaqaale dawladeed, ganacsato, xirfadley, iyo xoogsataba, waxa markii ugu horeyseyba bilaabmay ardaydii dugsiyada sare (kuwaas oo iskugu jirey wiilal iyo gabdho) inay tallaabbaan.

9.1. Dhagaxtuurkii iyo Abwaanadu Siday u Cabbireen

Suugaanta laga tiriyay kacdoonkaa ardayda bal aan ugu horreysiino erayo uu maalmahaa curiyay Cabdirisaaq-Alfo oo ka mid ahaa ardaydii hor kacaysay kacdoonka, sidaad xagga dambe ka ogaan doontaanna loo maxkamadeeyay laguna xukumay dil toogasho ah; Waxanu yidhi:

Dirirtaan gingimay maalintii
Juun iyo maalintii Gacan-Libaax
Oomaar dharaartuu gurdamay
Maxamuud dharaartuu ganbiyey
acdaraha dharaartaan gaystayey
Gurmadaay dharaartaan lahaa
Dharaartuu xaqaygii gudhnaa
Duqaydii nac-naca loo gadaa
Waxse nala gudboonaa inaan gaydh
Kolhaddii waxan uga gollaa
Gam'i maayo jeeroon hantiy
Gulufyada laheenseeyey iyo

Dhagaxu guuxaayey
Gaadhka lagu meershay
Gumaca jiidhaayay
Weerar iyo gaadmo
Gubatay waanwaani
Dhallinay guushiiye
Giijay ibihiisa
Gooni joogsadaye
U dirirnaaye
Layla garan waayey
Gacaladaydiiye
Gaasaska aan dhawro

Axmed Ismaaciil (Qaasim), oo Hargeysa joogay waqtigaa sidaa wax u badanba muu sugine wuxu markiiba dhallinta u soo diray dhambaallo isugu jira mahadnaq, hambalyo iyo guubaabo; Erayadiisii waxa ka mid ahaa:

Da'da naga yareey waxaad fasheen, waan ku diirsanaye

Alle haydin daayee xilbaad, naga dul qaaddeene

Daymoonay baalaha sidii, duul baraarugay

Dhimbiishii Halganka

Sidoo kale Maxamed Ibraahim (Hadraawi) ayaa isna maanso caan baxday ku cabbiraray kacdoonkaas; Waxa ka mid ahaa erayda maansadaas:

Hambaabir dhawaanta
Hawraar iyo maanso
Dagaal wata heeso
Hiddey u laheyde
Hargeysi ma toostey
Harqoodka ma tuurtey
Waxey hibaneyso
Ninkey la hadleyso
Hagaag ma u sheegtey
Hadday samo weydo
Inay hantideeda
Nafteeda hureyso
Hubaal ma caddaysey

Aadan Tarabi ayaa isna dhacdadaa ka gabyey oo yidhi:

Maalintii dhaweyd
Dhaddiggii jihaad
Dhab ah beygaleen
Caruurtuna dhadhaab
Dhulka tiileybey
Dhirta ula baxeen
Dhanna hadallo
Culus Oo dhaxal galaa
Dharka ugu qoraa
Ninna ka dhowrsan meyno
Dhimasho diidi meyno

Dhimbiishii Halganka

Dhawaaqii ardeyda
Dhambaalladii qoraa
Dhago uma laheyn
Ummaddii dhammayd
Sida dhibicda roob
Kaga dhige rasaas
Dhagaxiyo madficii
Leys dhaafsayoo
Gadmey dhaawacii
Dhimashada Xaqa ahi
Waa dhaqan waddani

9.2. Sannad Guurooyinkii Feb 20

Muddadii ay socdeen kacdoonada ka soo horjeeday dowladdu, ardayda waxa ka dhex abuurmay, is hoggaamin iyo is abaabul. Ardaydii Burco ayaa iyana markoodii kacdoon lagaga soo horjeedo taliskii markaa jirey ka bilaabay Burco bishii Apr 1982 – waxay taasina noqotay guul dheeraad ah oo ardaydii dareentay. Wax walba waxbaa laga bartaaye ardaydii waxay dareemeen inay guulo aan la filanayn ku soo hooyeen kacdoonkii ay hor kacayeen.

Gabagabadii sannadkii 1982-kii waxa ardayda dhex wareegaysay sidii loo xusi lahaa dhacdadii Feb 20, 1982. Is abaabulku wuxu u socday si hoos-hoos ah – fasal walba intii la filayay inay khatarta u babac dhigi karaan ayaa is urursatay, gaar gaarna u shiri jirtay. Ardaydaasi, intii anigu aan ka war qabay (gaar ahaan intayadii markaa Faarax Oomaar ee isku lodka ahayd) wax xidhiidha oo toosa lammaanaan lahayn cid ka baxsan ardayda. Taas waxan uga jeedaa quwado ama xoogag ka baxsan ardaydu

Dhimbiishii Halganka

wax fara galin ah kumay lahayn dhaqdhaqaaqa ardayda markay noqoto wixii noo qabsoomay 1982 iyo 1983.

    Qorshayaashii bannanbaxyada ee Feb 20, 1983, sidii ardaydu ugu tala gashay ayaa loo hirgaliyay; bannaan-baxyo laxaadle oo lagu xusayo dhacdooyinkii Feb 20, 1982 ayaa laysugu soo baxay. Sidaad filan kartana falcelintii dowladdu ka bixisay muddaaharaadadaas kamay duwanayn jawaabtii ay muujisay 1982-kii. Dhaawac, dhimasho iyo xadhigba way dhaceen. Wixii ka dambmeeyay 1983-kii sidaas ayay ardaydu mar walba u xusi jirtey dhacdadii Feb 20, 1982.

    Intaa waxan ku soo gabagabaynayaa dul mar guud oo ahaa wixii keenay kacdoonkii ardayda iyo siduu ku bilaabmay. Hadda waxaynu u gudbi doonaa raadkii arrintaasi ku yeelatay nolosha labaatankii dhallinyaro ee sida gaarka ah loogu maxkamadeeyay horkaca iyo abaabulka kacdoonkaas.

10. Dhallinyartii Loo Maxkamadeeyay Abaabulkii iyo Horkicii Kacdoonkii Ardeyda

Halgankii lagaga soo horjeeday hungowgii midowga iyo dowladdii milateriga ahayd ee Oct 21, 1969 dhalatay wuxu lahaa wajiyo kala gaddisan; Dadka qaar waxay halganka ku galeen afka, qaar qori ayay qaateen, qaarna maalkoodii ayay u hureen halganka. Ka ugu liitaa niyadda ayuu ka karahsanaa maamulkii xiligaa waddanka ka jirey.

Kacdoonkii ardaydu horkacaysay wuxu ku astaysan yahay inuu ka mid noqdo kacdoonnadii ugu horreeyay caalamka ee si joogto ah loogaga hor tago keligii taliye, ama dowlad milateri ah. Kacdoonnadaas oo ka unkanmey Hargeysa waxay ku fideen magaalooyinka kale sida Burco. Haddaynu eegno dowladaha shuuciga ah, caalamka islaamka iyo Afrikaba, 1989-kii ayaa waddanka Shiinaha ugu horreysay in dadweynuhu muddaahaaradyo toos ah kaga hor yimaadaan dawladdoodii; Waxay taasina ka dhacday miidaanka loo yaqaan Tainaman. Caalamka Islaamka, soddomeeyo sano ka dib (horraantii 2010-kii), ayay ahayd iyana markey ka dhacday tii *Arab Spring-ka* loo bixiyey.

Dhallinyaradii kacdoonkan aynu ka hadlayno horkacaysay waxay badka soo dhigeen nafahoodii, waxayna indhaha u fureen dad badan; Waxay dhiiri galin laxaadle u noqdeen ku biirista mucaaradkii hubaysnaa. Haddaan is waydiinno horta yaa hoggaaminayay kacdoonkaa midhaha wayn dhaliyay? Ma koobi karno magacyadooda; Hoggaamiyayaashaa qaarkood nafahoodii bay ku waayeen; Qaar

Dhimbiishii Halganka

dhaawacyo xooggan baa ka soo gaadhay; Qaar waa loo xidhey: Qaar badan oo aynaan illaa hadda ka war hayn doorkoodii baa jiraya.

Nuxurka buuggani wuxu yahay inaan tusaalayaal ka bixinno doorkii ardaydu ku lahayd halganka; Gaar ahaan waxaynu tooshka saari doonnaa 20-kii dhallinyaro ee ka midka ahaa kuwii loo maxkamadeeyay kacdoonkii bilaabmay Feb 20, 1982 - waa halka aynu ka keennay magaca 20 & 20th. Waxayna u kala qaybsanaayeen sidan:

Dugsiga Sare ee 26ka June

- Cabdi Ismaaciil Maxamuud
- Cabdirisaaq Ibraahin Kooshin (Alfo)
- Yuusuf Maxamed Ciise (Yuuyo)
- Maxamed Baashe Sh. Cali
- Axmed Sh. Cumar Sh. Ibraahim (Kenedi)
- Cabdirixiim Maxamed Baaruud (Bidhiidh)
- Maxamed Ismaaciil Cumar
- Cali Cabdi Faarax (Cali-Gaab)
- Xasan Maxamed Aw Cali (Xasan-Dubbe)

Dugsiga Sare ee Faarax Oomaar

- Fu'aad Cismaan Muxumed (Shibbiin)
- Seleebaan Ismaaciil Xuseen
- Maxamuud Aw Cabdi Muxumed (Faraska-Cad)
- Ismaaciil Maxamed Jaamac (Daldal)
- Cabdirisaaq Axmed Cilmi (Faysal Khayre)
- Cali Yuusuf Ducaale
- Ismaaciil Cismaan Muxumed (Cambuul)
- Cali Maxamuud Cismaan (Cali-Jiir)
- Axmed Maxamed Aw Cali (Bekey)

Dhimbiishii Halganka

Baayac Mushtari

- Cabdi Dhamac Caabbi

Macallin (dugsiga Farsamada Gacanta)

- Cali Xasan Aadan (Banfas)

Intii ka nool labaatankaa dhallinyaro ee aan haleelno waxaynu siin doonnaa fursad ay innoogaga warrammaan noloshoodii ku xeernayd kacdoonkaas iyo waliba saamaynta uu kacdoonkaasi ku yeeshay noloshooda. Intoodii dhimatayna, wixii aynu ka hubno noloshooda ayaynu xusi doonnaa.

Waxa habboon in hoosta laga xariiqo in kacdoonkan ay hor kacayeen dhallinyaro lahaa hammi fog (hadday noqoto waxbarasho ama mustaqbal) kana cad-caddaa dugsiyada ay dhigan jireen; Waxa taas iyana u dhigan saraakiishii, shaqaalihii, baayacmustarkii, iyo kuwii la midka ahaa ee iyaga oo nolol wanaagsan ku jirey u adkaysan waayay dhibkii, dulmigii iyo cadaadiskii xad dhaafka ahaa dadweynaha lagu hayay, hurey naftoodii iyo maalkoodiiba.

Aakhirkii bishii June, 1984 illaa iyo aakhirkii bishii Aug, 1984 ayaa dhallinyaradii loo aanaynayay kacdoonkaas laga soo xidhxidhay Hargeysa iyo Muqdisho. Dhowr bilood ka dib, markii la soo mariyey jidhdil iyo ciqaabo adadag, waxa Nov 29, 1984 la soo taagay maxkammaddii badbaadada dalka oo aynu hore uga soo hadalnay waxa loo sameeyay iyo sumcadda ay lahayd. Kiiskaas iyo sidii loo qaadayna waxay u dhaceen sidan:

Dhimbiishii Halganka

10.1. Maxkammaddii iyo Qaybihii ay ka Koobnayd

Sida caadadu tahay, dacwad kasta oo maxkamadi qaaddo waxa lagama maarmaan ah inay yeelato: Garsoore amma Garsoorayaal dacwadda dhegeysta go'aanna ka gaadha xukunka ay maxkamaddu ridayso; Xeer ilaaliye dacwadda ku soo ooga cidda maxkamadda ka dacweysan; Qareen amma Qareenno u dooda ciddii ay dacwaddu ku socoto; Eedaysane amma Eedaysanayaal la soo dacweeyay; Markhaatiyaal ku marhaati fura eedaysanayaasha ama u markhaati fura.

Haddaba markaan u soo noqdo maxkamadayadii, qaybahaa kala geddisan een sheegnay waxay kala ahaayeen sidan:

Garsoorayaasha:

Jenaraal Maxamed Geelle Yuusuf[3], Gudoomiyaha Maxkamadda Badbaadada (ahaana wasiirka Gaadiidka Badda) iyo laba kalkaaliye

Xeer illaaliyaha:

Gaashaanle sare Cabdillaahi Axmed (Af-Nahar) oo ahaa madaxa ciidanka booliska ee Gobolka Woqooyi Galbeed

Qareenno:

1. Ismaaciil Jimcaale Cosoble
2. Xuseen Bile Cumar
3. Cabdirisaaq Barawaani
4. Dr. Gacamay
5. Axmed Yare

---

[3] Geelle wuxuu ka mid ahaa golihii sare ee kacaanka oo ka koobnaa saraakiishii waddanka afgembiga ku qabsatay

Eedaysanayaal: (afar qaybood)

a. Cabdi Ismaaciil Maxamuud, Cabdirisaaq Ibraahin Kooshin (Alfo), Yuusuf Maxamed Ciise (Yuuyo), Maxamed Baashe Sh. Cali, Axmed Sh. Ibraahim Sh. Cumar (Kenedi), Cabdirixiim Maxamed Baaruud (Bidhiidh), Maxamed Ismaaciil Cumar, Cali Cabdi Faarax (Cali-Gaab), Xasan Maxamed Aw Cali (Xasan-Dubbe), Axmed Maxamed Aw Cali (Bakey)
b. Fu'aad Cismaan Muxumed (Shibbiin), Seleebaan Ismaaciil Xuseen, Maxamuud Aw Cabdi Muxumed (Faraska-Cad), Cabdi Dhamac Caabbi
c. Ismaaciil Maxamed Jaamac (Daldal), Cabdirisaaq Axmed Cilmi (Faysal Khayre), Cali Yuusuf Ducaale, Ismaaciil Cismaan Muxumed (Cambuul), Cali Maxamuud Cismaan (Cali-Jiir), Maxamuud Aw Cabdi Muxumed (Faraska-Cad)[4]
d. Cali Xasan Aadan (Cali-Banfas)

Markhaatiyaal

Dacwaddan waxa ka maqnaa wax markhaatiyo ah oo ay qareemadu adeegsanayeen si ay u difaacaan eedaysanayaasha. Dhanka kale, markhaatiyada xeer ilaaliyuhu keenay waxay ahaayeen kuwii jidhdilka dhalinyaraa ku sameeyey; Waxa intaa dheeraa seddex qof oo shicib ahaa oo eedaysanayaasha ugu horreya (liiska hor ku xusun) ku furayay inay waraaqo dowladda liddi ku ah qoreen iwm.

Inkastoo badka ay yaalleen nafaha iyo mustaqbalka labaatankaa dhallinyaro, maxkamaddu kumay lumin waqti u qalmayey, ama macquul

---

[4] Fiiro gaar ah: Faraska-Cad laba jeer buu eedaysnaa

ahaan macno samaynaya, kiiska culayskaa leh. Min bilow illaa dhammaad (oo ay ku jiraan xilli qado, casho, iyo nasashaba) waxay maxkaddu socotay in ka yar labaatan saacadood; Taas macnaheedu waa mid kasta oo ka mida dhallinyartan 20-ka ah, maxkamaddu waxay siisay in ka yar saacad.

Caqliga wanaangsani wuxu kuu sheegaayaa in dacwadaha noocan oo kale ahi ay u baahan yihiin waqti lagu dhegeysto iyo waqti lagu darso wixii ay maxkamaddu maqashay. Sidaan hore u soo sheegay maxkammaddu waxay bilaabantay arroor hore (abbaaro toddobadii) waxayna dhammaatay seddexdii habeenimo. Iimay muuqaan qoraallo ay Geelle iyo labadiisii kalkaaliye qaadanayeen si ay hadhow u xasuustaan waxa nalagu soo eedeeyay iyo waxa difaacayagu ahaa.

Waxa kale oo iyana xaqiiqo ah in ay adagtay in qof bani-aadama ay maskaxdiisu u foojignaato, oo si isku mida u soo jeeddo in ku dhow labaatan saacadood; Hadday taasi dhacdana in ay maskaxdu wada xusuusato wixii labaatan saacadood lagu hadlayay way adagtay, amaba suurto galba ma aha. Waxay u eekayd sheekadu in xukunku uu hore u go'naa, maxkamadduna ay iska ahayd sawir dadka loogu maldahayo in sharci nala mariyay oo maxkamadi ay na xukuntay.

10.2. Xukunkii: Oct 3, 1984

Sidii aynu hore u soo xusnay dhegaysigii dacwadduu waxay dhammaatay arroornimadii Oct 1, 1984. Sidii laga filayay Geelle iyo maxkamaddii badbaadada waqti badan kumay qaadan in go'aanno ka gaadhaan kiisaskayagii. Haddaad u fiirsato, Oct 1-deedii wax sidaas oo shaqo ah garsooradu may qaban karayn illeyn maalintii ka horreysay iyo habeenkii ku xigayba way shaqaynayeen. Sidaa darteed waxay u eekayd in xilliga qudha ee ay garsoorayaashu kiisaska wada naaqish karayeen inuu ahaa wixii ka dambeeyay Oct 1, 1984. Markaad dib u eegto, waxay

Dhimbiishii Halganka

u muuqaytay in, waaba haddii muraajaco iyo ka fiirsasho la sameeyay, Geelle iyo maxkamaddiisu ay haysteen hal maalin si ay go'aan u gaadhaan.

Si kastaba ha ahaatee, Oct 3-deedii ayaa nalagu celiyay maxkamadii halkaas oo Geelle noo akhriyay go'aamadii uu ka gaadhay kiiskayaga oo ahaa: 7 dil ah; 8 xabsi daa'im ah; Hal 15 sano ah iyo afar min 3 sano ah. Xukunkii Geelle ku dhawaaqayna wuxu u yaallay sidan[5]:

- Cabdi Ismaaciil Maxamuud: Dil toogasho ah
- Cabdirisaaq Ibraahin Kooshin: Dil toogasho ah
- Yuusuf Maxamed Ciise Jaamac: Dil toogasho ah
- Maxamed Baashe Sh. Cali: Dil toogasho ah
- Axmed Sh. Cumar Sh. Ibraahim: Dil toogasho ah
- Cabdirixiim Maxamed Baaruud: Dil toogasho ah
- Cabdi Dhamac Caabbi: Dil toogasho ah
- Cali Xasan Aadan; Banfas: 15 Sano
- Fu'aad Cismaan Muxumed: Xabsi Daa'im
- Seleebaan Ismaaciil Xuseen: Xabsi Daa'im
- Maxamuud Aw Cabdi Muxumed: Xabsi Daa'im
- Maxamed Ismaaciil Cumar: Xabsi Daa'im
- Ismaaciil Maxamed Jaamac: Xabsi Daa'im
- Cali Cabdi Faarax: Xabsi Daa'im
- Xasan Maxamed Aw Cali: Xabsi Daa'im
- Axmed Maxamed Aw Cali: Xabsi Daa'im
- Cabdirisaaq Axmed Cilmi: 3 Sano
- Cali Yuusuf Ducaale: 3 Sano
- Ismaaciil Cismaan Muxumed: 3 Sano
- Cali Maxamuud Cismaan: 3 Sano

---

[5] Magacyadu sidan ay iskugu xig xigaan xukunka looguma dhawaaqin

Dhimbiishii Halganka

Intaa ka bacdi waxa markiiba naloo qaaday xabsiga Madheera. Bal aynu dul mar ku sammayno xabsiga madheera, siduu u kala qaybsan yahay iyo waxyaabaha aad ka filan karto.

10.3. Xabsiga Madheera

Jeelka Madheera oo ah jeelka ugu adag jeelasha Somaliland horeyso iyo dambeysaba (*maximum security prison*), wuxu ku yaallaa tuulada Madheera oo illaa 75 km Woqooyi Bari ugu toosan magaalada Hargeysa. Dariiqa Hargeysa iyo Berbera isku xidha ayaa Koonfur looga baxaa marka la gaadho tuulada Sheekh Abdaal. Xagga Koonfureed waxa ka xiga buurta caanka ah ee Gacan Libaax. Xagga Woqooyina waxa kaga yaal xarrun ciidan. Jeelkan waxa la dhisay xiliiggii Ingiriisku dalka joogay, wuxuna ku fadhiyaa dhul baaxaddiisa lagu qiyaasi karo ilaa 300mx300 mitir.

Gudihiisa waxa ka dhisan xafiisyo, Qabta, Seelada, masaajid yar, dhaktar hal qol ah, toban guri oo waa-weeyn, laba guri oo yar-yar, xamaamyo, iyo musqulo. Qabta iyo Seeladu way isku xigaan, waxanna u dhexeeya albaab garaa'id ah. Qabta oo ka kooban 8 qol ayaa inta badan waxa lagu xidhaa ciddii dil ku xukuman; Seelada oo iyana leeg Qabta waxa lagu xidhaa maxaabiista intii la ciqaabayo (waa jeel ku dhex yaal jeelka).

Guryaha waaweyni waxay iskugu dhegsan yihiin laba-laba; Guri kastaa wuxu leeyay illaa shan daaqadood iyo musqul yar; Daaqadahu waxay ka samaysanyiin garaa'id (lamana xidho lamana furo). Guri kastaa wuxu qaadaa illaa 70 maxbuus oo midkasta loo cabbiro in balladhka dhudhun leeg. Boosaska la seexdo waxa loo kala degaa kolba sidii loo soo kala horreeyay, waxana loogu jecelyay boosaska daaqadaha ka hooseeya. Marka laga reebo neecawda laga helo xilliyada kulaylaha, daaqadaha waxa lagu xidhaa raashinka, weelka, dharka iwm. Guri kasta waxa ka masuul ah (maamulana) nin ka mid ah maxaabiista oo loogu yeedho *Dirays Madoobe*.

Arrimaha Dirays Madoobuhu go'aamin jirey waxa ka mid ahaa sida loo kala degayo qolka, cidda guriga maydhaysa maalinta loogu talo galay in la nadiifiyo, iyo xilliga habeenkii sheekada iyo maararowga la joojinayo. Inta badan ninkaa dirays madoobaha ah aad baa looga dambayn jirey, maxaabiistana xoog iskugu may dhicin jirin.

Sidaad filanayso maxaabiistu waxay u kala qaybsamaan dhowr nooc; Qaar lagu soo xidho tuugo iwm kuwaasoo inta badan jeelka ku soo noqnoqda loona yaqaan *Abuu Jeerin;* Kuwo ku xukumman dilal ama dhaawacyo ay geysteen, iyo qaar u xidhan xoolo ay dhaceen ama musuqeen. 1980-naadkii waxa iyana aad u badnaa dad u xidhan siyaasadda; Marka aan leenahay siyaasad macnaheedu maaha inay ahaayeen siyaasiin kaliya, balse waxay noqon karaan adhi jir, geel jireyaal, ama beeralay la iska soo xidhay laguna eedeeyay raad baa idin ag maray iwm. Waxa iyaguna maxaabiista ka mid ahaa kuwo lagu soo xidhay kootaroobaan ama qaad oo waayadaa mamnuuc laga dhigay. Waxyaabaha cajaa'ibka ah ee aad jeelka ku arkayso waxa ka mid ah in qof kasta oo aad waraysataa uu u hadlo sidii oo uu gardarro ku xidhan yahay; Hadday tuug noqoto iyo hadday noqoto mid dad soo dilayba.

Kiisaska qaadka iwm dowladdu waxay ka samayn jirtay lacag qayrul xad ah. Tusaale ahaan, nin baa lagu soo xidhay qaad oo lagu xukumay 15 sannadood; Ninkaa ehelkiisu waxay haysteen fursad ay xadhiga ugu iibiyaan maxbuuskaas – taas oo inta badan la samayn jirey.

Saamaynaha ugu badan ee jeelku ku yeesho dadka waxa xagga hore kaga jira illowshaha oo dadka ku bata. Waxad maqlaysaa qof ay soo booqdeen dad ehelkiisa ahaa oo markuu soo noqda ku odhanaya "nimanyow gabadhaa ii timid (inta badan dumarkaa dadka soo booqan

Dhimbiishii Halganka

jirey) magaceedii waan soo saari kari waayay". Taasi waaba sahaalo, ee waligaa ma ka fikirtay inaad magacaaga illowdo? In aad yaabtay baan filayaa, balse si dhab ah ayay u dhacday. Waxa jirey nin la odhan jirey Jiir oo xabsiga Madheera in badan ku jirey. Ninkaasi wuxu u yeedhi jirey (kana soo raadin jirey meelaha kala duwan ee jeelka) kolba qofkii booqasho loogu yimaaddo.

Maalintii dambe ayaa magac loo dhiibay; Meel walba magacii wuu ka xaadiriyay. Aakhirkii askartii buu ku noqday una sheegay in aan ninkani xabsigaba ku jirin. Laysku yaac, oo la mood inuu ninkani baxsaday. Markaas ayay maskaxdii u soo degtay oo uu xusuustay in ninkan uu raadinayaaba uu isaga yahay; Sannado dhan uun baa loogu yeedhi jirey Jiir, oo cidina aanay u iman, oon magaciisa oo dhan laba xaadirin – "ha is illoobin" uun baan maqli jirey!

Nafaqa darrada iyo werwerka inta badan ka jira xabsiyadu waxay sababaan cudurro nafsi ah iyo qaar jidhka ku dhacaba. Xagga jidhka, cudurka ugu caansan ee ku dhaca maxaabiistu waa mid loo yaqaan *Qushaashadda* oo ka dhasha nafaqo darrada iyo socod la'aan. Cudurkani wuxuu inta badan keenaa barar siyaado ah oo ku dhaca jilbaha; Kaas oo xoog u carqaladeeya socodka qofka.

Maxaabiistu inta badan waxay ku maararoobaan ciyaaraha turubka, laadhuuda, jesta iwm; Galabtiina intii rabtaa socod ayay jeelka dhexdiisa ku sameeyaan.

Haddaan duruuffo kale jirin maxaabiista jeelka wayn ku jira waxa guryaha laga furaa abbaaro 8:00 aroornimo waxana dib loogu xareeyaa abbaaro 4:00 galabnimo. Maalmaha Jimcaha ayaa loo oggolaa in maxaabiista la soo siyaarto; Qofka la soo siyaartaa wuxu kula kulmi jirey ciddii soo siyaaratay daaqad ku taal gaydhka wayn ee jeelka. Kuwa dilka ku xukuman, haddii loo ogolaado booqasho, waxa dadka loogu geyn

Dhimbiishii Halganka

jiray mid ka mida xafiisyada (iyagoo maxaabiista ay silsilado ku xidhan yihiin).

Haddaan ka hadlo sida loogu noollaa jeelka, dawladdu wax raashin lagu tilmaammi karo (oo qof bini'aadmi ahi ku noolaan karo) may bixin jirin. Dadka in yar ayaa awoodi jirtey in reerahoodu raashin dibadda uuga keenaan. Badiyaa dadka raashinka dibadda looga keenaa waxey wax u wada karsan jireen koox-koox inta badan ku salaysan reernimo; Qaar waxa uga furnaa baayac mushtar yar-yar oo ay kala soo bixi jireen quutal daruurigooda; Qaarna waxay nolosha ka soo saari jireen adeegyo ay u fidiyaan inta wax loo keeno sida dabaakhnimo, doobbi, dawaar gacmeed, dadkoy uga yeedheen xerada marka la soo siyaarto iyaga oo askarta xafiisyada joogta ooy la shaqeeyaan.

Kuwa baayac mushtarka ku dhex lahaa jeelku waxay inta badan iibin jireen sigaar, buuri, sonkor iwm. Waxay lahaayeen maqal yar oo bir ah oo barkimada hoosteeda ay dhigan jireen habeenkii, kaas oo lacagta iyo wixii muhiim ah ay ku ridan jireen. Sonkorta waxa lagu miisaami jiray bagadho oo ah nooc ka mid ah daasadaha kalluunka; Nus bagadhaduna waxay ahayd fidhiqo yar oo xagga dambe laga soo tumay. Markaad maxaabiista kale u eegto nimankaasi waxay ahaayeen tujaarta jeelka.

Waxa jiray oday aan is leeyay malaa isagaaba ugu taajirsanaa maxaabiista. Wuxuu qali jiray hal wiiggii maalin maxaabiista loo qali jiray, maxaabiistuna ugu yeedhi jirtay *Caweer*. Odaygaasi waxa kaloo uu masuul ka ahaa nadiifinta musqulaha; Wuxu lahaa dhowr shaqaale oo midba shaqo gaar ah qabto; Isagu wuxu mushaharka iyo lacagba ka soo saari jiray hilibka uu ka soo feenfeeno lafaha hasha, sida luqunta, iyo subag uu ka sameeyo dhuuxa iyo heenka lafaha.

Sawirka soo socdaa wuxuu muujinayaa qaabka uu jeelka Madheeri xilligaas u dhisnaa (waa qiyaas)

Dhimbiishii Halganka

- Qabta waxa lagu xidhaa wixii dil ku xukuman
- Seellada waxa la geeyaa maxaabiista xadhigga ku xukumman ee la sii ciqaabayo; Waa jeel, jeel ku dhex yaalla
- Guryaha yar-yar waxa la geeyaa odaasha (inta badan kuwa lacagta leh)

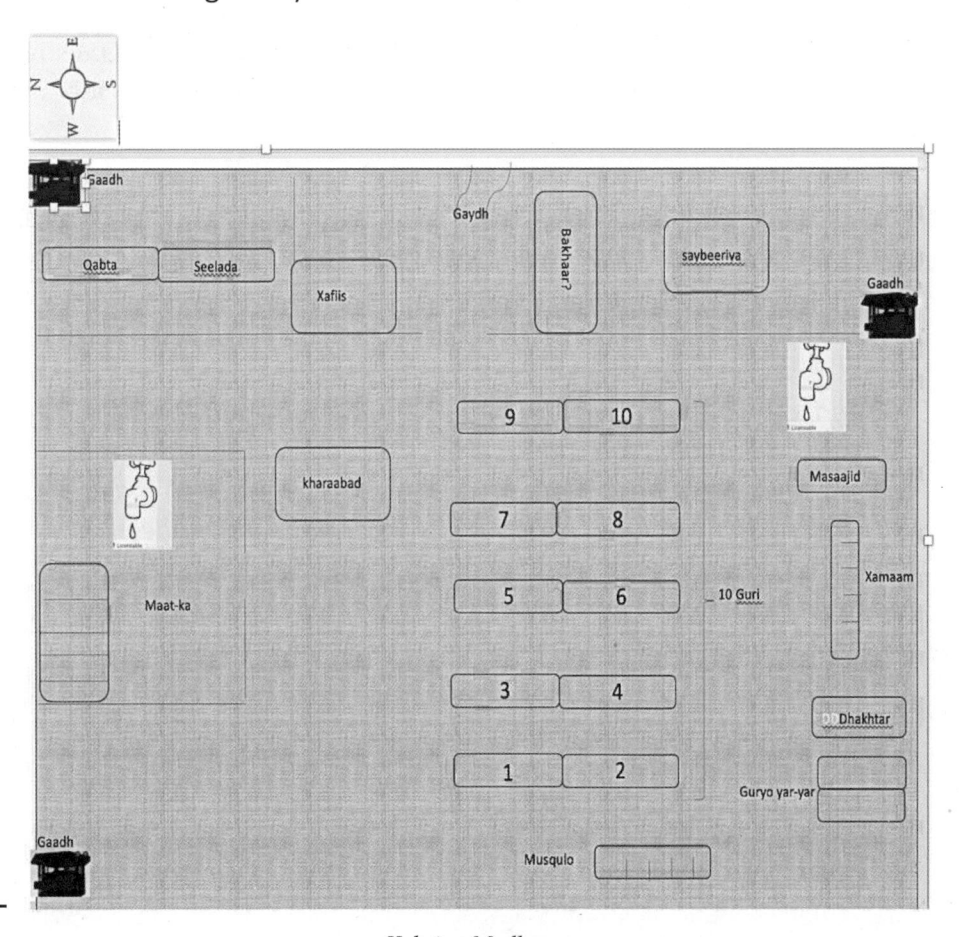

Xabsiga Madheera

10.4. Suugaanta Xabsiyada Laga Tiriyay

Waa tii hore loo yidhi "dumar waa badhaadhaa, ragna waa ba'iisa", sugaan aad u fara badan ayaa laga tiriyay jeelasha iyo waayahooda. Suugaantaa ay abwaanadu ka tiriyeen xabsiyada haddaan in yar ka taataabanno waxaynu xusi doonnaa woxoogaa ka mid ah suugaantii Cabdi Gahayr, Faarax Laanjeer, Cali-Banfas, Cabdi-Qays iyo Cabdi Iidaan. Waxa kaloo iyana jirtay riwaayad la odhan jirey Jeel iyo Jacayl.

Haddaynu ku bilowno Cabdi Gahayr iyo suugaantii uu ka soo tiriyay Madheera (Kenya) waxa ka mid ahaa farriin uu nin Xuseen Maakhade la odhan jirey oo jeelka laga sii daynayay uu u faray inankiisii la odhan jirey Guhaad; Waxanu yidhi:

Xuseennow gaddoontaye haddaad
Guryihii haddaad nabad tagtiyo
Waataad Galbeed naga xigteen
Kuwayaga gahaydhlaa u ballanna
Iminkana dadkuba waa wada gondiyo
Hadduu Hara Digeed iyo Digweyn
Waan kuu abaal gudi maansada-e
Guhaad waxad tidhaa hadduu
Aabow sidii Hoori-gaab
Amba garow qadhaadh baan cunaa
Gaajadana qaayiba
Godobtana ha moogaan

Gaadhiyada raacdo
Gaankii Dhamal Aadan
Goraygii xaadhnaaye
Golaha dayreede
Geedo wada daaqe
Geelu ku hayaammo
Haddaad geyso

War iska kiin gaadho
Diiriyay gabaye
Labada gooroode
Intuu gugu idhaafaayo
Ninkii gacal-le loo aarye

Dhimbiishii Halganka

Mar kale isagoo lagu xidhay xabsiga Madheera (Somaliland) ayaa nin ay saaxiib ahaayeen oo Ingiriisida yaqaannay, lana odhan jirey Ina Sarmaan, uu Cabdi Gahayr u sheegay inuu askarta ka maqlay in badhasaabkii Ingiriiska Hargeysa u fadhiyay uu Madheera imanayo. Ina Sarmaan wuxu Cabdi ka codsaday inuu bal gabay ninkaa badhasaabka u tiriyo – in lagu sii daayaabaa suurto gal ahe. Markuu badhasaabkii gurigii ugu soo galay Cabdi Gahayr, saaxiibkii iyo intii halkaa kula xidhnayd ayuu Cabdi yidhi:

Waayadanba gabaygii sahladay   *Ina Sarmaanowe*
Aduunbaa iga soomaadiyee   *Saabka kuma hayne*
Salansaab saraakiisha waad   *Ugu sarraysaaye*
Anigiyo sagaal aan ku jiro   *Saamax xadhigooda*

Badhasaabkii markii loo turjumay gabaygii wuu u riyaaqey, waxanu amray in la sii daayo Cabdi Gahayr iyo siddeedda nin ee kale ee uu Cabdi Gahayr soo xusheyba.

Faarax Laanjeer oo ku xidhnaa xabsiga Madheera ayaa looga shakiyay inay, isaga iyo raggii la xidhnaa, abaabulayeen si ay jeelka uga baxsan lahaayeen iyagoo isku qarinaya buuq ay ka sameeyaan akhriska mowliidka. Geelle oo markaa madax ka ahaa jeelka, ama sarkaal ka ahaa, ayaa fahmay oo gabaygan Faarax u tiriyay:

Ma ogiye waxay sheegayeen   *Way is madhiyeene*
Nin waliba wuxu soo makallay   *Mudanihiise*
Maryo dhiigle bay kala furteen   *Ammase maadhiine*
Mowliidkanaan yaabbanahay   *Ay mowda ku hayaane*
Annakana maleellay intaa   *Noo maldahayaane*

Dhimbiishii Halganka

Dhaaxaa maxbuus naga baxsaday
Mijahoo lagaa toogto iyo
Ha malaynin Faaraxow
Ninkii aniga tuug ii maslaxa

Maadhar loo xidhaye
Madaxa mooyaane
Inad naga macaashtaaye
Waa u macno la'aan.

    Faaraxna wuxu ugu jawaabay:

Anfac waxa leh ayroo dhashiyo
Ayaan waxa leh ruuxii Jannada
Orod waxa leh eeriga-balayn
Umal waxa leh aarkii rasaas
Inkaar waxa leh oday taa'ibooy
Edeb waxa leh inan hooyaloo
Arrad waxa leh wiilkii xabsiga
Adyad waxa leh ayjeel maxbuus
Haddii Amxaaradu ataak
Irridaha ma dhaaftaan hadduu
Ablikayshankiinanba dagaal
Idinkoo awaare leh suntii
Idinkoo asaaggiin ka hadhay
Allow sahal nin urugaysan baad
Anfacana meesha kuma qaadataan
Alfaan igadha naaguhuba
Arbacuun sanuu habartan weyn

Sidigta eeraane
loo iftimiyaaye
Oogadaa mar-e
Lagu ugaadhaaye
Innamo jeedlaan-e
Aad wax loo baraye
Lagu illaawaaye
Aragtay Geelloowe
Innagu soo qaaddo
Ololo mootuuye
Looma aamino-e
Kuma afuuftaane
Ulana noo qaatay
Arafa caydaane
Aayatiin gala-e
Way nala ag joogaane
Ubuxu saarraa

    Cali-Banfas ayaa isna si kooban u cabbiray maxaabiista iyo ehelkooda wixii ka qabsan jirey marka xukunka lagu rido ee la yidhaa rafcaanka qaata:

Awood maleh maxbuus la hayo
Ambiil qaata baa lagu yidhaa

Oo lagu itaalaaye
Eheladoodiiye

Dhimbiishii Halganka

Arji soo qortey moodayaan   *Loo axsaan falaye*
Aabaha[6] ha saamaxo la yidhi   *Waa orgomihiiye*
Indheer-garatadii waa kuwaa   *Aakhirow u ridaye*
Ku abaade caynkaa raggaad   *Ulan lahaydeen*

Markaad gaadho qaybaha dambe ee buugga ee ka hadlaya waxa dhallinyarada aynu ka sheekaynayno ka soo gaadhay Qabta, Seelada iwm (sida silsilaha iyo katiinadaha maxaabiista loogu giijiyin jirey), amabase markaad jeel ag marayso, waxad maskaxdaada ku soo dejisaa erayadan uu Cabdi-Qays kula hadlayay shimbirta:

Shimbiryahay lalaysaa   *Adna laydha guudbaad*
Leexaysanaysaa   *Ragna laba diblaa geed*
Sidig loogu joojoo   *Luguhuu ka xidhan yahay*
Sida aad u nooshiyo   *Hiirtaanyadaan qabo*
Laba kala fog weeyee   *Lurta wali ma kulanteen*
Mise laaca ubaxiyo   *Mabaad dhaafin laamaha*

Cabdi Iidaan ayaa gabay duco ah oo aad u qiimo badan oo uu Ilaahay (SWT) ku baryayay inuu jeelka ka sii daayo isna ku yidhi (innagoo in badh ka soo qaadanayna):

Ilaahaan baahannee loo baahanyow   *Boqorkayow hee dheh*
Ilaaha weligii baaqiga noqdoow   *Boqorkayoow hee dheh*
Ilaaha deeqsinnimo loo baxshoow   *Boqorkayoow hee dheh*
Ilaahi Waaxidnimo loo bartoow   *Boqorkayoow hee dheh*

---

[6] Siyaad Barre

Dhimbiishii Halganka

Ilaahaan xaq lagu beeninnoow
Ilaaha dunida baaraxa khalqoow
Ilaahii inu burburin sheegayoow

Bushimo nool Allaha quudiyoow
Biyo Oday intuu iga khalqiyo
Bilcan dumara uurkeed intuu
Barna aniga oon qabin isagaan
Ilaaha nolosha igu soo baxshoow
Baabaca addoon baan dhigtee
Boqolkaaga magac ee mid laan
Allow xadhiga sahal iiga bixi

Boqorkayoow hee dheh
Boqorkayoow hee dheh
Boqorkayoow hee dheh

Boqorkayoow hee dheh
Biliq yaroo dhiiga
Igu barwaaqeeyey
Igu bukaysiinnin
Boqorkayoow hee dheh
Boqorkayoow hee dheh
Baaqa maqashiinne
Kuu baryootamay

Ilaahay (SWT) ducadii wuu ka aqbalay Cabdi Iidaan waana la sii daayay. Balse mar kale, ayaa haddana dib loo soo xidhay. Nin askari, amma sarkaal, ahaa ayaa waydiiyay oo yidhi "maantana maxaad odhan?" Cabdi Iidaan oo u jawaabaya waa kan:

Mar wax-bixiye bini-aadmibaa
Adigaan qasnadahaagu madhan
Adiguu ku soo magan-galaa
Kol haddii miciinoow la yidhi
Maqribkay cadceedu u dhacdiyo
Madowgiyo iftiinkaa is beddela
Mad-habti Quraankaan bartiyo
Iyo magaca weynee Carshiga
Haddana sacabbadaydii madhnaa
Maantana Allahoyow i furo

Lagu mataalaaye
Ooy magane buuxaane
Ruux madluum ahiye
Meel kalaan jirine
Muuqashada waaga
Maalin iyo leyle
Maxamed Jaahiisa
Yaan miskiinsadaye
Meesha soo dhigaye
Kuu martaan ahaye

Dhimbiishii Halganka

Lama ilaawi karo gabaygii Darmaan iyo Dalxiis ee sida farshaxannimada leh uu Cabdi-Qays kaga sheekaynayay sheeko dhex martay isaga, oo ah Dalxiis iyo dammeer, uu ugu yeedhayo Darmaan, oo la xidhnaa. Cabdi-Qays oo jeelka laga sii daayay 1978-kii ayaa hadddana 1984-kii dib loo soo xidhay. Wuxu ku war helay dameerka qururufta ka haya qolkii uu ku xidhnaa; Waxanu ogaaday inuu dameerkani yahay kii waagii hore meesha kula xidhaa. Markaasuu gabayga Darmaan iyo Dalxiis halkaa ka curiyay. Run ahaantii Gabaygani aad buu u qoto dheeryahay waxanu si qurux badan u sawirayaa dowladdii markaa jirtey iyo habdhaqankii caadada u ahaa.

Waxa kale oo uu abwaanku kaga hadlayaa maansadan, maaha oo kaliya, kibirka aadamaha, ama sida guracan ee aadamuhu dhexdiisa isugu cadaalad fallo, ama dawlad xumo, balse sida dulmiga iyo hagardaamada badan ee ay aadamuhu dhamaantii guud ahaan ula dhaqmaan adoomaha kale ee Rabbi ku wada uumay dunidan; Iyo waliba, fasahaadka ay ku hayaan dhulkan, iyo waxa ku kor noolba, ee ay noloshoodu ka timid, ama ku xidhantahey, la'aantoodna aadamuhu aannu noolaan karin. Kibirka, fasahaadka, iyo cadaaladooda guracan, waxa ka sii daran in ay aadamuhu noolaha u caqli badanyahey, Allena dunidan mulkisiiyey.

Inyar oo kooban ayaynu gabaygaa ka soo qaadan doonnaa, waxanse akhriste kugu dhiirri galin lahaa inaad gabaygaas oo dhan raadsato. Waxaynu soo qaadanaynaa qaybaha uu dameerku ku sharaxayo xilligii la soo xidhay, sababta lagu eedeeyay, iyo dood dhex martay ninkii madaxda ka ahaa ciidankii soo xidhay dameerka.

Darmaan oo ka warramaya markii la xidhay

Maansadu dalxiisoow   *Sidaan kuugu daabacay*
Qoyskaan duruuftiyo   *Danahooda fulin jirey*

Dhimbiishii Halganka

Rabbi daa'in weeye
Sidii sheekha loo dilay
Cidi may dumaaline
Dadaal ugu maqnayd oo
Duca uga hibaysiyo
Dalluuntiyo xabaashay
Fooxiyo dab-qaadkaan
Jimcayaasha duhurkii
Dharaartaan dagnaayee
Waxay ahayd dalxiisoow
Farxad iyo damaashaad
Rarka layga dayn jirey
Darka iyo xareeddii
Dumarkaa ahaan jirey
Waanigii degdegay ee
Ku ogaa dirkaygii
Waxan soo durduriyaba
Daraawiish hub sidatiyo
Niman duub cas baa qori
Laye waa dameerkii
Duqa loo sameeyee
Laamiyo dushoodiyo
Anna idhi ma duulaa
Dariiq uga samayseen

Markuu Daahir[7] oofsaday
Ooridiisa dabadii
Dar Alliyo xaggiisay
Dugsiyada Qur'aankoy
Digrigay jeclaydoo
Wardi ugu dirtaayoo
Kala daali jirinoo
Waxba layma diran jirin
Sida debecsan lay helay
Ciid loo dabbaal degay
Maalintii Darbaalkiyo
Dooggii markaan cunay
Durduurtiina heensaday
Ragga daawadiisee
Meel aan darmaaniyo
Doolaalladii tegay
Anigoon dantii bogan
Col duullaana bay helay
Ila soo duljoogsaday
Meelahaa dalxiiskee
La dawaafsho fiidkii
Dawga muxuu u marayaa?
Ma cirkaad dameeraha

Waa Maxay Dambiga uu Darmaan Galay?:

Wax maan dilin   Dad maan dhicin

---
[7] Mid ka mida wadaadadii la laayey

Dhimbiishii Halganka

Maandooriyaashiyo
Maan ahayn Dalxiisoow
Hubka lagu dagaallamo
Duudkayga kuma raran
Tahay dacar qadhaadh iyo
Ma daldalan sidoodii
Dibbirada i eegaay
Baananka dulsaarkiyo
Dacwad iguma soo qorin
Damaciisu lumiyee
Dadkaygii ma baabi'in
Midna duunka kuma hayn
Dal shisheeye maan tegin
Darajiyo xil maan sidin
Halka layga dilay iyo
Dar Allee ma garan weli

Daroogada mid soo gura
Ganacsade Dillaal ihi
Weligay dushaydiyo
Duunyadoodu qaar bay
Deeq lagu khasaaraye
Dadkoo baahan keligay
Duhurkii kumaan odhan
Halka daynta laga helo
Nacas baa dareenkiyo
Intaan diday sidiisii
Dumi iyo Kacaan-diid
Xukunkooda kama didin
Bal diiwaanka baadhoo
Maanta laygu daba galo
Waxa dabinka igu riday

Darmaan iyo askartii Xidhay Dooddii Dhexmartay:

Xayawaanka Duurkiyo
Dibjirka iyo baahida
Waa dabeecaddiinnee
Dabaqa way ka weyntahay
Ma cid soo dalxiistiyo
Colka kii dalbanayee
Ka damqaday warkaygii
Dib u socod xun weeyaan
Daba-dhilif inaad tahay
Dibnahooda haystee
Dacwad nugu furaysaa

Aadmiga dayacan iyo
Dadka inaad ka qarisaan
Inkastood dedaysaan
Xeedhada darxumaduye
Wafdi soo degaa jira?
U sarreeyey duulkaa
Wuxu yidhi Dalxiisoow
Cadow baana soo diray
Dadkii baan hadlaynoo
Adigoo dameeraad
Duuduuba oo xidha

Dhimbiishii Halganka

Dabarkiyo hoggaankiyo
Doxoryahow qalaalani
Waxba aniga hay digin
Daal baan ku seexdaa
Degdeg laygu kiciyaa
Adigoo dangiigaan
Markaan digirta soo dhigo
Dusha layga saaraa
Degtaan kuugu dhaanshaa
kolkaan dogobka soo guro
Dabkaan kuu shidaayoo
Duudkayga raratoo
Danahooda fuliyaa
Degmo kala fogaatiyo
Diihaal anoo qaba
Hawlaha la ii diro
Weli diiday maan odhan
Daaraha wax kuma lihi
Dusha maro la saariyo
Ooridayda dahab iyo
Ma xidhaan dugaagado
Hilqad uma daloolshaan
Dubka cadarka lagu shubo
Duxda inaan ku dhaashado
Dartiin baan u nacay oo
Ma ogtahay dameeruhu
Duuggaaga noloshiyo
Durbaankaad tumaysiyo
Dirays baad u xidhatoo
Dadka maxaad u qabataa

Seetada isugu dara
Diiq baad is mooddee
Doobtana ha ii tumin
Dildillaaca waagaa
Dirqi baan ku toosaa
Gasiinkaaga doonaa
Dawliskiyo wadaantaa
Darkaan ugu arooraa
Xaabada duleedkiyo
Ama dhuxusha lay diro
Danyartiyo saboolkaa
Caydinkiyo danlaydaan
Dufka iyo xamaantaan
Meel durugsan geeyaa
Iyo dacaska gaajada
Inaan doono mooyee
Aqallada dugsoon iyo
Dibaddaan ka seexdaa
Darbaal iima hindisaan
Diric kuma marriintaan
Dhegta uma dalliigaan
Dabaylaha udgoon iyo
Dufankiyo saliiddiyo
Diibka waan u baahnee
Raaxada u daayee
Dhulka inay degaanoo
Dalka kula wadaagaan
Digdigtaadu waa been
Darajaad u leedee
Anaa kaaga door roon

Dhimbiishii Halganka

Danta kaaga hawl badan
Dabka huriyay baad tahay
Ii diiday baad tahay
Dagaallada sokeeyaha
Duubigu ku le'egyahee
Durdurkiyo xarreeddiyo
Ma dildilaacisaa beer
Dadka maw horseeddaa?
Gasiinkaaga dibaddiyo
Dal shiisheeye weligay
Dalaggayga mooyee
Dareemada anaa cuna
Ku dagaali maayo
Is difaaci maayoo
Dabadaada adigaba
Lagu dhaho duleedkiyo
Digadaadu kiishkaa
Daba-geliska weeyee
Deriskiyo geyaankiyo
Dadku wada ogaadaan
Maw dulqaadan layd taa?
Adaa duubka haystiyo
Dadka nimaad u jeceshahay
Adigoo dantiisiyo
Isaguna dilkaagiyo
Maxaa lagu dabiibaa
Dumisaye yabaaloow
Adna dabar go'aagiyo
Durba laygu soo bood
Dusha gaadhi lay saar

Doqonkii qulquladaha
Degganaanta nacabkii
Dirirtiyo adaa wada
Duudkiyo intaasaa
Dalka maxaad u qabataa?
Webiyada ma dooxdaa
Diraacdii wax soo saar

Adaa dool ka sugayee
Deristiisa maan baran
Diiqada ma raadsado
Iyo doogga keligii
Kula doodi maayee
Waxba diidi maayee
Haddii daasad lagu xidho
Ha la qabanin dibaddee
Dacal yaanay uga dhicin
Waxa doosha kuu sudhan
Haddii iinta dumarkiyo
Ceebtaadu durugtaye

Dunida maamulkeedee
Hadduu duunka kaa naco
Wada darajadiisii
Jerinaayo duugtii
Ama lagu daweeyaa?
Kolka malaggu daakiro
Ha la yaabin duudsiga
Hadalkiina naga duul
Duhur bay ahayd dheer

Dhimbiishii Halganka

Duleedkiyo dharaartay
Waa siddeed diraacood
Intaan deridan taagnaa
Daranyada i gaadhiyo
Degellada xabsiga iyo
Waxa iiga sii daran
Qoyskaa dabayshaday

Daleed iga qafaaleen
Dixda laanta buuriyo

Waxba maaha diiftuye
Deyrka aan ku oodnahay
Maatada dayacantiyo

Intaas ayaynu gabaygaa quruxda badan iyo sugaagntii xabsiyada ku saabasanayd aynu ku soo gabagabaynaynaa.

Xagga sheekooyinka waxaynu soo qaadan doonnaa seddex sheeko oo ku saabsan niman maxaabiis ah oon filayo in aad sheekadooda ka heli doontaan:

1. Waxa la sheegay in nin jidhkiisu aad u dhisnaa, oo malaa caano dhan ku soo koray, orod-na Ilaahay siiyay, la xukumay. Inta badan maxkamaduhu waxay weydiiyaan qofka la xukumay bal wuxu maxkamadda ka codsan lahaa. Ninkii maxbuuska ahaa markii su'aashaa la weydiiyay wuxu ku jawaabay "waxan weydiisanayaa in Ilaahay orodkaa igu badbaadiyo aamiin ii dhaha". Si lama filaan ah ayuu albaabkii maxkamadda orod kaga baxey; Askartii oo aan fileyn, ayaa mardembe oo uu libdhey, ka daba orodey, se gaadhi kari weydey.

2. Nin kalena Djibouti baa lagu xidhay, waxana lagu xukumay dhowr bilood. Markii loo sheegay xukunkii oo ahaa inuu xidhnaan doono dhowr bilowd, wuxu ugu jawaabay "waar anigu haleeli maayee, Ciise Madoobe wuu badan yahaye, ordoo Ciisaha meelahaa tuban ee bilaa camalka ah, ayaa haleelayee mid ka soo qabsada".

Dhimbiishii Halganka

3. Haddaad agmarto amma tagto jeelka Madheera waxad arkaysaa in dayrka dheer ee jeelku uu u kala qaybsan yahay laba qaybood. Qaybta hoose oo dhagax ah, iyo qaybta sare oo ka samaysan jaajuur; Qaybta dhagaxu dherer ahaan malaa waa illaa seddex mitir. Intaan dayrka la dheerayn ayaa nin geel jire ahaa oo la soo xidhay uu goor galab ahayd arkay hillaac xagga galbeed ka baxayay. Ninkii wuu muraaqooday; Intuu orod isa sii daayay ayuu dayrkii dheeraa xaga kale iska dhigey, sidaana ku baxsaday - waa sababta dhererkii dayrka loo kordhiyey ee qaybta jaajuurka ah loogu darey.

Intaa haddaynu ku soo gaba-gabayno suugaantii iyo sheekooyinkii jeelka ku saabsanaa, waxaynu guda gali doonnaa in aynu mid mid u xusno labaatankii dhallinyaro ee loo maxkamadeeyay kacdoonkii bilaabmay Feb 20, 1982. In kastoo sheekoyinkoodu ay meelo badan iska soo galayaan, haddana dhinacyo kala duwan ayay sheekooyinkoodu innaga tusi doonaan waaqicii xilligaa taagnaa.

11. Cali Yuusuf Ducaale

Waxan ku dhashay duleedka magaalada Hargeysa badhtamihii 1963. Markaan shan jir ahaa ayay ayeyday hooyo, Xaliimo Ibraahim Yuusuf, iga soo kaxaysay miyigii. Korriinkaygii iyo waxbarashadayda waxa si hagar la'aana u soo dhisay ayeyday iyo abtiyaaladay (Cali/Maxamuud/Axmed Xasan Good). Qoraalkan kooban waxan isku dayi doonaa inaan sawir idinka siiyo waayihii taagnaa iyo xaaladihii nagu gadaannaa xilligii aannu korayney - hadday noqoto waxbarasho, siyaasad iwm.

Dhimbiishii Halganka

Waxbarashada waxan ka bilaabay Hargeysa; Mulcaamad ku taallay istayshanka weyn ee Hargeysa koonfurtiisa oo uu dhigi jirey macallin la odhan jirey Sheekh Ismaaciil. Macallinkaas oo looga iman jirey dhamman afarta jiho ee magaalada sida Idaacadda, Guryasamo, Iftin, New Hargeysa, Hindia Laynka iyo shacabkaba. Quraanka ka sakow, macallin Ismaaciil wuxu na bari jirey xisaabta iyo carabi-ba. Taasi waxay muujinaysaa tayada iyo sumcadda ay mulcaamaddaas (Illaahay ha ka abaal mariyo sheekhee) ay lahayd.

Haddaan war bixin yar ka bixiyo xaaladaha waxbarasho ee taagnaa waqtigii aannu bilownay iskuulada, waxad dareemi doontaa nidaam aan la habayn oo inta badan aad moodo inuu tijaabo ku jirey. 1972-kii waxan dugsiga hoose ka bilaabay dugsiga Sheekh Bashiir oo ka mid ahaa dugsiyadii ugu horreeyay ee Somaliland laga hirgaliyo (lana odhan jirey markii hore Fisher School); Waxana aannu ahayn dufcaddii koowaad ee lagu bilaabay inay wax ku dhigtaan Af-Soomaaliga.

Waxan rabaa inaan tilmaamo khalkhal galay manhajkii iyo nidaamkii waxbarashada intii aan ku jirey dugsiga hoose - khalkhalkaas oo dhacay markaannu dhammaynay fasalka labaad. Sababta khalkhalkaa keentay waxa ugu horreeyay ololihii horumarinta reer miyiga iyo abaartii Dabadheer oo dhacday 1974. Haddii aanad hore u maqal wuxu ololahaasi ahaa runtii mashruuc waxtar leh ayuu aniga iigula muuqday. Macallimmiintii ayaa loo diray inay hal sano dadka reer miyiga ah soo baraan sida af-Soomaaliga loo qoro loona akhriyo. Tirada ka faa'daysatay intay doontaba ha leekaatee waxay ahayd fikrad fiican oo immikadan loo baahan yahay in iyadoo sidii waagaa hore ka hufan la sameeyo.

Ololahaa iyo abaartaas waxa nagaga lumay laba sannadood. Markii laga soo noqday ololihii waxa isbeddel wayn lagu sameeyay manhajkii waxbarashadu sidúu u dhignaa; Waxa laysku daray ardaydii

Dhimbiishii Halganka

fasalka 2-aad dhammaysay iyo kuwii soo galayay fasalka 2-aad oo loogu yeedhay inay noqdaan 2-aad; kuwii fasalka 3-aad ka gudbayna halkoodii baa loo daayay; Qaab dhismeedkii dugsiga dhexe waxa laga dhigay in lagu dhammeeyo fasalka 6-aad halkii lagaga dhammayn jirey fasalka 8-aad. Nidaamkan cusub muddo ka bacdi ayaa la laalay oo dib loo soo celiyay in dugsiga dhexe lagaga baxo fasalka 8-aad.

Halkaa waxa kaaga yar biniinixi kara in qorshaha iyo nidaamka waxbarasho aannu ahayn mid xoog looga shaqeeyay isbeddelada nidaamka waxbarashada lagu samaynayayna aannay ahayn qaar tallaabooyin la hubiyay loo raacay.

1979-kii waxan fursad u heley inaan ka mid noqdo ardaydii Faarax Oomaar (form 1)[8]. Dugsigan waxa maamule ka ahaa Maxumad Liibaan Maxamed oo marka laga tago maamulka dugsiga, inta badan buuxin jirey xiisadaha aanay macallimiini joogin halkaas oo mar uu Carabi noo dhigo, mar uu bayooloji noo dhigo iyo mar uu aqoon guud noo dhigo ahayd – Illaa hadda waa macallinka aan xikmadihii uu na bari jirey ugu xusuusta badanahay. Taas waxan ugala jeedaa in aan yara tilmaamo qiimaha ay leedahay in macallinku ardayga ku soo kordhiyo aqoon ka baxsan buugga uu dhigayo.

Xilligaa waxa jirey macallimiin yaraan baahsan; Gaar ahaan markay noqoto dugsiyada sare; tusaale ahaan, sannadkii koowaad, ee dugsiga sare, waxa naga maqnaa macallimiintii dhigi lahayd Kimisteriga, Bayoolojiga iyo Juqraafiga. Waxa jirey dareen ah in ardayda nala mida ee Xamar wax ku barataa ay helaan macallinba macallinka uu ka fiican yahay. Niyad jab iyo baqe ku habsaday macallimiintii ayaa sabab u ahaa tayo xumaanta wax barashada. Markaannu ku jirnay fasalka afraad ee dugsiga sare, waxan gaadhay heer aan fasalka u soo fadhiisto afar

---

[8] Ka dib markaan fasalkii 8-aad (oo xilliyagii loogu yeedhi jirey 6-aad) ka booday

Dhimbiishii Halganka

maaddo (Xisaab, Fisigis, Taariikh iyo Carabi) oo keliya - inta kalana geedaha iskuulka hoostooda ayaan wax ku akhrisan jirey. Iyadoo xaaladdaa waxbarasho na haysata, ayaa haddana waxa iyana xaqiiq ahayd in ardayda ka soo bixi jirtay gobolada Woqooyi ay marwalba ka muuqan jireen safafka hore marka la gaadho imtixaanada fasalka afraad (form 4).

Xilligaas aan Faarax Oomaar ku jirey waxay ku soo beegantay waqti dadweynaha reer Somaliland ay ka tirsanayeen caddaalad darro iyo tacaddiyo ay xukuumaddii markaa jirtay kula kici jirtay. Waxa caado noqotay in maalin kasta la maqlo warar dhiillo leh oo loo aanaynayo maamulkii dalka hayay. Waxqabad la'aanta xagga mashaariicda horumarineed waxay iska noqota waxan cidiba is waydiin karin.

Xagga fahamka waaqaca markaa jirey arrimaha markaa dhici jirey ayaa inta badan noo ahaa duruus wax laga barto; Waa halkay Soomalidu ka odhan jirtay "ishaa macallin ah". Maalinba maalinta ka dambaysa ardayda iyo dowladdu way sii kala fogaanayeen. Ardaydu waaqaca taagan bay aad ula socdeen, dowladduse waxay u eekayd mid ka dhoohan awoodda ardayda amase dhallinyarada.

Sidaan hore u soo sheegnay arrimo badan oo xasaasiya ayaa ka socday waddanka, gaar ahaanna goboladdii Woqooyi. Abuurkii SNM iyo xadhigii dhallinyaradii UFFO waxay jawiga ku soo kordhiyeen dareen kala shaki iyo is aamminaad la'aan ah oo dhaxmaray dowladdii iyo shicibka. Dowladdu waxay dan moodday inay isticmaasho gacan bir ooy ku xakamayso dadweynaynaha.

Xadhigga iyo dilka shicibku waxay noqdeen falcelinta koowaad ee dowladdu door biddo markay dareento falal ula eekaada in dowladda lagaga soo horjeedo. Macallimiin badan oo wax noo dhigi jirey waxay ka mid noqdeen dhallintii UFFO ee la xidhxidhay dhammaadkii 1981-kii; Siciid Fisigis (oo markii dambe la sii daayay), Xuseen Berberaawi, Jiciir

Dhimbiishii Halganka

iyo Madar, intuba waxay ahaayeen macallimiin ka dhigi jirtay dugsiga sare ee Faarax Oomaar walibana ka mid ahaa macalimiintii markaa loogu jeclaa dhigina jirey Fisigis, Kimisteri iyo Bayooloji. Halkaa waxad ka garan kartaa dareenka ardaydu siduu ahaa xilligii in yaruun ka horreeysay dhagax tuurka.

Wararka kolba halka xaalka waddanku marayo iyo waxa ka jira magaalada waxa laysku waydaarsan jirey xilliyada nususaacaha iyo xiisadaha macallimiintoodii ay xidhan yihiin ama maqan yihiin, siday doonaanba how maqnaadeene. Damqashada ugu badani waxay ka iman jirtay wararka isasoo tarayay ee ku saabsanaa dhallinyartii UFFO iyo ciqaabaha jidhdilka ahaa ee la marin jirey. Waxay ahayd markii koowaad ee ka sheekaysiga jidhdilku uu noqdo mid caam ah oo aad is odhan karto meel kasta ama guri kasta waa lagaga sheekaysan jirey.

Xiisaddu waxay cirka isku shareertay markii lagu war helay in dhallinyaradii UFFO maxkamad la soo taagi doono. Maxkamadda la carrabaabay waxay ahayd maxkamaddii badbaadada dalka oo uu xaakin ka ahaa Maxamed Geelle Yuusuf oo caan ku ahaa sida fudud ee uu dadka ugu xukumi jirey dil toogasho ah – waxad is odhan kartaa qof kastoo Geelle la hor geeyaa inuu nafta iska sii hannayn jirey.

Sidii aynu hore uga soo hadalnay waxa halkaa ka abuurmay kacdoonkii ardaydu hor kacaysay – kacdoonkaas oon ku eekayn muddaaharaaddo maalin qudha dhacay balse si qorshaysan u dhicay ayaammo is daba joog ah soona noq-noqday marar badan.

Haddaannu ahayn ardaydii dugsiga saree e Faarax Oomaar, gaar ahaanna fasalka 3-aad (form 3) xilliigii kacdoonku bilaabmay, waxannu samaysannay urur noo gaar ahaa. Ururkaas ujeedadiisa koowaad waxay ahayd inu xagga hore ka galo abaabulka muddaaharaadada lagaga soo horjeeday dowladda, wacyi galin joogta ahna siiyo ardayda. Waxa

Dhimbiishii Halganka

ururkaas, qaybaha dambe ee buugga, inoogaga sheekayn doona Cali Muuse Jaamac.

11.1. Shaqo-Qaran

Jul 1983 waxa noo soo gabagaboobay imtixaankii dugsiga sare. Nidaamku wuxu ahaa in dhammaan ardayda dhammaysata dugsiyada sare ay Xamar u tagaan tababar bilaha Aug illaa dhammaadka Oct. Inkastoo lagu macaabi jirey tababarkani inuu ahaa mid milateri, haddana waxa qudha ee lagu baran jirey waxay ahayd sidii si fiican loogu gaardiyi lahaa. Ujeedada guud ee arritaa ka dambeysana waxay ahayd in ardaydu si qurux badan u maraan maalinta loo dabbaal degayo 21-ka Oct oo ahayd maalintii Siyaad Barre xukunka qabsaday. Dhowrka ayaammood ee ka horreeya 21-ka Oct waxa la samayn jirey tijaabooyin (boroobooyin) lagu huninayo in maalinta 21-ka si fiican loo mari doono.

Dhimbiishii Halganka

Markii la dhaafay 21-kii Oct waxa aannu filaynay in dib naloogo soo kala diro dhulkii aannu ka kala nimi si aannu u gudano hawl galkii shaqo-qaran oo caadiyan ahaa in macallimiin laga noqdo dugsiyada dhexe iyo kuwa sare.

Waxa nalugu war galiyay in nidaamkaasi is beddelay hadda laga bilaabana aan noqon doonno kooxdii ugu horreysay ee bilowda Gurmadka Mashaariicda Horumarinta Qaranka (GMHQ). Mashaariicdaas waxa ka mid ahaa: macallinimo, difaaca, bacaad celinta, beeraha iwm.

Ardaydii Woqooyiga ka soo baxday waxa loo sheegay inay waajibaadkaa ku gudan doonaan Koonfur; Kuwii ka soo baxay Koonfurna inay tagi doonaan Woqooyi. Mar haddii aannu ahayn kooxdii ugu horreysay, waxannu nasiib u yeelannay in aannu howshan ku gudano hal sano, wixii naga dambeeyaase howshani waxay ku qaadan doontaa laba sano, ayaa naloo sheegay.

Ardaydii Faarax Oomaar ka soo baxday waxa lagu qoray degmooyinka kala geddisan ee gobolka Shabeelada Hoose oo hoos imanayay Marka. Aniga gaar ahaan waxa laygu qoray inaan macallin ka noqdo dugsiga sare ee Aw-Cismaan[9] oo Marka ku yaal halkaas oon Fisigis-ka iyo Kimistariga u dhigi jirey ardayda form 1-ka ah.

Waxannu si gaara u saaxiibnay maayerkii degmada Marka, Xasan Xuseen, oo hoosta ka ahaa mucaarid sababtuna ahayd walaalkii oo dowladdii milateriga ahayd dishay markii lagu soo eedeeyay inuu ka tirsanaa ama xidhiidh la lahaa jabhaddii SSDF. Inta badan wuxu xusi jirey caddaalad darrada iyo dilka dadka shicibka ah lagula kaco; Anna

---

[9] Reer Marka waxay halhays u leeyihiin: "Marka Caddey Minan (gurigii) Aw Cismaan, Martidii Mooddaa (dhaafta) Munaafaq Waaye"

Dhimbiishii Halganka

dhankayga intii karaankayga ahayd ayaan uga sheekayn jirey dhibtii ka jirtay Hargeysa iyo guud ahaan goboladii Woqooyi.

11.2. Bilowgii Jaamacadda

Bishii June 1984 ayaannu soo gabagabaynay shaqadiii loogu yeedhi jirey Gurmadka Mashaariicda Horumarinta Qaranka (GMHQ). Waxa fursad naloo siiyay in aannu imtixaan u galno kulliyadaha kala duwan ee ay ka koobnayd Jaamacaddii Ummadda Soomaaliyeed. Waxan nasiib u helay inaan ku guulaysto kuliyaddii aan rabay ee ahayd Injineeri-yada.

Bishii Jul ayaannu bilownay 6 bilood oo loogu talo galay barashada luqadda Talyaaaniga oo ahayd luqadda kulliyadaha intooda badani wax ku dhigi jireen. Dhowr toddobaad ka bacdi waxa lay doortay inaan noqdo *Kaabbe-kalaas* – oo ah ardayga u dhexeeya macallimiinta, maamulka iyo ardayda. Taasi waxay iskaaya bartay maamulihii machadka luqadda oo la odhan jirey Cabdillaahi.

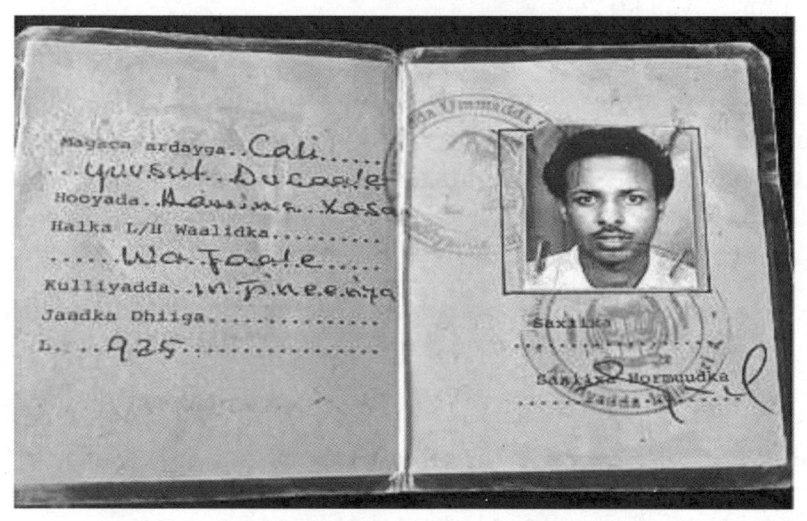

11.3. Xadhiggii

Bishii Jul ayaa waxa na soo gaadhay in dhallinyaridii muddaaharaadada abaabuli jirtay Hargeysa lagu ugaadhsanayo lana xidhxidhay dhowr ka mida. Bishii Augt 27-keedii ayaa aniga iyo saaxiibkay Axmed Abokor Cabdillaahi aannu wada tashanay. Waxannu isla garannay inay aad ugu dhowday in jaamacadda naloogu yimaaddo; Hadday taasi dhacdo, waxannu ku tashannay in aannu aamusno marka magacyadayada la yeedhiyo.

Aroornimadii Augt 28, abbaaro 10:00, ayuu maamulihii machadka luqaddu isa soo hortaagay fasalkii aan ku jirey. "Cali bal yara kaalay" ayuu yidhi (sidaan hore u sheegay si toosa ayuu ii yaqaanay). Waan soo baxay waxanan u raacay xafiiskiisii. Halkaas waxa sii joogay laba nin oo ahaa saraakiil C.I.D[10] ah. " Cali Yuusuf Ducaale iska warran" ayaa laygu bilaabay. Markiiba gartay inaan salaantu ahayn mid gacaltooyo ama wanaag ku jiro. "Bal waannu ku yara waraysanaynaaye inna mari" ayaa ku xigtay.

Intii laygu sii waday xarunta C.I.D-da waxay iga waraysteen sidaan u ahaa arday waxbarashada ku fiican oo Gaani (taliyihii qaybta 26-aad oo aannaan wax aqoona isku lahayn) uu aad uga xumaaday in arday anigoo kale ah la duufsado; Waxan filayaa inay ujeedadoodu ahayd uun inay isku muujiyaan inay yihiin qaar wanaagga ardayda danaynaya.

Waxa lay geeyay xarrunta C.I.D-da oo uu ku sii jirey Cali Maxamuud Cismaan (Cali-Jiir). Muddo bil ku dhawaada ayaannu halkaa

---

[10] Sidaan markii dambe ogaadey mid wuxu ahaa Kabtan ka kala Gaashaanle. Ka kabtanka ahi wuxu ka mid ahaa qoladii kiiskayaga ka shaqaynayay – aakhirkii ilaa Hargeysa isagaa Cali-Jiir iyo aniga Hargeysa na keenay

Dhimbiishii Halganka

ku jirnay - muddadaas oon cidina nala hadal; Aniga xataa la ima diiwaan galin. Sept21 1984 ayaa aniga iyo Cali-Jiir nala saaray diyaarad yar oo uu lahaa Gaani, oo ahaa ninka isagu si buuxda uga talin jirey xilligaa gobolada Woqooyi. Diyaaraddiina waxay na geysay Hargeysa goor barqo ahayd.

Madaarka Hargeysa waxa diyaaradda hoosteeda joogay nin ka tirsanaa ciidamada nabadgalyada waddooyinka oo Dhoorre la odhan jirey. Dhoorre wajigiisa waxannu ka dareennay inuu ka xumaa katiinadahii nagu xidhnaa. Waxan fursad u helay inaan salaamo farriinna u faro abtigay Cali Xasan Good, ooy Dhoorre is yaqaanneen, si uu ugu warrammo in Hargeysa nala keenay – sidii baanu yeelay.

Maalintaa waxa nala geeyay xabsi ku yaallay xerada milateriga ee Birjeex oo la odhan jirey *Qabta* halkaas oo ay ku xidhnaayeen maxaabiis badan oo shicib ahi – dadkaa waxa ka muuqatay diif siyaado ah; Markay qaarkood na waraysteen ee aannu u sheegnay in aannu Xamar ku xidhnayn muddo bil iyo in ka badan ah, waabay nagu qosleen iyagoo qaarkood leh" ma nimankiinan sidan u eeg baa xidhnaa?"

Fiidkii waxa qol la ila geeyay nin dhallinyaro ah oo yidhi "gabadh uu qabay nin sarkaala ayaa i soo eedaysan oo tidhi: *ninkani waa dadka habeenkii dadka waala*" - dhinac aan u qaado waan garan waayay eeddaa balse maan rumaysan waayin. Ninkaa dhallinyarada ah madax illaa mijo jidhkiisa waxa fuushanaa lakab ka dhashay barar uu sabab u ahaa cuncun tukhaan – waxad moodaysay in qolka si ula kas ah loogu beeray tukhaanka. Habeen baan halkaa ku jirey; Waxanu ahaa habeen aannu hurdo is diidnay dagaal aniga iyo tukhaanka naga dhexeeyay awgeed.

Aroortii ayaa naloo qaaday halkay ku xidhnaayeen dhallinyartii kale ee aannu isku kiiska ahayn; Goobtaas oo dhallinyaradu u bixisay *Xero-Nijaas*. Waxa nala geeyay guryo yar-yar oo markaa dhawaan la

Dhimbiishii Halganka

dhisay oo ku xigay fooq loo dhisay taliska qaybta 26-aad ee milateriga – hadda waxan filayaa inuu fooqaasi yahay xarunta wasaaradda gaashaandhigga ee Somaliland.

Aniga iyo Cali-Jiir katiinad baa layskugu kaaya xidhay. Markiiba cabasha yar ayaa naga soo yeedhay; Waxannu nidhi katiinaddu way nagu yara adagtaye naga dabciya; Show labama yidhaa waxaas oo kale; Jawaabtu waxay noqotay inay nagu sii adkeeyaan iyagoo leh *"ma annagaa idiin yeedhanay?"* Markii dambe ayaannu ogaannay in odhaahdaasi caado u ahayd askartii na ilaalin jirtay.

Galabtii waxa nala geeyay fooqii, halkaas oo gooni-gooni nagula yeeshay waraysiyo dhaa-dheer. Bishii aannu Xamar ku wada xidhnayn Cali-Jiir waxay ahayd fursad qaali ah; Maalin kasta waxannu isla eegi jirnay su'aalaha nala waydiin karo iyo jawaabaha ku habboon. Maalintii koowaad waraysigii nalala lahaa wuxu ku dhammaaday hanjabaad iyo in aannu u diyaar garawno jidhdil – ninka jidhdilka u qaabilsanaa oo ahaa nin oday ah oo la odhay jirey Xasan wuxu ii sheegay *"timahaaga ayay ka badan yihiin inta nin ee aan xiniinyo tiray";* Oo uu ula jeeday *"ninkii qayrkii loo xiirayow soo qoyso adiguna".*

Waxa meesha sii fadhiyay Ismaaciil-Daldal oo runtii wax weyn maalintaa ku soo kordhiyay difaacayga iyo wixii ay iga qor-qorayeen. Markii uu maqlay sidaan u dacwiyay ayuu yidhi "waa runtii oo wax sidaas ah nagamuu ogayn". Waxan goostay inaan arrintan xuso si aan uga markhaati kaco erayo ka mida sheekada Ismaaciil uu innala wadaagi doono.

Aroortii labaad ayaa mar labaad nala keenay fooqii; Markan ciyaar-ciyaar iyo sheeko way ka tagtay; Indhaha ayaa layga xidhay; Gacmahana laba dible ayaa lay xidhay; Waxa lay geeyay qol uu roog yaallo waana lay fadhiisiyay; Waxa la bilaabay in lay xidho sida miigga;

Dhimbiishii Halganka

Halkaa markay marayso ayay sheekadii u dhacday siduu Alle qaddaray. Waxa banii-aadam goostaana waa meel, ta Alle gooyaanna waa tii dhacda. Iyadoo aan saaranahay kawaankii jidhdilka, wax layla hadhayna aanay jirin, wax walbana ay diyaarsadeen (sida bud ay dadka ku garaaci jireen iyo mid ay figta si farsamaysan ugu istimaali jireen) ayaa waxa meeshii soo galay war cusub.

Inkastoon indhaha ka xidhnaa waxan fahmay in meel la isagu wada yeedhay dhammaan askartii, sababtoo ah taliyii (Gaani) ayaa hadda soo galay xarrunta. In yar ka dib maradii indhaha igaga xidhnayd degdeg baa laygaga furay waxana toos laygu celiyay qolkii aniga iyo Cali-Jiir aannu ku xidhnayn; Sidaasuu Rabbi igaga badbaadiyay ciqaabo ad-adag oo la mariyey dhallinyarta kale.

Meesha waxa yimi Gaani oo qolalkii aannu ku xidhnayn kormeer ku soo maray, amarna ku bixiyay in si degdeg ah jeelka wayn ee Hargeysa naloo geeyo; Naxariis kamay ahayne waxa la gaadhay xilligii maxkammadda. Waxa la sii daayay dad badan ooy sabab la'aan iskaga soo xidhxidheen. Intayadii kale si degdeg ah ayaa naloo dhuftay waxana laysugu kaaya geeyay qol gaar ah oo ka mida guryihii jeelka weyn ee Hargeysa kana go'naa guyaha kale ee jeelka.

Waxay ahayd markii ugu horreysay ee aannu is wada aragno; Isla mar ahaantaana ay noo suurto gashay inaan eheladayadii iyo looyarro illaa lix ahaa oo intooda badani Xamar ka yimaaddeen aannu la kulanno. Mid-mid ayay looyaradii, oo ay shaqaalaysiiyeen waalidiintayadu, si qoto dheer noogu waraysteen; Wixii aannu dambi baadhayaasha u sheegnay iyo wixii nagula kacayba waannu uga warrannay. Waxa nagu jirey Cali Xasan Aadan (Cali-Banfas) oo aan jeelku ku cusbayn runtiina qalbiga marwalba noo adkayn jirey; Mar uu sugaan nagu maaweeliyo iyo mar uu nooga warrammu hannaanka guud ee maxkamadahu u shaqeeyaan.

Habeenkii Nov 29-keedii ayaa maamulihii jeelka Hargeysa oo la odhan jirey Xasan Jilic uu daaqadda isasoo taagay; Wuxu noo sheegay in berri maxkammad nala gayn doono, maxkamaddana uu madax ka yahay Maxamed Geelle Yuusuf. Xasan Jilic isagoo niyadda noo dajinaya ayuu yidhi "Geelle waa nin caadil ah oo wax ku xukuma wixii baabacadaa la soo dul dhigo (wax cad uun)"; Erayadani waxay liddi ku ahaaheen sumcaddii uu Geelle ku lahaa ummadda dhexdeeda.

11.4. Xukunkii

Maxkamadda waxa nalagula jarmaadiyay aroor hore (abbaaro 6:00) makay bisha Sept ahayd 29. Waxa nalagu hakiyay qolka lagu macaabo *xero-guul* oo ah halka eedaysanayaasha lagu hayo intay sugayaan in loo yeedho.

Haddaan dib ugu noqdo kiiska aannu ku eedaysanay wuxu ahaa *article 54* oo u yaallay maxkamadda badbaada dalka. Eedayntuna waxay ahayd in aannu ahayn *qaran dumis* abaabulnayna *ururro xaaraan* ah. Ciqaabta u taal qofka ku eedaysan qodobkaasi wuxu ahaa dil toogasho ah. Sidaan hore u soo carrabownay, xaakinku wuxu ahaa Geelle oo lagu yaqaannay siduu ugu degdego xukunka dilka ah. Haddaan halkaa is yar dul taago waxase la yaab leh inaanu sharciga wax aqoon oo xaakin lagu noqdo u lahayn (waxan ka ahayn wuxu bowsaday). Taas waxan ku keenay anigoo u soo joogay isagoo kulliyada sharciyada ee Gahayr bilaababay sannadkii 1986-kii.

Kolba koox amma intii isku kiis ah ayaa dacwadaddooda la qaadayay. Shakhsiyan waxan la koox ahaa Cabdirisaaq Axmed Cilmi, Ismaaciil Maxamed Jaamac, Ismaaciil Cismaan Muxumed, Cali Maxamed Cismaan iyo Maxamuud aw Cabdi (oo isagu koox kalana lala soo eedeeyay). Kooxdayadan markhaatiyada nala hor keenay waxay

Dhimbiishii Halganka

dhammaan ahaayeen askartii kala duwanayd ee nagu fulinaysay jidhdillka.

Looyaradu si qurux badan ayay markhaati kasta u fashiliyeen. Waxyaabaha ay looyaradu ku doodeen waxa ka mid ahaa in jidhdil wax nalagaga qoray; Waxay tusaale u soo qaateen Maxamuud Aw Cabdi (Faraska-Cad) oo ay si buuxda uga muuqdeen astaamihii jidhdilku. Markhaatiyada qaar waxaba iskaga qaldanaa magacyadayada. Qaar waxay u eekaayeen inaanay fahansanayn dambiyada nalugu eedeeyay; Tusaale ahaan, mid ka mid ahi wuxu sheegay *"in aannu samaysanay urur ka shaqeeya danaha ardayda"*. Mid ka mida qareenadii ayaa waydiiyay su'aal u dhiganta: *"danaha ardayda in laga shaqeeyaa siday dambi ku noqotay"*.

Xeer ilaaliyuhu wuxu ahaa nin kornayl ah oo bilayska gobolka Woqooyi Gablbeed markaa madax ka ahaa lana odhan jirey Cabdillaahi Af-Nahar. Ninkaasi wuxu dacwaddiisii ku soo gabagabeeyay: *"In nalugu xukumo dil toogasha ah; Wax naxariis ah aan naloo galin; In aannu mujtamaca dheeraad ku nahay; Mujtamacuna naga maarmo"*. Wuxu ku dooday in aan wax jidhdil la yidhaa dhicin, Faraska-Cad waxa ka muuqdayna ay tahay naafo Alle markii horeba ku keenay ama wax uu la soo galay xabsiga.

Maxkamaddii bilaabantay abbaaro toddobadii aroornimo waxay dhammaatay seddexdii aroornimo. Meesha waxa yaallay nafaha iyo mustaqbalka labaatan dhallinyaro ah. Caqliga wanaangsani wuxu kuu sheegaayaa in dacwadaha noocan oo kale ahi ay u baahan yihiin waqti lagu dhegeysto iyo waqti lagu darso wixii ay maxkamaddu maqashay.

Inkastoo aan hore us soo sheeqay dhaliil ka muuqatay maxkamadda, waxan mar labaad ku celinayaa in: Maxkamaddu intii ay socotay marna ishaydu may qaban iimanay muuqan wax qoraallo ah oo Geelle iyo labadiisii kalkaaliye ay qaadanayeen si ay hadhow u

Dhimbiishii Halganka

xasuustaan waxa nalagu soo eedeeyay iyo waxa difaacayagu ahaa. Sidoo kale Geelle marna wax su'aallo ah muu soo dhex dhigin qareenadii iyo xeer ilaalinta midkoodna. Waxa kale oo iyana run ah inay adagtay in qof bani-aadama ay maskaxdiisu u foojignaato oo si isku mida u soo jeeddo in ku dhow labaatan saacadood; Hadday taasi dhacdana inay maskaxdu wada xusuusato wixii labaatan saacadood lagu hadlayay way adagtay amaba suurto galba ma aha ayaynu odhan karnaa.

Waxay u eekayd sheekadu in xukunku uu hore u go'naa maxkamadduna ay iska ahayd sawir dadka loogu maldahayo in sharci nala mariyay oo maxkamadi ay na xukuntay.

Si kastaba ha ahaatee Oct 3-deedii ayaa nalagu celiyay maxkamadii halkaas oo Geelle noo akhriyay go'aamadii uu ka gaadhay kiiskayaga oo ahaa: 7 dil ah; 8 xabsi daa'im ah; Hal 15 sanno ah iyo afar min 3 sano ah oo ka ahaa sidan soo socota[11] (in kastoo aan hore u soo sheegnay haddana aan mar labaad inna xasuusiyo kiisku siduu ku dhammaaday):

- Cabdi Ismaaciil Maxamuud: Dil toogasho ah
- Cabdirisaaq Ibraahin Kooshin: Dil toogasho ah
- Yuusuf Maxamed Ciise Jaamac: Dil toogasho ah
- Maxamed Baashe Sh. Cali: Dil toogasho ah
- Axmed Sh. Cumar Sh. Ibraahim: Dil toogasho ah
- Cabdirixiim Maxamed Baaruud: Dil toogasho ah
- Cabdi Dhamac Caabbi: Dil toogasho ah
- Cali Xasan Aadan; Banfas: 15 Sano
- Fu'aad Cismaan Muxumed: Xabsi Daa'im
- Seleebaan Ismaaciil Xuseen: Xabsi Daa'im

---

[11] Siday magacyadu u kala horreeyaan maaha siday xukun ku dhawaaqu u kala horreeyay

Dhimbiishii Halganka

- Maxamuud Aw Cabdi Muxumed: Xabsi Daa'im
- Maxamed Ismaaciil Cumar: Xabsi Daa'im
- Ismaaciil Maxamed Jaamac: Xabsi Daa'im
- Cali Cabdi Faarax: Xabsi Daa'im
- Xasan Maxamed Aw Cali: Xabsi Daa'im
- Axmed Maxamed Aw Cali: Xabsi Daa'im
- Cabdirisaaq Axmed Cilmi: Seddex Sano
- Cali Yuusuf Ducaale: Seddex Sano
- Ismaaciil Cismaan Muxumed: Seddex Sano
- Cali Maxamuud Cismaan: Seddex Sano

Maxkamadda waxa loo oggolaaday inay soo galaan qaar ka mid ah waalidiintayadii oo dhagaysanayay ku dhawaaqista xukunka. Dabeecadda waalidka waxa ka mid ah beer jilayc iyo iyagoo ubadkooda la neceb dhib intay doontaba ha ahaatee. Markii Geelle, oo taagni ku akhriyayay xukunkii uu dhowr goor carrabka ku dhuftay "dil toogasho ah" ayay hooyooyinkii qaar ilmeeyeen; Waxannu ku war helnay Geelle oo leh "maxkamaddu way idin sharaftaye idin-na maxkamadda sharafteeda ilaaliya".

Waxay u eegtay in dowladdu ku kalsoonaan wayday in aannu ku sii jirno jeelka Hargeysa. Sidaa darteed, xukunkii ka dib, markiiba waxa nalagu qaaday (annagoo katiinado laba-laba iskugu xidhan) gaadhi ah noocii la odhan jirey LG-ga oo ay ciidamo saaraayeen; Baabuurro siddey ciidammo xooggan ayaa iyana xagga hore iyo xagga dambaba naga socday. Halka naloo waday wuxunbay noo caddaatay markii baabuurtii tuulada Sheekh Abdaal marayaan ee ay dariiqa laamiga ah uga leexdeen xagga koonfureed - raaceenna waddada tagta xabsiga dhexe ee Madheera oo ammaankiisa lagu xoojin jirey xarun ciidan oo xagga Woqooyi kaga taal.

Markaannu gaadhnay Madheera waxa markiiba naloo kala gudbiyay Seelada[12], oo la geeyay intii sannado tirsan ku xukunnaa, iyo Qabta[13] oo la geeyay intii dilka amma xabsi daa'im ka ku xukunnaa. Dhowr maalmood markaannu halkaa ku jirnay ayaa intii xadhiga ku xukunayd loo gudbiyay jeelka guud, intii dilka ku xukunnaydna lagu reebay Qabta.

Jeelka wayni wuxu ka koobnaa illaa toban aqal oo waayayn; Laba qol oo yar-yar; Qol dhakhtar xilligii Ingiriiska loogu talo galey se aan markaa shaqo la sheegi karaa ka socon; Xamaamyo; Guryo yar-yar oo kharaabado noqday oo ku yaallay dhanka woqooyi galbeed oo loo yaqaannay MAAT-ka; iyo masjid yar.

Dadka meesha ku xidhnaa waxay koobnaayeen qaar u xidhan siyaasad, dilal, tuugo, qaad, qaar xannuunka dhimirka qaba iwm. Haddaan ka hadalno dadka lagu sheegay inay siyaasad u xidhanyeen, dhammaantood waxay u eekaayeen dad seeftu la kulantay oo siyaasad guda-galkeed daaye aan fahamsanaynba waxay tahay. Waxa ka mid ahaa nin reerkiisoo guurayay uu neef ka dhintay oo lagu eedeeyey inuu SNM hilibka u waday laguna xukummay 30 sano oo xadhig ah. Waxa ka mid ahaa ilma yar oo 11 jir ahaa oo lo' la joogay lana yidhi SNM ayaad caawisay laguna xukumay dhowr iyo toban sano. Waxa ka mid ahaa oday 80 jir ku dhow oo isagoo masaajidka Salaxley kitaab ka akhriyaya ay niman ciidamo ahi u soo galeen yidhaahdeena "haddaad aragtaan cid aydaan garanayn soo sheega" isagiina ugu jawaabay "waar waxba soo sheegi maynee kitaabka nooga aammusa" – ka dibna xadhig dheer lagu

---

[12] Qolal loogu tala galay in lagu ciqaabo maxaabiista dambiga ka gali jeelka weyn (Solitary confinement)

[13] Qolal loogu tala galay in lagu hayo ciddii dil ku xukuman

soo xukumay. Malaa waad qiyaasan kartaa siday berigaa xaaladuhu ahaayeen.

Waalidiintayadii iyo ehelkayaguba (Ilaahay haka raali noqdee) waxay isku xilqaameen in aannaan maalin qudha gaajo iyo dayacaad dareemin; Iyadoo duruufuhu ay adkaayeen, dhaqdhaaquna uu aad khatar u ahaa, ayay haddana hubin jireen in aan marna raashinkayagu kala go'in jeebkayaguna is dhimin, jeelkana aannaan ku arraddin.

Xaggayaga, intii aannu jeelka ku jirnay waxa aannu muujinnay akhlaaq wanaag aannu ku kasbannay ixtiraam siyaada ah oo maxaabiista iyo askartuba noo muujiyeen.

11.5. Xusuuso

Maxaabiistu waxay ka siman yihiin tabitaanka xorriyadda ay waayeen. Ruux kasta oo maxbuus ah waxa ugu daran haddii la waydiiyo, waxan odhan lahaa jawaabtu waxay noqon laheyd in *uu ka fakerayo baylahaha faraha badan ee uu qabyo tiri lahaa haddii maanta lagu yidhaa xorbaad tahee halkaa ka bax.* Waxa laga yaabaa in qofka maxbuuska ahi uu ku fekero tolow maxaa dhici lahaa haddaan sida shimbirta gidaarkan dheer u dul maro? Haddaad gidaarkaa fanato, tollow gaadhku ma ku arki lahaa iwm? Waxyaabaha malaa ugu yaabka badnaa ee aan jeelka ka xasuusto waxa xagga hore ka galaya rajada iyo ididiillada sare ee maxaabiistu wadaagayeen; Mid xabsi daa'im ku xukumman, iyo ka billo ku xukummanba waxay aaminsanaayeen inaanay meesha ku sii raagayn oo aaney abid ku jireyn.

Waxa kale, oo iyana jirtey in ay maxaabiistu yihiin war ku nool, had iyo jeerna ay raadinayaan warar cusub. Waxaa cajiib aheyd in aannu wararka ka hor heli jirey dadka dibadda jooga inta badan. Waxa xataa dhici jirtey in wararka la kala iibsado. Askarta meesha joogtey oo aan run ahaantii daryeel heli jirin, mushaharkoodana aan xataa mar-mar bilo

Dhimbiishii Halganka

qaadan jirin, ayaa maxaabiista wararka xiisaha leh u soo gudbin jirtay, maxabiista intooda yara ladan xagga heynta iyaguna (askarta) weydiisan jirey in ay qadar yar oo raashin ah, ama midhadh sigaara, ama duub tubaako ah, ama buurri can galis ah kaga bedashaan. Waxa la faaqidi jirey wararka cusub oo mala-awaal iyo saadaalin xoog badan laga sameyn jirey. Waxaa loogu jeclaa dabcan wararka siyaasiga ah, gaar ahaan kuwa rajada jeelka lagaga bixi karo kor u qaadaya.

Yididiilladii waxay cirka isku shareertay markii SNM-tu soo gashay buuraha; Waa gebagabadii sannadkii 1984-kii. Habeen walba waxa dhegta loo taagayay marka ay SNM albaabka jeelka baliqi doonto.

Haddaan xuso rajo fiican oo nala soo daristay, waxay ahayd markii inamadii dilka lagu xukumay aannu ogaannay in Siyaad Barre uu ballan qaadey in aanu dilkaa fulinayn. Bishii Nov 1984-kii, ka dib markii Siyaad Barre diiday codsigii ay dirteen waalidiintii toddobadii dhallinyaro ee dilka lagu xukumay, ee ahaa in dilkaa madaxweynuhu ka jabiyo, waxa la saxeexay in dilkaas la fuliyo; Balse xagga Alleh sidaasi kamay qornayn. Diyaaradii Somali Airlines ayaannu ku war helnay in la afduubay; Afduubayaashuna waxa ugu wayn ee ay codsadeen waxay ahayd inaan dilkaa inamada lagu fulin. Waa mahad Allee, fulintii dilku way baaqatay, inamadiina mid mooyaane, aakhirkii dilkii waa laga jabiyey, waxana loogu beddeley xabsi daa'im.

Waxa kale oo xusid mudan markii jeelka uu noogu soo galay cudurka kolooraha la yidhaa kaas oo galaaftay nolosha maxaabiis dhowr ahaa. Wax ka hortag ah waxa jirey dhowr midh oo kaabsol ah oo maxaabiista la siin jirey; Qaar maxaabiista ka mid ahaa dib baabay u iibiyeen midhadhkii kaabsolka ahaa ee la siiyay, si ay buuri, sigaar ama wax la mid ah ugu badashaan; Baahi xad dhaaf ah ama aqoon darro iyo aayaheed uun ka soo qaad.

Dhimbiishii Halganka

Waxa jeelka la keeni jirey dad maskaxda ka xannuunsanaya oo waliba dad soo laayay. Nin dhallinyaro ah oo la odhan jirey Dhucda oo asallkiisii hore qaadwale ahaa ayaa ka mid ahaa dadkaa xannuunka dhimirku hayay ee jeelka dadka fayow ku jirey. Sababta loo soo xidhay waxay ahayd in uu dilay gabadh hilibka iibin jirtay, tu kalana dhaawacay. Dil laguma xukumin sababtoo ah maxkammaddu waxay u qirtay inuu waalnaa. Muddo dhowr biloo ah ka dib, markii Madheera la keenay wuxu jeelkii ku dilay maxbuus, mid kalana wuu ku dhaawacay – Cali-Jiir baa tafaasiir inaga siin doona siday dhacdadaasi u dhacday. Yuusuf Maxamed Ciise-na wuxu innooga warrami doonaa xukunkii dambe ee la saaray ninkaa markii la fuliyay.

Sidii aan hore u soo carrabaabay, jeelka waxannu la galnay asluub, dad la dhaqan wanaagsan iyo annagoo isku duuban; Taasi waxay noo hir galisay in hadday maxbuus tahay iyo hadday askar tahayba, si gaara lanoo tix galiyo. Intii aan jeelka ku jirey waxa dhacay laba arrimood oo labadaba aan ciqaabo siyaado ah ku mutaysan gaadhay balse kaga badbaaday Ilaahay amarkii iyo karaamadii aannu jeelka ku dhex lahayn.

Waxannu guri kuwada xidhnayn nin dhallinyaro ah oo la yidhaa Xuseen Geeljire (oo markaa illaa dhowr iyo labaatan jir aan u malaynayo inuu ahaa). Xuseen isagoo aad u yar (oo tobaneeyo jir ah) baa miyi laga soo xidhay ka dib markii ay xabbadi kaga qaraxday gabadh dhallinyaro ah. Intii uu xabsiga Madheera ku jirey, Xuseen waxa u daahfurmay gabayada oo uu aad u tirin jirey.

Maalin buu iga codsaday inaan gabayadiisa u qoro si uu amma dibadda ugu diro ama iskaba haysto; Waxannu dibadda u diraney oo naloo soo iibiyey dhowr buug. Maalintii dhowr gabay baan ka qori jirey illaa intaan laba buug ka buuxinayey. Gabayadani caashaq, calaacal, ama sheekooyin toona may ahayn; Dhammaantood waxay ku saabsanaayeen dowladda iyo dhaliilaheeda.

Dhimbiishii Halganka

Gabayadaa waxannu qori jirnay maalintii marka ay maxaabiistu jeelka ku kala filiqsantay. Basaasnimadu meel walba way ka jirtaaye, show nin maxbuus ahaa baa arkay, fahmayna waxannu wadney. Labadii buugba intuu xaday ayuu u geeyay askartii jeelka. Xuseen maalintaas baa iigu dambeysay oo waxa la geeyay Seelada oo ah meel maxaabiista si gaar ah loogu sii ciqaabo. Xaggayga, waa mahad Allee, Ilaahay baa iga badbaadiyay; Waxay iska dhigeen sidii waxanan sheekadaba ku jirin.

Dhacdo kaloo aan is idhaa malaa ciqaab baad ku mutaysan lahayd waxay dhacday maalin aan hooyaday oo ii timi is idhi warqad ugu dhiib saaxiibkay Axmed Abokor Cabdillahi oo sidaynu xusi doono dirqi kaga badbaaday in kiiskayaga loo xidho. Warqaddii waxan u dhiibay will dhallinyaro ahaa oo shaqo-qaran u joogay jeelka oo Maxamed lagu magacaabo. Maxamed, markuu si qarsoodi ah, warqaddii ugu dhiibay hooyo ayuu askari arkay warqaddiina hooyo ka soo qaaday. Maxamed in muddo ah ayuu u xidhnaa warqaddaas. Mar walba Allaa mahad lehe, maalintaasina waxay ahayd mid aan sigtay; Inkastoo aan aad uga taxadiray erayadii iyo weedhihii aan ku qorayey warqaddaa, haddana dowladdaannu u xidhnayn mid caqliga isticmaasha may ahayn – siday doonaan bay wax walba u fasiran jireen.

11.6. Saamaxaad

Bishii Jan 1986 ayuu Siyaad Barre socod ku yimi magaalada Hargeysa isagoo soo dhammaystay shir ururka IGAD ay ku lahaayeen Djibouti. Wuxu shir ugu yeedhey odayaashii reer Hargeysa oo uu muddo dheer wada hadal la lahaa; Waxyaabbo fara badan ayaa shirkaa lagu falanqeeyay. Odayaashii waxay badka soo dhigeen waxyaabaha ay ka codsanayaan oo ay ugu horreyso in 20-kii ardayda u badnaa ee badhna dilka lagu xukumay badhna xadhiga u dhexeeya xabsi daa'im iyo afar sano uu cafiyo.

Dhimbiishii Halganka

Siyaad Barre arrintaa wuu ka biyo diiday; Dacwaddiisii waxa ka mid ahaa "ma ragga talaabay baan rag kale idiinku sii daraa". Odayaashii geesinimo ayay muujiyeen oo waxay ku adkeysteen inuu iska haysto waxyaabaha kale ee uu ballan qaaday inuu qaban doono; Sidaasaana lagu kala kacay.

Maalintii xigtay ayaa dadweynihii Hargeysa loogu yeedhay in ay ka soo qayb galaan khudbad uu Siyaad ka jeedinayo garoonka kubadda cagta ee Hargeysa. Khudbaddii markuu dhexda kaga jirro ayuu yidhi (erayo u dhigma) *"ardaydii xabsiga ku xidhnayd waan saamaxay, todobaddii dilka ku xukunnaana .."* markuu halkaa marayo ayuu Gaani dhegta wax ugu sheegay; Kadibna Siyaad hadalkiisii isagoo sii wata ayuu yidhi *"mid mooyaane, lixdii kale dilkii waxan ugu bedelay xabsi daa'im"*. Markiiba dadkii waxa galay tuhun ah in ninka dilka laga reebay uu ahaa Cabdi Dhamac oo Gaani ay hore isku yaqaaneen isna soo jiidheen, xurguf weynina dhex martey.

Abbaarro duhurkii Jan 28, 1986, ayaa (intayadii siideyntooda lagu dhawaaqey) nalaga soo qaaday Mandheera. Intaanaan jeelka ka bixin waxannu la kulannay lixdii inan ee dilka laga jabiyay oo aannu muddo saacad iyo xoogaa ah yara sheekaysanay.

Galabnimadii waxa nala geeyay xarruntii nabad sugidda ee Hargeysa oo muddo ka bacdi nalaga sii daayay. Halkaa waxannu isku waydaarannay koox kale oo arday ahayd oo lagu soo eedeeyay inay ku tala jireen inay Gaani dilaan – waa tii Soomalidu ka odhan jirtay "geel geel waydaartey." Dhallinyaradaa oo toddoba ahaa waxa iyana qaar ka mid ahaa lagu xukumay dil toogasho ah; Nasiib wanaagse lama dilin; Magacyada toddobaad will waxay kala ahaayeen:

Xasan Cismaan Cumar, Ilyaas Qase Faarax, Siciid Daahir Jaamac, Axmed Cabdi Cumar, Cabdi Daahir Caynaanshe, Maxamed Maxamuud Hurre iyo Cabdirisaaq Caydiid Cilmi (Daabbad).

Dhimbiishii Halganka

Maalin ka dib markii nala soo daayay waxa annaga iyo waalidiintayadii iskugu kaaya yeedhay Gaani oo joogay xarrunta gobolka. Markuu sidaa u soo galayba wuxu halacsaday Cali-Banfas oo ay hore isku yaqaanneen, gabayadiisana uu Gaani ka dheregsanaa. "Ma Cali-Banfas baa? Wallaahi in aanan ku soo daayeen haddaan magacaaga (Cali Xasan Aadan) garanayo. Maxaynu innagu isku naqaanay? Miyaanay Soomaalinimo ahayn? Halkan kaalay oo tiri gabaygii aad Mareexaanka u tirisay". Cali-na wuxu ugu jawaabay "gabaygaa xilligiisii hadda lama joogo". Intaa ka dib Gaani baa mar labaad ku celiyay amarkii ka dibna Cali gabaygii buu ula kala baxay illaa uu ka gaadhayay *Mareexaankii raamaha lahaa, Reer walba u taliye*. Halkaa markuu marinayo ayuu Gaani joojiyay. Cali oo markaa lahaa timo jilicsan oo dheer ayuu Gaani ku yidhi "Allayle adigaa raamihii maanta yeeshay"; Cali jawaabtiisi waxay noqotay "kuwani raamo maaha ee waa timo".

Runtii waxa aad iiga yaabisay geesinimada Cali iyo dhiiraraantiisa. Gabaygaa markuu tirinayay wuxuu iila muuqday nin aad mooddo inuu ku xaragoonayo oo uu u tirinayo sidii oo uu markii ugu horreysay gabaygaa soo bandhigayo. Taariikhdiisa hadddaad baadho, waxa laga yaabaa inay kaa soo hor baxdo mar isla gabaygaa lagu maxkamadeeyay. Taariikhdu markay ahayd Jan 1979-kii ayuu gabaygaa aan xusnay tiriyay; Markiibana waa la soo xidhay. Wixii maxkamadda ka dhacay waxaynnu kaga warammi doonnaa qormadada ka hadlaysa Cali-Banfas.

Maalintaa meesha waxa Gaani ag taagnaa nin ka mid ahaa abwaanada waaweyn ee waddanka (xusidda magaciisu macno sidaas ah hadda innaguma soo kordhinayso). Markii Gaani hadalkiisii dhammaystay, Cali-Banfas-na ay erayada kor ku xusan iswaydaarsadeen, ayuu ninkii abwaanka ahaa hadalkii qabsaday. Wuxu bilaabay sidii uu Gaani ugu qancin lahaa in aan nala sii dayn oo ay ku fiicnayd in aannu ummadda ka xidhnaanno. Wuxu intaa noogu daray gabay aanan erayadiisii waxba ka hayn balse nuxurkiisu ahaa habaar uu na habaarayay. Nasiib wanaag, Gaani taladiisii muu qaadan.

11.7. Dib Ugu Noqoshadii Jaamacadda

In ka yar laba usbuuc ka dib (Feb 10, 1984), intayadii jaamacadda laga soo xidhay oo ahaa aniga, Saleebaan Cirro, Ismaaciil-Daldal, Ismaaciil-Cambuul, Cabdirisaaq Axmed Cilmi iyo Cali-Jiir, ayaa waxa noo yeedhay guddoomiyihii nabad sugidda, Axmed Aadan, oo noo dhiibay waraaq uu u qoray kulliyadihii aannu dhigan jirey (sawirka warqaddaas[14] bogagga soo socda ayaad ku arki kartaa) waxanu noo sheegay in aannu dib ugu noqonno jaamacadahayagii.

Aniga, Ismaaciil-Daldal iyo Saleebaan ayaa Xamar u ambabaxnay annagoo isku dayayna in aannu jaamacaddii dib ugu noqonno. Markaannu kulliyadahaygii kala geddisnaa tagnay waxay noo soo wada direen in aannu la kulanno madaxa kulliyadaha Gahayr oo isagana Gaani la odhan jirey.

Ninkaasi xataa salaantii (mid Carabi ah iyo mid Soomaali ah toona) wuu naga qaadi waayay; Malaa warkayaguu sii hayay baan is idhi. Goor aannu yaab dhammaysannay ayuu na waydiiyey waxannu u soconnay. Markaannu u sheegnayna "barri soo noqda" ayuu noogu jawaabay. Barriidiina wuxu noo sheegay in aannu la xidhiidhno Wasaaradda Hiddaha iyo Tacliinta Sare.

Muddo laba bilood iyo badh ku dhow ayaannu maalin kasta xafiis taagnayn; Wixii madax ahaa ee reer Hargeysa ahaa ee aannu gaadhi karaynay waannu soo wada marnay annagoo ka filaynay bal inay wax

---

[14] Fiiro gaar ah: Halka odhaynaysa "Cali Cabdi Faarax" waxay ahayd inay ahaato "Cali Maxamuud Cismaan"

nala qabtaan - mid na diiday muu jirin, mid wax muuqda arritayadii ka qabtayna muu jirin. Markii dambe annagoo hor marayna Wasaaradda Gaadiidka Cirka iyo Dhulka, oo uu madax ka ahaa Gaas Mucaawiye oo reer Burco ahaa (waa aniga, Ismaaciil-Daldal iyo Saleebaan), ayaannu nidhi "waar kanna ma ku daynaa si aan u nidhaahno madaxdii reer Woqooyi waanu ka wada quusanaye".

Gaas Mucaawiye wuu nala kaftamay mar uu yidhaa "ma nimankii anti-ga ahaa baad tihiin" iyo mar uu yidhaa "nimamkii reer Hargeysa waxba miyay qaban waayeen"; Isku soo wada duuboo isagaa noo soo dhammeeyay in aannu jaamacaddii dib ugu laabanno. Warqaddii uu ka soo dhammeeyay xafiiska madaxweynuhuna hoos ayay ku lifaaqantay.

Dokumentiyada hoos ku lifaaqan iyo sawirrada kaadhadhka ee kor ku soo aragtay waxan qoraalka u soo raaciyay inay marag u noqdaan qaybo ka mid ah dhacdooyinka aan ka soo warramay.

11.8. Ka Bixitaankii Soomaaliya

Ka dib markii SNM ay Burco soo gashay, Hargeysina ku xigtay, waxa Muqdisho ka bilaabmay ugaadhsi la ugaadhsanayey dadkii ka soo jeeday goboladii Woqooyi. Jaamacaddii waraaqo ayaa lagu daadiyay. Waraaqahaas waxannu isla garannay in loogu talo galay in ardaydii Woqooyiga ka soo jeedday lagu wanjalo. Ismaaciil-Cambuul oo aroos tagay isaga iyo wixii rag ahaa ee arooskaa joogayba waa la duubay, lana xidhay. Dad badan oo si fudud guryaha loogala baxay ayaa jirey. Taasi waxay igu kalliftay inaan idhaa "i bixiyow i bixi".

Sidii aan Xamar uga bixi lahaa dhibteeda ayay iska lahayd. Lacag aan ku dhoofo maan haysan; Baasaaboor lama qaadan karayn haddaanad cid kuu soo wastaysa haysan, intaa waxa dheeraa xaggeed u baxdaa oo iyana ahayd su'aal meesha taalley. Alle ha ka abaal mariyee

Dhimbiishii Halganka

taageero aan ka helay asxaabtayda, oo uu ugu horreeyo saaxiibkay Axmed Abokor Cabdillaahi, ayaa ii suurto galisay inaan Xamar si dhuumasho ah uga baxo bishii Augt 28, 1988.

Intii aanan ka dhoofin gegida diyaaradaha ee Muqdisho ee aannu qolka nasashada ku sugaynay in aannu diyaaradda fuulno ayaa waxa naloo saaray heestii odhan jirtay *Soo noqo adoo nabad ah*. Goobtaa waxan ku soo gaadhay dhuumasho iyo qalqaalo aan ka helay nin sarkaal ahaa oo wasto meeshaa igu gaadhsiiyay; Waxa igu adkaaday sidii aan iskugu keeni lahaa heestaa naloo saaray ee rajada miidhan ah iyo xaaladdaan markaa ku jirey.

11.9. Markhaatifur: Muxumed Liiban Maxamed

Maxumed Liibaan Maxamed oo ahaa maamulihii dugsiga sare ee Faarax Oomaar wuxu u dhuun daloolay dhaqdhaqaaqyadii ka socday iskuulka uu maamulaha ka ahaa. Waxa kaloo uu hayay xogo badan oo ku saabsan siday dowladdu ugu daba jirtay ardaydii kacdoonka hor kacaysay. Cadaadiskii la saarayay waxay Liibaan ku kalifay inuu goor habeen ah baxsado lugna ku galo Jabuuti.

Mar aan dhawaan wareystay Liibaan (anigoo weydiisanayey inuu ii ogolaado in aan buugga ku soo daro warqad uu noo qoray aniga iyo Ismaaciil-Daldal) ayuu iiga warramay qiso ku dhacday in yar kor Feb 20, 1982. Wuxuu ii sheegay in uu maqlay xamxam hoose oo odhanaysay "ardaydu shoobaro ayay berri samaynayaan[15]". Ardaydu waxay maqashay in la xidhay macallin Siciid-Fisigis oo aad ardaydu u jeclayd; Sidaa darteed ardaydu waxay abaabulayeen in la qaadaco iskuulka. Xaqiiqduna waxay ahayd in Liibaan uu si hoos hoos ah Siciid u siiyay fasax uu ku tago Berbera. Liibaan ardaydii buu iskugu yeedhey, isagoo

---

[15] Maxamuud Aw Cabdi ayaa inooga sheekayn doona arrintan

Dhimbiishii Halganka

dhinacna ka waaninaya khatarta ay leeday in dowladda lala kaftamaa, dhinacna u yar sheegaya inuu ogyahay in Siciid bed qabo. Maahmaaho sarbeeban buu isdaba dhigay. Mid ka mid ahaa ardaydii ayaa qoraal dheer ka sameeyay wixii uu Liibaan ku hadlay oo dhan, una geeyay nabad sugidda. Markiiba goor habeen ah ayaa Liibaan loo yeedhay; Meesha looga yeedhay waxa joogay madaxdii gobolka oo dhan oo mid walba uu su'aalo weydiinayay Liibaan. Siduu Liibaan ii sheegay, ninkii nabad sugidda haysta ayuu ka dhammaan kari waayay; Ninkaas oo ku celcelinayay inuu sheego wixii maahmaah uu daabuurka Liibaan ka sheegay iyo wixii uu uga jeeday.

Liibaan wuxu ahaa nin saaxibul ciyaal ah (oo carruurtiisu aad iskugu dha-dhawayd) — quutal daruurigana wuxu uga soo saari jirey mushaharkii yaraa ee uu ka qaadan jirey Wasaaradda Waxbarashada. Liibaan iyo xaaskiisuba waxay ku noolaayeen guri ku yaallay xagga Koonfureed ee dugsiga. Waxad qiyaasi kartaa waxa ninkaa masuulka ahi uu carruurtiisii caydiga u badnayd xilli habeen madow ah uga baxsaday. May ahayn masuuliyad-darro, balse waxa adkaa wuxuu waajihi lahaa haddii aannu gidaarka dambe ka boodi lahayn habeenkaas. Kumannaan waalid bay tan iyo wax ka darani ku dhaceen.

Liibaan ayaa nootaayo markhaatifur ahayd u qoray aniga iyo Ismaaciil-Daldal ka dib markii ay noo suurto gashay in aannu magan galyo siyaasadeed waydiisanno waddanka Maraykanka; Nootaayadaas oo xoojinaysa qodobbo badan oo aynu buuggan ku soo xusnay waxay u dhignayd (turjumaadeedu[16]) sidan:

Ka: Muxamed Libaan Maxamed

Ku: Waaxda Cadaalada, Socdaalka iyo

---

[16] Waxa turjumay Bashiir Cabdi Daahir

Dhimbiishii Halganka

Sharci-bixinta ee Dawlada Maraykanka

Codsiga Magangelyo-Doonka

Cali Yusuf Ducaale iyo Ismaaciil Maxamed Jaamac

ee Dalka Maraykanka

Mudane Muxamed Libaan Maxamed waxa uu ku dhaaranayaa isla markaana caddaynayaa hadalkan hoos ku qoran:

1. Magacaygu waa Muxamed Liibaan Maxamed, anigoo da'daydu tahay 44 jir kana soo jeeda qabiilka loo yaqaanno Isaaq. Waxan ku noolaa dalka Canada laga soo bilaabo sanadkii 1986-kii. Iminka waxan sifo sharci ku degganahay isla waddanka Canada iyadoo la i siiyay sharciga qaxoontiga ee la isla yaqaano. Guriga aan degganahay waxa uu ku yaalaa 272 Sumach Street, Toronto, Ontario M5A3K2.
2. Waxan u qorayaa caddayntan si aan u taageero codisaga magangelyo-doonka ee labada mudane ee kala ah Cali Yuusuf Ducaale iyo Ismaaciil Maxamed Jaamac ee dalka Maraykanka. Markhaatigan soo socda waa kii aan ka hor sheegi lahaa maxkamadda marka la ii yeedho.
3. Waxan maamule ka ahaa dugsiga sare ee la yidhaa Faarax Oamaar ee ku yaala Hargeysa, Somaaliya, laga soo bilaabo 1979-kii ilaa 1985-kii. Waa dugsiga ugu wayn ee ku yaala magaalada Hargeysa, isaga oo ay wax ka bartaan arday ku dhaw 700. Ha yeeshee xilligii ay dugsiga wax ka baranayeen, waxan si toosa ardayda uga aqaannay Cali Yuusuf Ducaale iyo Ismaaciil Maxamed Jaamac.
4. Waxan rabaa inaan ku bilaabo xidhiidhka waalidnimo ee ka dhexeeya ardayga iyo macallinka. Mar kasta oo aad aragto ardayda, waxaa qalbigaaga ku sii kordha muxibada aad u

hayso iyo daryeelka ku wajahan mustaqbalkooda. Waxa farxad ii ahayd in mudane Cali Yuusuf iyo mudane Ismaaciil Maxamed ay guul kaga gudbeen marxalada dugsiga sare ilaa ay ka bilaabeen waxbarasho jaamacadeed. Dhanka kale, waxay ahaayeen niman xagjir ah oo xubno firfircoon ka ahaa kacdoonkii shicibka ee xilgaasi jirey. In muddo ah ba waxan garwaaqsaday in mudane Cali iyo mudane Ismaaciil la dilay in yar ka dib mar kii ay dugsiga Faarax Oomaar ka qalinjebiyeen. Sidaa darteed waxa lama filaan igu noqotay taleefanka uu ii soo diray mudane Cali Yuusuf, isaga oo jooga waddanka Maraykanka.

5. Waxa ugu muhiimsan doorkii xoogganaa ee ay labadan arday ku lahaayeen muddaharaaddadii dhacayay laga soo bilaabo 1982-kii. Maalmahaa wixii ka danbeeyay, dawladdu waxay diiradda saartay sidii ay u soo qaban lahayd labadan arday iyo kuwii la socday ee dhimbiisha u ahaa mudaharaaddada lagaga soo hor jeedo dawlada. Dawladda Soomaaliya marnaba ma ilaabayso sidii mudane Cali iyo mudane Ismaaciil ay u bilaabeen kacdoonka shicibka. Hubaashii waa la dilayaa hadii labadan arday waddanka Soomaaliya ay dib ugu laabtaan.

<u>Mudaharaadkii Dhacay 1982</u>

6. Bilawgii 1982-kii, dhawr macallin oo ka tirsanaa dugsigayga, dhakhtaro ka socday cusbitaalka wayn ee Hargeysa iyo shaqaale Jarmal ah oo ka socda xafiiska hay'adda UNHCR ayaa waxay go'aansadeen inay dayactir ku sameeyaan cusbitaalka wayn ee Hargeysa oo markaa xaalad baaba' ah ku sugnaa. Dawladda ayaa ka fahantay dadaalladan in looga jeedo in dawladdu aanay si wanaagsan u dayictirin baylahda bulshada ay u taliso. In yar ka dib waxay dawladdii

bilowayday inay xidhxidho dhammaan ciddii ku lug lahayd isku dayga lagu dayactirayo cusbitaalka wayn ee Hargeysa. Dugsigayga waxa laga xidhay afar macalin oo bari jirey maadada Sayniska; Xiligaasi ma jirin macallimiin lagu baddelo afartaa macallin ee ay dawladdu xidhay. Taasi waxay keentay in ardaydii ay soo waajahdo waxbarasho la'aan.

7. Maalintii 20-aad ee bishii Feb sannadkii 1982-kii, ardaydii waxay bilaabeen inay is urursadaan oo ay ka mudaharaadaan waxbarasho la'aanta ay ku sugan yihiin. Maalintii 1-aad ee mudaharaadada waxa la dilay dad badan. Xabaddu ma laha indho, askartu-na umay aabbo-yeelayaan cidda ay ku dhacayso. Arday badan ayaa jeelka loo taxaabay. Mar haddaan ahay maamulaha dugsiga waxan isku dayay inaan aamusnaado oo aanan dhinacnaba raacin anigoo u baqaya amnigayga. Hasa yeeshee waxan indhahayga ku arkay sida ay mudane Cali iyo mudan Ismaaciil u bilaabeen halgankii lagaga soo horjeeday maamuulkii xiligaa jirey. Labadan arday waxay ahaayeen hogaamiyayaasha abaabula mudaharaadada. Waxan xasuustaa maalin in ay laba nin oo dharcad ahi iigu yimaadeen xafiiska oo ay i waydiiyeen inaan ugu yeedho mudane Ismaaciil. Waxay ii sheegeen inay yihiin xigtadiisa, taasi na waxay ahayd been. Markii uu soo galay mudane Ismaaciil xafiiska ayaa labadii nin ay xabsiga u taxaabeen. Ka dibna waxa mudane Ismaaciil la la'aa mudo ku dhawr toddoba maalmooda.

8. Mudaharaadkii 1-aad ka dib, dugsiga Faarax Oomaar waxa uu noqday barta ay dawladdu isha ku hayso ee xannaanada u ah kacdoonka shicibka. Muddo yar ka dib deganaansho-la'aan ayaa ku soo foolyeelatay magaalada Hargeysa, waxana la bilaabay in la saaro bandoo.

9. Maadaama aan ahaa maamulihii ardayda, habeen walba saqda dhexe waxa ii iman jirey ciidanka dawladda. Waxay i waydiin jireen su'aalo: "Waa ayo hogaamiyayaasha kacdoonku? Iyo yaa ka mas'uula mudahaaradada dhacaya?" Afkayga ayaan ka adkaaday, oo wax ba umaan sheegin anigoo u baqanaya amnigayga. Dhanka kale ardayda haddii aan sheegi lahaa, waxa hubaal ah in la xidhi lahaa ama la dili lahaa.

<u>Xaaladda Guud ee Siyaasadeed</u>

10. Qofna kuma noola magaalada Hargeysa, dagaalada ka socdo awgeed. Horaantii 1960-kii ayaa waddankaygu ka xoroobay gumaysigii Ingiriiska, waxana aannu dooranay dawlad shiciba. Waddanku si wacan oo nabad ah ayuu u soo socday intii u dhexaysay 1960-kii ilaa 1969-kii. Sannadkii 1969-kii ayaa la dilay madaxwaynihii waddanka; Waxana waddanka gacanta ku dhigay hogaamiye kelidii taliye ah. Wixii maalintaa ka danbeeyay, ummadda Soomaaliyeed waxa laga qaaday inay doortaan masiirkooda. Ha yeeshee bilawgii waxa ay xubnaha hoggaankii keligii teliska ahaa isku dayeen inay qaadaan talaabooyin macquul ah. Ma ahayn ilaa 1974-kii markii hoggaanku bilaabay inuu aqbalo fikradaha shiyuuciyada, markaasi oo ay waddanku gabi ahaanba is bedelay. Tusaale ahaan, 1974-kii ka hor waxa ardayda wax bari jirey macallimiin ka socday waddanka Maraykanka, laakiin 1974-kii ka dib waxa la mamnuucay in afka Ingiriisiga wax lagu barto. Sidaa awgeed, macalliimiin ajaanib ah ama buugaag ku qoran afka Ingiriisigu may iman karayn waddanka. Tani si taban ayay u saamaysay ardaydii, iyadoo caawisay tiro yaraanta macallimiinta ee dugsiyada waddanka.

Dhimbiishii Halganka

Sanadihii ku Xigay Mudaharaadada

11. 20-kii bishii Feb ee 1982-kii ayaa ku suntan maalintii dhagax-tuurka. Sanad-guurada maalintan ardayda ayaa sameeya bannaanbaxyo. Sidaa awgeed, Feb ayaa noqonaysa bisha macallimiintu ugu cabsida badan tahay sanadka. Waa hubaal in ardaydu bannaanbixi doonaan, dhanka kalena waa hubaal in dawladdu ku jawaabi doonto dad badan oo ay xidho iyo gacan-ka-hadal bilaa naxariis ah. Mar haddii dugsigayga ay bannaanbaxyadu ka bilaabmeen, waxa la iska aamminay in aan anigu shakhsi ahaan ka danbeeyo dhaqdhaqaaqa ardayda. Ma rabin in aan waayo amnigayga shakhsiyeed, laakiin ma qarsoomi karto in maanta ama berri mid uun la i xidho doono. Cabsida noocan ah baan ku noolaa in muddo ah.

12. 25-kii bishii May ee 1985-kii, abbaaro 3-dii habeenimo ayaa NSS-tu soo garaacday albaabkayga iyagoo ii sheegay inay i xidhayaan. Dabadeed waxan ka codsaday inaan gudaha galo oo maryahayga soo gashado, iyana way iga aqbaleen. Inta aan suuliga galay ayaan furay biyihii lagu maydhanayay, ka dibna daaqadda ayaan ka booday. Habeen kaas seddex mayl ayaan orday, ilaa aan ku gabbaday nin aannu saaxiib ahayn gurigiisa. Ninkii ayaan u diray inuu dibada u baxo oo uu soo ogaado reerkaygii xaaladda ay ku sugan yihiin. Markii uu soo laabtay ayuu ii sheegay in meel walba askari dhooban tahay. Gurigii ayaan ku jirey maalintii xigtay ilaa saqdii dhexe ee habeenkii xigay, markaa oo aan u cararay dhankaas iyo dalka Djibouti. 15 maalmood iyo habeen ayaan u sii socday dalka Djibouti anigoo fuushan awr.

13. Djibouti waxa maamuli jirey dalka Faransiiska, iyadoo ka mida ah wadamada ugu nabada badan ee qaarada Afrika.

Dhimbiishii Halganka

Mar hadaan Djibouti ku soo galay sharci la'aan, waa in aan is qariyaa. Dhanka kale, dawladaha Soomaaliya iyo Djibouti ayaa ahaa labo dal oo saaxiib ah, taasina waxay igu abuurtay cabsi dheeraad ah. Muddo aan is qarinayay ka dib, ayaan taleefanka ka wacay UNHCR si aan u waydiisto magangelyo siyaasadeed. Sidaas ayaan ku codsaday barnaamijka qaxoontiga ee dalka Canada, oo aan ku noqday "Qoxooti" waxa looga yaqaano dalka Canada. Hadda mudo bilo ah gudaheed ayaa la ii dhaarinayaa sharciga waddanka Canada.

Muxamed Libaan Maxamed

Waxa uu ku dhaartay hortayda

18-ka May, 1989

Nootaayada dadka u furan

Dhimbiishii Halganka

Jamhuuriyadda Dimoqraadiga Soomaaliya
—Nabad Sugidda Soomaaliyeed G/W/Galbeed—

TIRSI:- FBR/CNO/77/.....9.4.1..../86:—   TARIG. 10/2/86.

XU:- Kulliyadaha Injineeriyada, Sharciga, Luuqadaha, &
Lafoole

XU:- Machadka Maamulka & Maareynta "SIDAM"   /TASIICOCDA:/
OG:- Xoggaanka Daadhista Dembiyada Nsska.   "MUQDISHO"
"MUQDISHO"

UJ:- DHALLINYARO HORE ARDAY UGA AHAAN
JIRTAY KULLIYADAHA & MACHADKA SIDAM:—

Waxan idin la socodsiinaynaa in dhallinyarada hoos ku xusan, oo hore arday uga ahaan jiray Kulliyadaha & Machadka Maamulka & Maareynta S.I.D.AM, sannadkii 1984, loo xidhay arrimo siyaasadeed. Waxaana cafis gaar ahaaneed u fidiyay Madaxweynaha JDS, bishii Jannaayo 1986, markii uu booqashada hadeed ku joogay G/W/Galbeed.

Sidaas darteed, waxan soo jeedinaynaa in loo oggolaado Waxbarashadoodii inay sii watyaan. Waxayna kala yihiin:—

1)- Ismaaciil Osmaan Maxamed.   Kulliyadda Injineeriyada.
2)- Cali Yuusuf Ducaale.   "   "
3)- Saleebaan Ismaciil Xuseen.   "   Sharciga.
4)- Ismaaciil Maxamed Jaamac.   "   Luuqadaha.
5)- C/Risaaq Axmed Cilmi.   "   Lafoole.
6)- Cali Cabdi Faarax.   Machadka Maamulka & Maareynta Sidam.

"HAMI MACAN"

(G/DHEXE AXMED AADAN CABDI)—
Taliyaha Ciidanka Nabad Sugidda G/W/Galbeed:—

Dhimbiishii Halganka

Jamhuuriyadda Dim. Soomaaliya
MADAXTOOYADA
Xafiiska Madaxweynaha

Tirsi: JDS/XM/ C/20 - 701/86

Muqdisho 27 APR 1988

UJEEDDO: Gudbin Warqad.-

Wasaaradda H/Tacliinta Sare
Muqdisho.

OG. Wasiirka Gaadiidka C/Dhulka
Muqdisho.

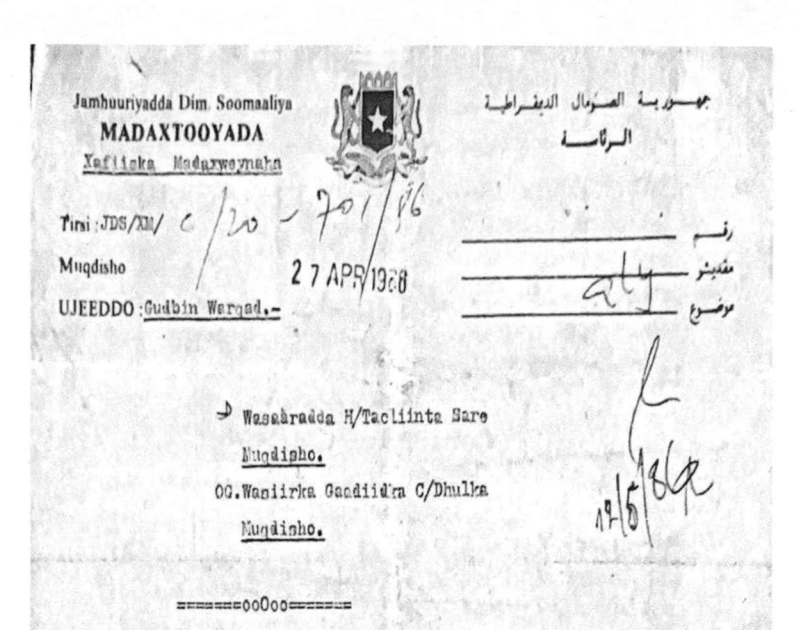

=======ooOoo=======

    Ayadoo la Fulinaayo Amarka Madaxweynaha J.D.S. Waxaan Idiin Soo Gudbinaynaa Warqadda Halkaan ku Lifaqan oo Nagn Soo Gaartay Wasiirka Wasaaradda Gaadiidka C/Dhulka Kuna Saabsan Codsi Oggolaaaho Waxbarasho Arday.

    Adinkoo Wixii Faah faahin ah ka Heli Doona Warqadaha Lifaaqa ah, Madaxweynaha J.D.S. Wuxuu ku Talinayaa in aad Tixgelisaan Arrintaan Laga Hadlayo.

Amarka Madaxweynaha JDS.

(G/Sare Cabd/hi Diini Cosoble)
Xoghayaha Madaxweynaha J.D.S.

Shabeel-

Dhimbiishii Halganka

UNITED STATES DEPARTMENT OF JUSTICE
IMMIGRATION AND NATURALIZATION SERVICE
------------------x

In The Matter of the Applications :
of : AFFIDAVIT OF
: MUHAMED LIBAN MOHAMED
ALI YUSEF DUALE and
ISMAIL MOHAMMED JAMA :

------------------x

MR. MUHAMED LIBAN MOHAMED, being duly sworn, deposes and says:

1. I am Muhamed Liban Mohamed, a 44 year old Somalian of Isaak heritage. I have lived in Canada since 1986 and I am a permanent resident of Canada, having been granted Convention refugee status. I reside at 272 Sumach Street, Toronto, Ontario M5A3K2.

2. I make this affidavit in support of the applications of Mr. Ali Yusef Duale and Mr. Ismail Mohammed Jama for political asylum in the United States. The following is the testimony that I would give were I to appear before this court in person.

3. I was principal (schoolmaster) of the Farah Omar High School in Hargeisa, Somalia from 1979 to 1985. This is the largest school in the city of Hargeisa with some 700 students. I knew both Mr. Duale and Mr. Jama personally during the years they attended my school.

4. I want to say first that a teacher is like a parent; you see the students each day and you become fond of them, as well as concerned for their future. I was pleased that Mr. Duale and Mr. Jama had succeeded well enough in their academic studies to advance to the University. But they were also quite radical and active in the protest movement. So I was very surprised to get Mr. Duale's phone call from the United States, after resigning myself long ago to the near certainty that these two had been killed in the years since they left my school.

5. I must tell you that from the day they organized the demonstration in 1982; from that day on the focus was on them wherever they went. If they return to Somalia today, they will surely be killed. These students were the original cause of the protests that continue even today, and the government does not forget.

The 1982 Demonstration

6. In early 1982 several teachers from my school as well as several doctors from the Hargeisa Hospital, together with the German staff of the local UNHCR office, decided to renovate the city hospital which was in extremely poor condition. The government felt that these efforts called attention to the fact that they were not adequately caring for the people themselves, and thereupon arrested

Dhimbiishii Halganka

those involved in the attempted renovation. Four science teachers from my school were taken, and because at the time there was a general shortage of teachers, no substitutes could be found. The students, of course, suffered most from this deprivation.

7. On February 20, 1982 the students banded together against the government to protest the disruption of their studies. The first day of this demonstration there were many people killed. Bullets, as you know, don't have eyes and the army doesn't care who is killed. Many students were arrested and thrown in jail. As principal of the school I must appear neutral and stay silent for my own security. But I saw the birth of the protest organization at Farah Omar and knew that both Mr. Duale and Mr. Jama were ringleaders of this group. I remember one day that two men came to my office in civilian clothes and asked to see Mr. Jama. They said that they were relatives, but when he came into the room, they arrested him and took him away. No one saw Mr. Jama again for over a week.

8. As a result of that first demonstration, our school became a center of controversy and the focus of the government's security efforts. From that day onward things fell apart rapidly. The unrest expanded and a curfew was placed on Hargeisa.

9. Because of my high position, each night at midnight during the riots soldiers would come to my door and question me, "Who are the ringleaders?" "Who's responsible for this?", and I remained quiet because I knew the students would be jailed or killed. I had to keep the knowledge secret in order to save myself as well.

The General Political Climate.

10. Nobody lives in Hargeisa anymore because of the civil war which is currently raging. Our country earned its independence from the colonial system in 1960 and we elected a public civilian government. The country ran smoothly from 1960 to 1969. In 1969 a military coup resulted in the assassination of the President. From that day onwards the people of Somalia have had no voice. But in the early years the coup members tried to take responsible steps. It was not until 1974 when they took on the Socialist ideology that everything degenerated. For example, while prior to this time many of the teachers in my school were from the U.S. Peace Corps, after 1974 the government changed the official language of instruction from English to Somali, and we were no longer able to get foreign teachers or English texts. This was very bad for the students. And it helped to create the current shortage of teachers.

Dhimbiishii Halganka

The Years Following the Demonstration.

11. February 20, 1982 is known as the year of the stone throwing. On that day each year the students demonstrate again. As a result, the month of February is a very frightening time for teachers. It is certain that the students will riot and it is certain that the government will respond with terrible violence and mass arrests. Since it was at my school that these demonstrations first arose, there was a presumption that, as principal, I must be behind the movement. I tried to stay as safe as possible by keeping to myself, but the pressure was too great and sooner or later I knew I would be caught with a group of people and found guilty by association. I cannot describe this feeling of oppression.

12. On May 25, 1986, at 3:00 a.m., the NSS knocked at my door and said they had come to arrest me. I asked to be allowed to put on my clothes and when they granted me this, I went up to the washroom, turned on the shower and jumped one flight out my window. I ran three miles while they waited at the front of my home, and took shelter at a friend's house. I asked him to go check on my family and see what was happening outside. He came back and said there were guards everywhere. Since by then it was already almost morn-

ing I waited through the day until midnight of the next night and then I walked 15 days by camel caravan to the neighboring state of Djibouti.

13. Djibouti is under French rule and it is one of the safest civilian governments in Africa, not unlike Kenya. But I entered without any legal documents and thus I had to hide before contacting the UNHCR by phone to ask for political asylum. Unfortunately, the heads of state of Somalia and Djibouti have good relations with one another, so that I continued to fear for my safety. Thus I applied to a program sponsored by the Canadian government offering permanent immigration status and came here as a "landed immigrant." I have only a few months left until I am sworn in as a permanent citizen.

MUHAMED LIBAN MOHAMED

Sworn to before me this
18th day of May, 1989:

Notary Public
Barrister & Solicitor

Dhimbiishii Halganka

12. Yuusuf Maxamed Ciise

Yuusuf Maxamed Ciise (Yuuyo) wuxu ku dhashay magaalada Hargeysa sannadkii 1966-kii. Malcaamadda wuxu ka galay Sheekh Ibraahim Baraawe oo ku taallay magaalada Hargeysa. Waxbarashada dugsiga hoose iyo dhexe wuxu ku qaatay dugsiyadda hoose iyo dhexe ee Biyo Dhacay. Dugsiga sarana wuxu ka galay dugsiga sare ee 26-ka June.

Yuusuf wuxu ka mid ahaa toddobadii dhallinyaro ee dilka toogashada ah (iyo waliba hantidooda oo lala wareego) loogu

Dhimbiishii Halganka

xukummay doorkii ay ku lahaayeen kacdoonka ardayda ee soo shaac baxay maalintii Feb 20, 1982. Yuusuf wuxu warbixin innaga siinayaa sidii uu kacdoonkii ardaydu ku bilaabmay iyo kaalimaha uu isagu ku lahaa. Saamaynta ka soo gaadhay ka qayb qaadashada iyo hoggaaminta kacdoonkaa ayaynu sheekadiisa ka dhadhansan doonnaa. Wuxu si fiican innoogu faahfaahin doonaa nolosha Qabta oo ah halka lagu hayo dadka dil sugayaasha ah. Wuxu hadalkiisii ku bilaabay:

Dhammaadkii sannadkii 1981-kii, annagoo ahayn arday u badneyd dugsiga 26-ka June, waxannu samaysannay urur aannu ugu magac darnay Somali Students Movement (SSM); Xubnaha ururkaa intaan ka xusuusto waxa ka mid ahaa: Barre X. Cilmi Axmed (waa ardeygii ku geeriyoodey Dhagaxtuurkii 20-kii Feb, 1982), Axmed Muuse Diiriye, Cabdiraxiim Maxamed Baaruud (Bidhiidh), Cabdi Jaahuur Cismaan, Faysal Ibraahim Yuusuf (Taygaro), Cabdi Ismaaciil Maxamuud, Maxamed Ismaaciil Cumer, Cali Cabdi Faarax, Cabdiraxmaan Ahmed Naasir (Dhako), Axmed Maxamed Aw Cali, Xasan Maxamed Aw Cali, Yuusuf Cumar Yuusuf iyo aniga.

Horraantii bishii Jul 1984 ayaa mar layla qabtay Cabdirisaaq-Alfo iyo inan kale – annagoo fadhina makhaayad la odhan jirey Hoon-ka (Horn of Africa) agteeda. Cabdirisaaq-Alfo ayaa si faahfaasan uuga hadli doona sidii naloo xidhay iyo sidii uu gaadhigii nalagu siday uu uga baxsaday.

Markii koowaad waxa la i geeyay xarunta dhabar jabinta, kad dibna waxa lay gudbiyay Birjeex (xerada milateriga). Halkaa waxan ugu imid Ismaaciil-Daldal iyo Maxamuud Aw Cabdi (Faraska-Cad). Waxaa kale oo iyana halkaa ku jirey Macallin Xoosh oo Faarax Oomaar wax ka dhigi jirey iyo Cabdi Xaashi oo makaanik ahaa, lahaana geerash ku yaaley xaafadihii buurta ee Cayeesh. Markii dambena waxa nala geeyay guryo

Dhimbiishii Halganka

ku dhexyaallay xaruntii qaybta 26-aad ee milateriga headquarters-ka u aheyd.

Labadii usbuuc ee aan ku jirey jeelka Birjeex waxay ahaayeen qaar aad u adag. Tiraba in ka badan shan habeen ayaa anigoo figaysan layga saaray bartii aan ku xidhnaa. Waxa laygu qaadi jiri gaadhi anigoo indhaha ka xidhan figaysanna. Meel aanan garanayn marka lay geeyo ayaa ciqaabta inteeda badan laygu bilaabi jirey. Figta waxa wehelin jirey garaac uu ka mid ahaa baabacooyinka cagaha oo layga garaaco, qoriga dabadiisa oo lagugu dhufto, kolkolna laguu cabeysto adoo indhaha wali ka xidhan. Meesha nalugu ciqaabi jirey waxay ahayd meel buur ah, oo wada dhagax ah; Sidaa darteed kolba qofkii aannu is nidhaa waa lala baxayaa wuxu raadsan jirey inuu ammaanaysto surwaal shingey ah habeykaa.

Goobtaa Birjeex waxay ahayd halka Maxamuud Aw Cabdi (Faraska-Cad) ay gacanta ku naafeeyeen. Habeen si xun loo soo jidhdilay wuxu nagu soo noqday isagoo dhinac dhan, min wajiga ilaa cagtu, diirkii ka dhacay dhiigayayna; Waa habeenka aan filayo in gacantu naafowday.

Markii naloo soo wareejiyay qaybta 26-aad lafteeda sidii baa jidhdilka laygu waday. Jidhdilkii waxa ku soo kordhay markan iyagoo marmar koronto la igu qaban jirey. Inta badanna waxay taasi dhacday ayaamihii ugu horreeyay ee halkaa lay beddelay oon ku xidhnaa qol gaar ah in mudda ah.

Halkaa waxannu ku jirnay illaa Sept 24, 1984, oo nalooga gudbiyay jeelka weyn iyo maxkamaddii oo dhacday Sept 29, 1984. Sidii hore buuggu u xusay, Oct 3, 1984, ayaa nala xukumay. Sidaan filayo inaad soo aragtayna, waxan ka mid ahaa toddobadii dhallinyaro ee lix ka midi ardayda dugsiyada sare ahaayeen ee lagu xukumay dilka toogashada ah bishii Oct. 1984 markay ahayd 3. Runtii waxyaabaha iyaga yaabiyay ee aanan filayn waxa ka mid ahaa in xukunkayagu uu

Dhimbiishii Halganka

ahaa *dil iyo "hantidayada oo lala wareego"*. *Dilka* gartay, ee waxa igu adkaatay *hantida lala wareegayo*; Ma xoolaha reerkayaga ayaa lala wareegayaa? ayaan isweydiiyay – runtii dilku waxan filayay buu ahaa, laakiin hanti lala wareeggo maan filanayn; Waa maxay hantida uu lahaa arday yar oo dugsiga sare xilligaa ku jirey?

Waxay taasi i xasuusisey sheeko la odhay jirey ninam ku laasimay iney isbiirtada dooxa ku cabbaan ayaa maalintii dambe maxkamad samaystay. Waxay yidhaahdeen "aan xukunno ninkii waxan inna baray". Xaakinkii ay sameysteen ayaa mid-mid u weydiiyey, "hebelow horta yaa adiga isbiirtada ku baray?", wuxu ku jawaabey hebel, kii ku xigeyna hebel, kii kalena hebel. Xaakinkiibaa isna yidhi ana isla hebelkan ayaa i baray. Waa hebel isku nin ah. Ninkaa laysku wada raacay in uu nimankan oo dhan isagu isbiirtada wada baray, isaguna masuulka ka noqday inay nimankaasi noloshana ka dhacaan, ayay maxkamaddii bilowdey in ay dacwadiisii dhageysato, eedeysanihiina la yidhaa is difaac. Maxkamaddii difaaciisii kamey gadan eedeysanaha. Dacwadda dhageysigeedii ayaa dhammaatay. Xaakinkii ayaa ku dhawaaqey in uu "Hebel" dambigii ku cadaadey, lana xukumayo isla hadda. Waxa xaakinkii soo jeediyey in la naaqisho wixii lagu xukumi lahaa. Waxa la isku raacay in lagu xukumo "Hebel" *dil iyo dacaskiisa oo lala wareego.* Waxa igu maqaalo ah in xukunkii ay isbiirtoolayaashii ninkii ku fuliyeen, kuna gowraceen bartii islamarkiiba, dacaskiisiina halkaa lagula wareegey. Mararka qaarkood waxan is weydiiyaa "tolow dacaskii ma xaakinkiibaa la siiyey?"

Maxkamadda markii nalaga kexeeyay, waxa in yar nalagu hakiyay jeelka weyn ee Hargeysa hortiisa halkaas oo ciidamo siyaado ahi ay nagu sugayeen. Intayadii dilka ku xukunnaa jeelka hortiisa waxa nalagu keenay gawaadhi yar-yar on Land Rover ah oo ciidamo Duub Cas ahi wataan. Jeelka markii nala hor keenay, ayaa nalagu wareejiyay

Dhimbiishii Halganka

gawaadhi waaweyn oo LG la odhan jirey oo ciidamo badani saaran yihiin oo koofiyad cas iyo booliis isugu jirey.

    Intii baabuurtaa nalagu kala wareejinayay, ayaa waxa ila hadlay mid ka mida kuwii dacwadda nagu soo oogayay, na ciqaabi jireyna, oo la odhan jirey Axmed Aadan oo kabtan ahaa xilligaa oo Xamar laga keeney isaga iyo qaar kale si ay kiis kayaga iyagu si gaar ah gacanta uugu qabtaan. Markii dambena, Axmed Aadan waxaa loo dhiibey Nabad Sugiddii Goballada Waqooyi. Ninkaas oo si gaar ah iila hadlayey aniga, ayaa yidhi "waaryaa Yuusuf-Dheere Qudhmistii aakhiro (oo uu uga jeeday SNM) ee kaa sii horreysey igu salaan". Cabaar ayaan aamusey, iguna qaadatay inaan fahmo tiiqtiiqsiga intaa leeg ee ninkaa weyn ee sarkaalka ah afkiisa soo dhaafey. Waxanse ugu jawaabay, oo Alleh i waafajiyey, "adaa iga horrayn Axmedowe, Insha Allaa, ee adigu igu salaan". Runtiina sidii bay u dhacday oo 1987-kii ayaa Hargeysa SNM ku dishey isaga iyo laba nin oo kale.

    Markii nala dhaqaajiyay waxannu sii hor marnay bakhaar aannu lahayn oo ay hor taagan yihiin wiil aannu walaalo nahay iyo mid ay saaxiib yihiin – gacantaan u taagay iyana sidii bay salaantii iigu soo celiyeen; Markaa anigu waxan is lahaa waaba salaantii ugu dambeysay eed la wadaagto ehelkaaga; Xag naloo wado iyo wax naloogu tala galay midna maannaan ogayn. Gaadhiga aannu saarannay xagga hore iyo xagga dambaba waxa ka socday ciidan xooggan, annagana meel kasta katiinado ayaa naganaga xidhan. Tollow ma marka magaalada laydinka saaro ayuunbaa geedahaa hoostooda laydunku tooganayaa? Mise xaggaa iyo Xamar baa laydiin wadaa? ayaa maskaxdayda ka guuxaysay.

    Wax nala wadaba, waxa nala geeyay Madheera, halkaas oo intayadii dilka ku xukunnayd iyo intii xabsi daa'imka ku xukunnaydba la geeyay Qabta. Malaa usbuuc iyo in ku dhow ayaa intii xabsi daa'imka ku xukunnayd jeelka weyn loo gudbiyay. Waxaa xiligaa isku xidhnaa aniga

Dhimbiishii Halganka

iyo Maxamed Ismaaciil Cumer. Furihii katiinaddii nagu xidhneyd ayaa la waayey. Waxey noqotey in miishaar lagu jarro katiinaddii. Askarigii katiinadda jarayey ayaa miishaartii gacanteyda ku xagey, markaasaan ku idhi waar dee mishaarta gacanta iiga ilaali. Wuxu iigu jawaabey isagoo dhoola cadeynaya, "oo ma ninkaagan rasaasta loo soo qorey ayaa miishaar yar ka cabaadaya".

Qabta waxannu ugu tagnay dad badan oo muddooyin kala geddisan ku jirey – billo, sannad, laba sano, iwm. Markaas xoogaa yididiilo ah ayaa na yar gashey, annaga oo is leh malaa fullinta dilkiinnu inuu markiiba dhacaa khasab maaha, oo malaa halkaa fursad xoogaa cimri dherersi ah ayaa idiinku jirta.

Qabta iyo xaaladaheeda haddaan idiinka warramo, inta aanad gaadhin qolka aan ku xidhnaa waxad sii maraysaa lix albaab; Laba gaydhka weyn ee jeelku leeyay; Albaab loo sii maro Qabta iyo Seelada; Laba albaab oo kala dambeeyay oo Qabta looga galo iyo albaabka qolka.

Qabtu waxay ka kooban tahay siddeed qol. Qol kasta cabbirkiisa haddan idiinka warramo waa lix fuudh oo dhinac walba ah. Markaan jiifsado haddaan gidaarka madaxa ku qabto, luggaha waxan la gaadhayay albaabka amma gidaarka kale ee iga soo horjeeda, iyadooy ku xihan kolba dhinacaan kolba u jeesto.

Qolalkaa waxa ku jira badiyaa seddex qof, marnarna afar qof ama in ka badan – waad sawirran kartaa cidhiidhiga halkaa yaal. Intaa waxa raaca in mararka qaarkood dadkaa qolalka cidhiidhiga ah laysugu gaynayo qaarkood ay waalnaayeen. Bal adba ka fikir dhibta arrintaasi leeday. Inta badan maxaabiista waa laysku shaandhayn jirey, malaa iyadoo laga taxadirayo inaanay samaysan qorshayaal ay ku baxsanayaan ama askatra illaalada ah wax ku yeelaan.

Dhimbiishii Halganka

Xagga dusha, qabtu waa sabbad, gidaarada dhinacyaduna waa qaar illaa xad qara wayn — malaa illaa laba iyo badh ama seddex fuudh baan ku qiyaasi lahaa. Taasi waxe kale oo ay keeneysey in xilliga kulaylkana ay meeshu noqoto meel lagu gubanayo, xilliga qabowgana waxaad mooddaa baraf. Marka horana cimilada meesha ayaaba sidaas ah. Intaa waxa kuu dheer sibidhka oo isna sabbad ah. Iyadooy sidaa tahay, maxbuusku wuxu haystaa buste yar, go', shaadh iyo macawis. Markaa busitihii ma sabbaddaad iskaga dhigtaa, mise dhaxantaad ka huwataa? Xagga iftiinka, qolalka waxa nuur u ahaa maalintii oo ilays yari ka soo gali jirey daaqado u dhisnaa sida faam laydhka; Habeenkiina mugdi himbiirsi ah ayay Qabtu ahayd oo faynuus yar ayey corridor ka askartu dhigan jirtey.

Qofka maalintaa loo qoondeeyo in la toogto, waxannu isku dayi jirney in aannu niyadda u dhisno — "wixii Alle qoray ayaa qoran" iyo "haddaanay taadii noqon cidina wax ku yeeli mayso" ayaa ka mid ahaa erayada aannu ku sii sagootiyi jirnay qofkaa dilka loo qaadey. Qaar waaba lala kaftami jirey; Waxan xasuustaa nin baa maalin ku yidhi kii ay qolka kuwada jirrijireen, oo la geeyey qolkii la galin jirey kolba qofka barri la tooganayo "hebelow laba fooradood (turub) ood igu lahayd ayaad igaga tagtay" iyo "waad soo baddi doontaaye iga daba kaalay" oo uu kii dilka loo sii waday ugu jawaab celiyey. Marmarka qaarna waxaba lagu odhan jirey niman la sii wado "waar hebal bal haddii Alleh yidhaa marka aad gaadho halkii loo badnaa, bal anna agtaada boos fiican iiga sii qabo; Aakhirona meel la tago lehe, koley halkan wey dhaantaaye".

Maalintii laba goor oo min shan daqiiqo ah ayaa maxaabiista loo ogolaa in ay xamaamka isticmaalaan — hadday maydhanayaan iyo haddii ay si kale u isticmaalayaanba. Wax buugaag ah lama oggolayn marka laga reebo hal kitaab qolkiiba. Intaannu meesha ku jirnay, hal ama laba novel (buug sheeko xariir ah) ayaa na soo gaadhay, kuwaas oo Cali-

Dhimbiishii Halganka

Banfas iyo Cabdi Dhamac ay qarsoodi ku akhrisan jireen, ka bidna nooga sheekeyn jirey habeenkii inta badan hadba cutubyada ay akhriyeen maalintii.

Maalinta la rabo in qof ama dhowr qof la dillo, jawigaa is beddeli jirey; Dhaqdhaaqyo dheeraad ah ayaannu dareemi jirnay. Wajiyada askarta ayaad ka dareemi karaysay in maanta amma berri ciddi kawaanka saarantahey. Mararka qaarkood waxad arki karaysay niman maxaabiis Itoobiyaan ah oo xabaalaha lagu qodi jirey oo Qabta dabadeeda xabaalo ka qodaya. Ma garan karo iney iska jaanis uun aheyd iyo in kale, se inta badan maalinta Arbacada ayaa dadka la dilayo waxa loo sheeggi jirey, inta xafiiska jeelka la geeyo, in dilkii lagu fulin doono isla maalintaa ama barri. Maalintaas Arbacadu naxdinteeda ayay u lahayd dadka Qabta ku jirra; Arbacada oo kheyrkeeda wadataa, hadana maalmaha kale wey ka yara yididiilo liidatey.

Naxdinta ugu badani waxay dhici jirtay marka ay askar koox-koox u socota, oo silsilado iyo katiinado faro badan walwaalaya, Qabta lagu soo daayo. Dhawaaqa iyo sanqadha silsiladaha ay sitaan ayaa dadka Qabta ku jira wada baraarujin jirey, mid markaa hurda iyo mid soo jeedaba, ileyn waa dhawaq dadkan quluubtooda iyo dhagahoodaba hoy gaar ah ku lahe. Qof kasta wuxu is odhan jirey tolow maanta ma adigey seeftii ku dul taalaa – markay dhaafaan albaabka qolka aad ku jirtid, ayey neef yari kaa soo boodeysaa. Mararka qaar koodna kolba qol ayey is hor taagi jireen, iyaga oon toos u abbaarayn qolka ama qolalka ay ku jiraan qofka ama dadka ay u socdaan, iyaga oo hubinaya qofka ama dadka ay la baxayaan halka ay ku kala jiraan inta aaney magacyadoodu xaadirin. Marmar inta ay ku dhaafaan, ayay haddana dib u soo noqon jireen, marmarna qolka aad ku jirtid ayaabey iman jireen oo qof meesha kugula jira ay la bixi jireen – malaa dareennada iyo xaaladaha maxaabiistaa dilka ah quluubtooda iyo maskaxdooda dhex mushaaxaya, in kasta oo ay adag

Dhimbiishii Halganka

tahey inaad dhadhamin kartid, amaba fahmi kartidba, haddana haba yaraatee malaa waad mala-awaali kartaa illaa xad.

Haddaad is weydiinayso siday ula macaamili jireen qofka loo diyaarinayo in la toogto, sidan ayay u dhici jirtay badiyaa: "Hebel is taag, xidho shaadhkan iyo surwaalkan (dhar cad-cad). Sii jeedso, gacmahaaga soo dhex mari garaa'idka albaabka" ayaa lagu odhan jirey badiyaa. Intaa markuu maxbuusku sameeyo, katiinad ayaa gacan albaabka loogu xidhi jirey; Waa si aanay askartu u furrin albaabka birta ah iyadoo maxbuuskaas ay labadiisa gacmood u banaanyihiin. Marka albaabka la furrona, silsilad ayey mar qudha dhawr askari labada lugood ee maxbuuska la boobi jireen, intaan katiinaddii albaabka ugu xidhneyd laga furinba, ka dibna inta katiinadda albaabka laga furo ayaa katiinada labada gacmood la isugu geyn jirey. Intaa qofka waxaa ku xeeran ugu yaraan shan askari. Intaa ka dib, waxa la geyn jirey xafiiska jeelka si loogu akhriyo, loona tusu warqaddii dil ku fulinta, iyo in laga qoro haddii uu rabbo maxbuuku in uu qoyskiisii u dhaafo dardaaran; Dabeetana, isaga oo wax walba laga qaaday, oon ka aheyn maryahaa cadcad ee uu xidhanyahey, ayaa habeenkaa qol Qabta ka mid ah inta loo baneeyo lagu barrin jirey habeyn kaas, ka dibna aroortii ayaa lagu toogan jirey jeelka dabadiisa, iyada oo baryihii dambe ay aheyd xilli ay dawladaasi cabsi xooggan ka qabtey SNM oo soo weererta (Berigii hore waxaa qofka lagu toogan jirey meesha uu "dambiga" ku galey magaalada uugu dhow). Inta badan habeenada noocaas ah, sida aad adba dareemi kartid, gama wuu yaraa.

Mid ka mida maalmihii noogu darnaa waxay ahayd maalin seddex nin (oo la kala odhan jirey Dhucda[17], Caddayse iyo Faroole) oo midba qol ku jirey la rabay in la toogto. Seddexdii qol ay ku kala jireen iyo qolkii loo bannaynayayba waa lays hortaaga. La wada yaab!! Nin

---

[17] Cali-Jiir baa innooga sheekayn kiiska Dhucda

maxaabiistii ka mida ayaa askartii ku yidhi "waar caawa miyaydaan cidna reebayn?"

Dhankayaga, Nov 25, 1984, ayaa waxay u eekayd inay ahayd maalintii naloogu tala galay in badhka nala taago isla maalintaaba. Waa in yar ka dib maalmihii 53 ka qof oo laga soo ururiyey Hargeysa iyo nawaaxigeeda, iyadoo lagu eedeynayo iney SNM taageeraan, lagu toogan jirey Badhka Hargeysa ee Cabdilaahi Cabdi Good iyo Ismaaciil Sh. Muuse Ducaale ay ka midka ahaayeen. Cabdi Ismaaciil ayaa qormooyinka soo socda kaga sheekayn doona maalintaa 25-ka Nov iyo xaaladaheedii. Qof aan tiisii galini dhiman maayo; Waa tii diyaaraddii Somali Airlines la afduubay, lana codsaday in nala sii daayo. Maalintaa rajo weyn baa na gashay – warkayagii wuxu xoog ugu faafay adduunka; Jaraa'idada iyo idaacadaha caalamiga ah ayaa ka hadlay; Kiiskayagiina wuxu noqday mid adduun weynuhu isha ku hayo. Aakhirkiina Siyaad Barre wuxu ballan qaaday in aanu na toogan. Wararkaa diyaaraddu iyo siday u bilaabmeen oo faahfaahsan waxa markii ugu horreysay noo keenay Cali-Banfas oo maalintaa jeelka wayn laga soo kaxeeyay oo Qabta nalagula soo xidhay.

Waxa kale oo xusid mudan isla sanadkan 1984 in bishii Dec, 43 qof iyana Burco lagu toogtey. Waxey ahaayeen 45 ruux, se Cabdi Cawad (Indho Deero) iyo Koofiyad Dheere oo laga soo reebey ayaa Qabta naloogu keeney. Sannad aad u adag ayuu ahaa sannadkaa 1984kii.

Jan 26, 1986, oo aanu markaa Qabta ku jirey muddo ku dhow 16 bilood, ayaa lix aan ka mid ahaa dilkii loogu beddelay xabsi daa'im; Intii xadhig nagaga xukunnaydna la sii daayay. Cabdi Dhamac Caabbi isaga cafiskaa waa laga reebey, dilkiina muddo aan badnayn ka dib ayaa lagu fuliyay.

Dhimbiishii Halganka

Waxa naloo soo wareejiyay jeelka wayn, halkaas oo aannu ku sugnayn illaa Jan 3, 1987 markaas oo ay aniga iyo dhowr iyo labaatan maxbuus oo kale ay u suurto gashay in aannu ka dhacno jeelka[18]. Kooxdayada waxa kaga jirey aniga, Bidhiid iyo Kenedi.

Markii aan dhacayay waxan xidhnaa laba kabood oo sandal ahaa daba furnaana. Labadiiba waxay ku dheceen xagga jeelka markaan gidaarka fananayay. Markaa waxay igu qasabtay inaan cagaag ku baxsado. Dhowr habeen ayaan cagaag ku socday – qodxaha aan ku joogsaday way tiro beeleen; Waxan gaadhay heer aan isakaba daayo inaan qodxaha iska gooyo oo aan sidii geela cagta dhulka ku ragaadiyo; Ogow oo waa xilli Jiilaal ah, oo qabow. Waxan lugaha ku martay shaadkii aan xidhnaa oon jeexjeexay.

Habeenkii baan socon jirey badiyaa, maalintiina waan dhuuman jirey. Waxa jiheeye ii ahaa waxay ahayd cadceedda oon ku tilmaaman jirey xaggay Hargeysi iga xigto. Waxayse iigu darnayd markaan xilli waa ku dhawaad ah is idhi ku dhuumo god; Show god waraabe ayuu ahaa. Waxan ku war helay waraabayaasha isa soo hor tubay godka afaafkiisa. Dhagaxaan baa iskaga eryay waraabayaashii, godkiina orrad ayaan kaga baxey!!

Intaa aan socday wax bini-aadmi ah toos ulamaan kulmin – biyo iyo cuntana maannaan is arag. Qorshahaygu wuxu ahaa inaan Hargeysa ka soo galo xagga Woqooyi, dooxa aan kaga imaado xero digaagga agteeda, ka dibna aan dooxa raaco illaa aan ka gaadho Xaraf oo habaryartay degganayd, kadibna u baxsado Itoobiya.

Markaan marayo meel buuraha Naasa-Hablood iigu beegnaayeen jihada Koonfur-Galbeed se aaney ii dhaweyn, oo aan

---

[18] Cabdiraxmaan Daahir Caynaanshe ayaa ka sheekayn doona qorshihii iyo sidii jeelka looga dhacay

Dhimbiishii Halganka

humaaggooda uun arkayo, ayaan soo maray reer meeshaa degggannaa. Waxay u muuqdeen inay i marti galinayeen, balse waxan ku war helay ciidamo fara badan oo dhinac walba igaga xeeran. Illayn intii lay marti galinayay, ayaan is idhi malaheygii, qof isoo sheega ayaa malaa hoosta laga diray, Allaa og; Dhulkuna markaa ciidammaa lagu soo qarqiyay, si ay noo raadiyaan oo qofkaasi in badanba inuu socdo may ahayn. Waxa kale oo dawladdii amartey in xadkana Hawd ilaa Galbeed la xidho.

Markii lay qabtay, waxa markiiba lay geeyay tiyaatarka Hargeysa, oo ay fadhiisin ka dhigteen hogaankii ciidamaddii na raad goobeyey. Waxey i weydiiyeeyn waxan u baxsaday; Anna jawaabtaydu waxay ahayd "sow maxbuus maan aheyn madaxaa ha ku furto u xidhan"; Hebel iyo hebel halkey mareen ayay i weydiiyeen. Anna waxan kaga jawaabayay su'aashaa "nafteyda uun baan la baxsanayey ee cidiba cid ma eegeyn", runtiina dhab iga aheyd. Cabdi Kariim X. Siciid iyo Cabdi Daahir Caynaashe, mid uu ahaa runtii ma xasuusto, oo ahaa qolooyinkii dhacey se la soo qabtey, ayaa dhacdadaa u bixiyey "Labeyk"; Waa labeyktii Xajka. Waa markaan ogaadey ciddii aan ilaa hadda la qaban markaa. Madheera ayaa isla maalintaaba dib laygu soo celiyay. Waxa horaantii la i geeyey Qabtii oo aan dhowr cisho ku jirey. Waxa aan halkaa ugu tagey oo ku xidhnaa niman badan oo saraakiil milateriya ahaa oo reer Somaliland ahaa oo aanan hore ugu ogeyn xabsiga, oo show dhowrkii cisho ee aan jeelka ka dhacsanaa la soo xidhey. Waxan ka xasuustaa Kornayl Maxmed Xasan (Jidhif), Hufane, Boodhe, iyo Cabdillaahi-Cadde.

Aakhirkii, aniga iyo intii kale ee la soo qabtay waxa laysugu kaaya geeyay Seelada. Seeladu waa halka maxaabiista xidhan lagu sii xidho; waa, haddaan si kale u dhigo, jeelka jeelkiisa. Halkaas oo Qabtii dilka, marka laga eego meelaha qaarkood, janno u noqoneysey. Waxaa sabbad lagu xidhey daaqadihii yaryaraa (fanlight windows-kii) ee ay

Dhimbiishii Halganka

hawada iyo iftiinka yari ka soo galayeen, waa dam maalin iyo habeen. Waxa naloo diiday raashinkii naloo keeni jirey, waxa nalaga joojiyay booqashooyinkii naloogu iman jirey, waxa la xaddiday qaddarka biyaha ah ee aannu helayno maalintii, afar iyo labaatanka saacadoodbana waxaa nagu xidhnaa katiinado iyo silsilado.

Qolalkii yar-yaraa ee Seelada, waa marka waliba jeelasha laga hadlayee, ee labada iyo sadexda qof cidhiidhiga ku ahaa, waxa lagu xidhay lix illaa siddeed qof. Nin la odhan jirey Doolar ayaa gaadhay heer uu yidhaahdo "fadhigaan anigu imika iskaga seexan", todobaadyana fadhiguu ku seexan jirey.

Raashin ahaan waxa nala siin jirey garow gaboobey, oo dhintey, oo madoobaadey, oo isaga iyo daaniyuhu isleekaayeen, oon laheyn wax milix ah, iidaanna iska daa. Markii dambe ee uu naga degi waayey, waxey nagu kaliftey in aanu caano boodhe maxaabiista jeelka weyn ku jirtaa noo soo kootarbaanin jirtey aanu ku habeyn-radinno garowga; Marka ay isla radaan, ee ay isku khamiiraan, ayaannu duuduub ku qudhqudhin jirnay sida boorashka.

Biyaha qofkii waxa loo oggolaa hal gaawayto maalintii, markaa intii dambe waaxaanu baraney in intii qol ku wada jirtaaba, ay hal gaaweetoo oo biyo ah waxa ka soo hadha cabitaanka ay isugu geeyaan gaaweyto, si uu qof ugu maydho maalintiiba hal gaaweyto oo biyo ah.

Yuusuf Ismaaciil iyo Siciid Sare Kac oo ahaa qaar noo jiidh naxa oo askarta jeelka ka mid ahaa ayay mar-mar iyo dhif ay u suuroobi jirtey in ay noo soo qariyaan qadhiidh saliid, ama milix ama sonkor ah. Lama ogoleyn dabcan, oo haddii lagu qabto waa ganaax, ciqaab iyo xidhig ama wax la mid ah. Waxey alaabooyinkaa ku soo gunti jireen bacco yaryar oo inta badan koofiyadda ay xidhin yihiin ku soo qarin jireen.

Dhimbiishii Halganka

Anigoo isticmaalaya aqoon yar oo aan u lahaa xagga makaaniknimada, iyo sirro aan ka heley qolooyin kale oo aan la sheekeysan jirey, oo jeelka ku raagey, yaqaaneyeyna sida loo furro katiinadaha kuwooda qadiimiga ahaa (horseshoe handcuffs-ka) ayaa waxa ii suurta galay in aan helo hab aannu katiinadihii iskaga furno. Mid aannu xadhig yar oo soohan ku soo suuryeyno, iyo mid aanu farsamo kaleba u isticmaalno. Saliiddii uu Yuusuf Ismaaciil noo keeni jireyna in ka mid ah waxan ka sameeyay laambad macmal ah; Bagadho amma fidhiqo ayaannu biyo ku shubi jirey si bagadhada inteeda badan biyuhu u soo buuxiyaan maaddaama saliidda aanu heysanaa aad u yareyd, qeybta bagadhada u sareysana ay saliiddu buuxiso maaddaama ay biyuhu ka culus yihiin saliidda, oo ay markaa saliiddu dusha soo mareyso. Dunno aanu ka fagney dharkayaga maxaabiistana dubaalad ayaanu ka soohan jirney. Dubaaladda dabadeedu waa in aaney dhaafin heerka ay saliidu ku eegtahey si aaney biyaha u cabin. Taasi waxey noo suurro galin jirtey in aanu habeenkii marka askartu roondada u dambeysa sameeyaan, ee ay maxaabiistana kala tirsadaan, qolada habeekii iyo kuwa maalintuna kala wareegaan, in aanu katiinadaha iska furro, lambad-saliidii yarad shidano, turub aanu qarsan jirneyna la soo baxno, oo aanu si nafis leh iskaga ciyaarro.

Waxa dhacdey haddaba, in muddo kadib ay ogaadeen in aannu katiinadaha iska furno. Waxey bilaabeen in ay silsilado iyo qufullo waaweyn, waa kuwa cas cas ee maarta ahe, luggaha nagaga xidhaan, annaga oo wadaageyna hal silsilad intayada qolk ku wada jirtaaba. Hadda taasi waxa weeye labada qof ee dhinacyada mooyaane, inta kaleba labada lugoodba qof kale ayey kaga xidhan yihiin. Muddo ayaa qiyaamahayagu kacey, oo culesykii silsiladda iyo qufulladii bilaabeen in ay qoobabka nabaro ku sameeyaan, hurdo iyo gama'na naga dheeraadeen. Muddo ayaan fikirayey siddii silsiladan iyo qufuladan

Dhimbiishii Halganka

maaro loogu helli lahaa, se Alleh wuxu ii suurto galiyey in aan qufulkiina aan u hello hab lagu furi karo iyada oo aan si fudud loo ogaan karin in qufuladdu wax qabaan ama ay farsameysan yihiinba!!

Toddoba illaa sagaal bilood baannu noloshaa adag ku jirnay. Markii la beddelay ninkii jeelka haysan jirey xilligaa, oo nin aad noogu qalafsan ahaa, ayaa nalaga soo daayay Seeladii oo jeelka weyn naloo wareejiyey. Markii dambana SNM-tii ayaa currashadii bishii Junee, 1988 naga jabisey jeelkii, ka dib dagaal qadhaadh oo ay la galeen kuna jabiyeen ciidamadii xeryihii milateriga ahaa ee aagaggaa degganaa iyo askartii jeelkaba. Waa Alleh mahaddii, oo waanigaa maantaba ka sheekaynaya wixii na soo maray xilligaa aanu ciyaalkaba aheyn.

Run ahaantii sheekada Yuusuf waxay ka mid tahay sheekooyinka ugu adadag ee soo maray mid ka mid ah intayadii la wada xidhay; Waa marka laga reebo Cabdi Dhamac oon filayo inaad xusuusatid in dilkii uu ku xukunnaa lagu fuliyay. Haddaba anigoo wareysanaya Yuusuf ayaan ku idhi "YuusUFFOw maxaad istidhaah wixii xilligaa xadhiga kuugu warwarka badnaa ama kuugu darnaa inuu ahaa?" Wuxu yidhi Yuusuf "waxan odhan lahaa, waa werwerka aan ka qabay waalidkay iyo dhibta ay dareemayeen, gaar ahaan hooyadey. Malaa yaraanta iyo anigoo ayna is saarnayn masuuliyado badani wixii na soo maray umaan arkayn wax qayrul caadi sii ah, in kasta oo ey aheyd xaalad aad iyo aad u qalafsan. Waxa kale oo aan aaminsanaa haddii la i dillo in xaq-darro la igu dilayo, sida xaq-darrada loogu dilayay kumaankun kale, iyo in waxa la ii dilayey ama aynu u halgameyneyba uu ahaa wax xaq ah oo mudnaa in naf loo hurro, qaar badan oo kalena loo diley, ama se ay u xidhnaayeenba".

Yuusuf ayaan sidoo kale haddana weydiiyay bal siday uga baxsadeen xabsiga Madheera oo ammaankiisa xoog loo ilaalin jirey. Yuusuf wuxu igu xidhay Cabdi Daahir Caynaanshe oo qayb weyn ku lahaa abaabulka in jeelka laga baxsado, uuna u qabo Yuusuf in uu xagga xasuusta Cabdiraxmaan kaga fiican yahey.

12.1. Ka Dhicitaankii Jeelka: Cabdi Daahir Caynaanshe

Cabdi Daahir Caynaanshe wuxu ka mid ahaa toddoba dhillinyaro oo aannu, maalintii nala sii daayay, sheedda ka halacsannay iyagoo ku xidhan xarunta nabad sugidda ee magaalada Hargeysa. Dhallinyardaasi waxay kala ahaayeen Cabdi Daahir Caynaanshe, Xasan Cismaan Cumar, Ilyaas Qase Faarax, Siciid Daahir Jaamac, Axmed Cabdi Cumar, Maxamed Maxamuud Hurre iyo Cabdirisaaq Caydiid Cilmi (Daabbad).

Sannadkii 1986 ayaa Cabdi Daahir, Siciid Daahir, Axmed Cabdi iyo Xasan Cusman lagu xukumay dil toogasho ah; Seddexda kalena waxa lagu xukumay xadhig dheer.

Cabdi Daahir wuxu innooga warramayaa sida ay isaga, Yuusuf Maxamed Ciise, Axmed-Kenedi, Bidhiidh, Daabbad iyo maxaabiis kale ay uga dheceen jeelka Madheera. Cabdi xilligaas waxa, muddo yar ka hor, laga jabiyay xukunkii dilka ahaa oo loogu beddelay xabsi daa'im. Isagoo innooga sheekaynaya siday wax u dheceenna wuxu yidhi:

Ka dib markii aan Qabta ka soo baxay ayaa, anigoo jeelkii waynaa u arkayay magaalo iyo inaan helay xorriyad illaa xad ah, waxa maalin ii yeedhay Bidhiidh iyo Cabdillaahi Daabbad. Waxay ii sheegeen inay rabaan inay jeelka ka dhacaan anna aan kala qayb qaato arrintaas. Waxay ii sheegeen in guryaha yaryar[19] ay ii soo beddeli doonaan. Guryahaa yaryari waxa ka samaysnaayeen jaajuur caadi ah iyo jiingad. Soo beddelkaygii waxay la kaashadeen nin gaashaanle ahaa oo ahaa taliye ku xigeenka xabsiga; Sidii baana laygu soo beddelay.

---

[19] Fadlan eeg khariiradda jeelka Madheera

Dhimbiishii Halganka

Waxay ii sheegeen in ay habeen karin doonaan shaadali ay ku dareen kiniinka hurdada oo ay wada seexin doonaan maxaabiista kale ee guriga nagula jirtay. Qorshuhu wuxu ahaa illaa laba jaajuur in meesha laga saaro oo aannu dabadeedna halkaa ka dusno.

Laba amma seddex habeen markaannu ku jirrey halkaa ayuu ninkii jeelka haystay ka war helay in guryaha yar-yar lay beddelay; Indho gaara ayaa lagu hayn jirey dadka Qabta laga soo wareejiyo iyo waliba kuwa siyaasadda u xidhan. Dhammaantayo wuu iskugu kaayo yeedhay isagoo waydiinaya midwal oo naga mida ciddii gurigaa yar u beddeshay; Umaan sheegin ninkii kornaylka ahaa ee i beddelay; Meel kalaan ku tiiriyay.

Guryihii waaweynaa ayaa nalagu kala qaybiyay. Haddana Bidhiidh iyo Daabbad waxay soo jeediyeen in daaqadihii guryaha ee garaa'idka ahaa aannu laba ka mida miishaar ku jarno; Sidii qorshihii horoo kalana aannu wada seexinno maxaabiista kale annagoo siinayna shaadali dawada hurdada lagu daray. Fikraddaasi waxay u yar muuqatay mid aan suurto gal ahayn.

Maalin kale ayay Bidhiidh iyo Daabbad ii yeedheen. Waxay i tuseen askari ahaa senteri ilaalinayay dhanka Koonfureed ee jeelka oo intuu u soo daadegay gidaar yar oo ka hooseeyay halkuu fuushanaa shaah kaga qaadanayay maxbuus. Waxannu isla garannay inay fursad wanaagsan tahay oo askarigaa laga soo tuuri karo gidaarkaa uu ku soo daadegay.

Arrintii markaannu falanqaynay waxannu isla garannay in aannu u baahannay nin dal yaqaan ah oo na haga markaannu dhacno. Nin Maxamed Cabdi la yidhaa oo degaanka yaqaannay iyo nin jabhaddii ka tirsanaa ayaannu sheekadii ku soo darnay. Waxannu isku adkaynay inaan cid kale ogaan arrintaa, illayn halisteeday leeday haddii la ogaadee. Waxa kaloo aannu isla garanay in aannu u baahannay kabo kuwa lagu ciyaaro ah. Laba aannu soo ammaanaysanay iyo wixii aannu haysannay marka laysku daro wali qaar baa naga bilaa kabo noqonayay.

Maalintii dambe ayuu Axmed-Kenedi ii yimi. Wuxu ii sheegay in isaga iyo Faarax Dheere (oo ahaa nin kamaandows ahaan jirey) ay rabaan inay qorshaha nala galaan. Yaabbaa Ilaahay noo keenay; "Waar yaa idiin sheegay?" markaannu waydiinnay, waxay noogu jawaabeen in ninkii dal yaqaanka ahaa uu u sheegay. Halkii baannu haddana xoog iskugu adkaynay inaan arrintu intayadaa dhaafin.

Taasi waxay keentay in aannu dedejinno qorshihii oo aannaan sugin intaannu dhammaantayo kabo helayno ama inta uu sentariga fuulayo askari foojignaatiisu yara hoosayso. Saadambe oo Axad ahayd taariikhduna ahayd Jan 3, 1987 ayaannu ballannay. Faarax Dheere ayaa isku qoray inuu askariga la hadlo oo uu u sheego inuu shaah u soo daadego; Markuu dayrka hoose soo gaadhana soo dufto askariga. Ninkii dal yaqaanka ahaana waxanu u qorshaynay inuu iska dhigo sidii qof biyo ka dhaansanay Meesha Saybeeriya[20], si uu markiiba sentiriga halkaa uga fuulo qoriga askariganna hantiyo.

Waxannu urursannay xoogaa sahay ah oo ay ka mid ahaayeen kabriiddo, sabaayad iyo woxoogaa lacag ah. Maalintaa aannu dhici doonno waxannu buste weyn oo Bidhiidh lahaa ka iibinnay askarigii maalintaa gaadhka haystay, Aadan Cuyub. Aadanna markiiba bustihii buu qaatay oo waxaabu ka habsaamay in maxaabiista la xareeyo.

Markii shaahii iyo qorshihii la diyaariyay ayaa waxa ii yimi Yuusuf Maxamed Ciise iyo Xasan Cismaan Cumer oo isaguna ka mid ahaa dhallinyaradii dilka laygula xukummay. Waxay ii sheegeen inay maqleen qorshaha, rabaanna inay ka qayb qaataan. Xasan Cismaan waxan u

---

[20] Fadlan eeg khariiradda Mandheera ee xilligaa

Dhimbiishii Halganka

sheegay inuu nin dhaawac ah yahay oo aanu ka dabbaalan karayn baxsadka; Yuusufna waxan u sheegay in aan waxba waqtigii ka hadhin ee uu soo diyaar garoobo. Anigoo ka shakisan in guusha qorshahani ay tahay in ka yar 50%, ayaanan la wadaagin dhammaan asxaabtii layla soo xidhay.

Faarax Dheere ayaa shaahi ula dhaqaaqay xaggii senteriga oo uu fuushanaa askari la odhan jirey Guulwade, anna waan daba galay anigoo sita caagad iskuna eekaysiinaya inaan biyo raadsanayo. Markuu Guulwade ku soo daadegay gidaarkii hoose gacantiina soo laalaadiyay, ayuu Faarax Dheere shaahii intuu sii daayay, Guulwade dhulka soo dhigay ka dib markuu si fiican gacanta uga buuxsaday. Markiiba senterigii waxa fuulay Faarax Dheere iyo ninkii dal yaqaanka ahaa oo qorigii Guulwade gacanta ku dhigay.

Halkii baan anna ka daba fuulay. Markaan eegay dibaddii ismaan laalaadine toos baan u booday – taasi waxay igu dhalisay in lugi i murkacato. Intayadii qorshahan wadday iyo maxaabiis kaleba way soo dheceen. Waxan isha ku dhuftay taliye ku xigeenkii oo xagga Koonfur nagaga soo baxay, siidhi uu sitay buu afka galiyay, baastooladna wuu la soo baxay; Markuuse arkay qorigii oo Faarax Dheere laabta ku hayo ayuu dib iskaga noqday isagoon siidhigii afuufin.

Intayaydii wada socotay waxannu u yaacnay xagga bari ee xabsiga. Maxaabiista inoodii kale, ama badankoodu, waxay u yaaceen xagga Galbeed. Markaannu ag marayno senterigii gaadhka ka ahaa xagga Woqooyi ayuu askarigii gaadhka ahaa raasaas ku furay xaggayaga hore iyo xaggayaga dambaba. Faarax Dheere markiiba wuu is tuuray, anna waxan u qaatay inuu dhintay amma dhaawacmay. Qoriga ka qaad baan is idhi, balse wuu iga dhuftay.

Cabbaar markaannu ordaynay ayaannu is taagnay meel yar oo sanaag ah; Waxa aannu ahayn aniga, Bidhiidh, Kenedi, Daabbad iyo

Dhimbiishii Halganka

Faarax Dheere (Yuusuf wuu naga dambeeyay ama baydhay). Markiiba waxan dareemay in lugtii ay u muuqato inay i jaban tahay. Faarax iyo dal yaqaankii way iska yaaceen, Kenedi-na wuu ka daba tegay. Bidhiidh iyo Daabbad oo igu soo hadhay baan u sheegay inay iska socdaan mar haddaanan lugtiiba dhulka dhigi karayn. Waxay yidhaahdeen "garbahaannu ku qaban", anna waa ka diiday. Waxay ku dhuunteen meel doox ah oon ka fogayn halkii aan fadhiyay.

Anigoo bartii aan kaga hadhay Bidhiidh iyo Daabbad fadhiya ayay laba askari oo kuwi ayjeesha ahi ii yimaaddeen. Midkood baa yidhi "waar ku rid xabbad". Maxamuud oo ahaa askari reer Boorama ah ayaa ii baxay oo diiday in lay toogto; Wuxu yidhi "anaa sii ilaalin doonee orod kuwii kale raadi". Maxamuud dhibaataa arrintaa uga timid oo waaba loo xidhay toogashadaa uu iga baajiyay.

Aniga iyo dhowr maxbuus oo kale oo la soo qabtay ayaa xabsigii lagu soo celiyay. "Beerka dhulka dhiga oo wajigana dhulka saara" ayaa lana yidhi. Waxa nagu jirey nin dhaawac ahaa iyo nin ay toogteen oo mayd ahaa.

Sarkaalkii haystay xerada ciidamada ee Madheera ayaa maxaabiistii la soo qab-qabtay mid walba madaxa ka laadayay. Markuu isoo gaadhay uun (anigoo jidhkii isa sii galiyay) ayaa waxa soo galay ninkii jeelka haystay, Saalax, oo tollaayda haya. Wuxu markiiba ku dhawaaqay "ma ku jiraa kii sarkaalku dhalay[21]?"; Waxan filayaa inuu rabay inuu i dilo. Cabdillaahi Aflow, oo isaguna ahaa askari reer Boorama ah, ayaa markanna i badbaadiyay – "maya taliye" ayuu ugu jawaabay. Saalax isagoo caayaya sarkaalkii ka hooseeyay ayuu yidhi "ha sheegin dhaawac iyo dhimaso midna, fakad guud uun sheeg".

---

[21] Cabdi oo sheekada innoo wada ayuu aabihii ahaa gaashaanle sare

Dhimbiishii Halganka

Labadaa nin ee maalintaa i badbaadiyay laba jeer ayaan u safray Boorama si aan ugu abaal gudo; Nasiib darro anigoon hayn magacyadoodii oo buuxa iimay suurto galin inaan nimankaa la kulmo.

Waxa nalagu xareeyay guri ku yaalley qaybta Saybeeriya iyadoo laba-laba dhabarka laysugu kaaya xidhay. Ninkii dhaawaca ahaa ayaa bilaabay inuu "waar biyo i siiya" ku dhawaaqo. Naga fur xadhkaha ayaannu nidhi; Markuu naga furay ayuu Aadan Cuyub (oo ah askarigii aannu bustaha ka iibinay) daaqaddii isa soo taagay isagoo leh "Cabdiraxmaanow". Markaan u tagay wuxu yidhi "bustihii ha sheegin"; Anna waxan idhi "waayahaye biyo noo keen". Wuxu noo keenay buuri, kabriid iyo biyo. Nasiib darro, ninkii dhaawaca ahaa salaaddii subax buu dhintay.

Waxa arroortii dambe naloo wareejiyay Qabtii, halkaas oo laba cisho ka dib-na naloogu keenay Yuusuf Maxamed Ciise.

13. Cabdirisaaq Axmed Cilmi

Cabdirisaaq Axmed Cilmi, oo sidaad cinwaanka ka aragto loo yaaqaan Faysal Khayre, waxad mooddaa inuu sito labada magac oo kala duwan. Cabdirisaaq Axmed waa magacii loogu wanqalay. Faysal Khayrena waa ka xaafada looga yaqaannay (Faysal) iyo naanaysta aabbihii oo ah Khayre.

Cabdirisaaq wuxu ku dhashay magaalada Hargeysa sannadkii 1963-kii. Waxbarashada dugsiyada hoose iyo dhexena wuxu 1972-kii ka bilaabay dugsiga hoose/dhexe ee Sha'ab Boys-ka (Xuseen Giirre). Dugsiga sarena wuxu ka bilaabay dugsiga sare ee Maxamuud Axmed Cali

Dhimbiishii Halganka

ee Burco, halkaas oo walaalkii Dr. Cabdiqaadir uu ka ahaa isu duwaha beeraha gobolka Togdheer. 1980-kii ayuu u soo beddeshay dugsiga sare ee Faarax Oomaar isagoo ah kalaaska labaad ah (foom 2). Cabdirisaaq oo xaaladahii waqtigaa la soo wajahay innooga warramayaa wuxu yidhi:

Seddexdii sano ee aan wax ka baranayay Faarax Oomaar laba ka midi waxay ku suntan yihiin kacdoonkii ardaydu ka muujisay xukunkii gurracnaa ee dowladdii milateriga ahayd. Sidaad horeba u soo akhrideen, billowgii kacdoonkaasi wuxu ku aaddanaa Feb 20, 1982.

Kacdoonkaa ay ardaydu hoggaaminaysay wuxu taariikhda Soomaalida ka galay kaalin mug leh marka laga hadlayo waxyaabihii soo dedejiyay dhicitaankii dowladdii milateriga ahayd. In kastoo kacdoonku aanu ku bilaabmin abaabul aad u qorshaysnaa, haddana waxa ardaydii ka soo dhex baxay kooxo hoggaanka u qabtay kacdoonkaa bilaabmay.

Iskuul kasta iyo lod walba waxay samaysteen guddiyo amma ururro hubinayay inaan kacdoonkaasi marna ku damin cabbudhin iyo qori ardayda lagala hortago. Anigu waxan ka mid ahaa guddi hoosaadkii dugsiga Faarax Oomaar ee abaabulaysay muddaaharaadadii dhacay 1982 iyo 1983-kii. Haddaan tilmaan ka bixiyo waxa laysku adeegsanayay, halka ay askartu adeegsanayeen bee-bee-yo iyo xabbado nool, dhallinyaradu waxay ugu jawaabayeen dhagaxtuur iyo muddaaharaaddo joogto ah. Sidaad filayso dhaawacyo iyo dhimasho badan ayay askartu geysatay – dhallinyaro fara badanna jeelasha ayaa loo taxaabay.

1983-kii waxa u ambabaxay Xamar oo annu ka galnay dugsiga tababarka ee Xalane oo ardayda dugsiyada sare dhammeeya loogu tababari jirey siday u mari lahaayeen dabbaaldegga xuska 21-ka Oct oo ahayd maalintii milaterigu inqilaabka ku qabsadeen waddanka.

Dhimbiishii Halganka

Xalane ka dibna waxan shaqo-qaran ka galay magaalada Marka ee gobolka Shabeelada Dhexe oo aan macallin ka ahaa sannad dugsiyeedkii 1983/1984. Bishii June 1984 ayaan imtixaan u galay kulliyaddihii kala geddisanaa ee Jaamacadda Ummadda Soomaaliyeed oo Xamar xarunteedu ahayd waxanan ku guulaystay kulliyadda Lafoole oo saari jirtay macallimiinta dugsiyada sare.

Aakhirkii bishii July 1984-kii ayaa waxa isa soo tarayay in dhallinyaro Hargeysa lagu xidhxidhayo. Mukhtaar Ibaahin Madar oo aannu saaxiibbo isku dhow ahayn ayaannu goor habeen ah wada tashannay. Waxannu is waydaiinay waxa dhici kara; Waxa aannu isla garannay in kollay maruun naloogu iman doono jaamacadda. Xilliggaa waxannu baran jirnay luqadda oo xarunteedu ahayd meel u dhow huteelka loo yaqaan Shabeelle.

Galabtii ayaan dhigan jirey anigu; Waxanse isku dayayey in lay beddelo aroortii. Sidaa darteed waxan Mukhtar ku idhi "berri waxan la ballansanahay qof galinka hore ii beddelaya; Markaa berri waa inaan jaamacadda tagaa." Mukhtaar isagu sidii buu uga joogay Jaamacaddii; Aniguna sidii baan u tagay jaamacaddii.

Nin ayaa kalaaskii noogu soo galay oo ii yeedhay; Wuxu magaciisa iigu sheegay in la yidhaa Buruus. Salaan ka dib wuxu ii sheegay in saacaddaa laga bilaabo uu xorriyaddii iga qaaday. Katiinad uu watay ayuu gacantayda iyo gacantiisa isugu xidhay. "Inna gee halkaad degganayd si aad shukumaan (tuwaal) iyo dacas u soo qaadatid" ayuu igu yidhi. Waxan ka baqay inuu helo shandad ay iigu jireen dharkaygii iyo cajalado gabayo ku duuban yihiin.

Markaa waxan geeyay guri kale oo uu lahaa nin aannu ilmaadeed nahay oo walaalkii nabad sugidda ka mid ahaa.

Dhimbiishii Halganka

Intaa ka dib waxa lay geeyay xabsi la odhan jirey *Godka*. Qolka waxan ugu tagay nin dirawal u ahaa nin haystay jabhad dadka degaan ahaan Muqdisho ka soo jeedaa lahaayeen. Ninkaasi wuxu ii sheegay in qolka nagu xiga uu ku jiro arday reer Woqooyi ahi; Ardaygaasi wuxu noqday Saleebaan Ismaaciil Xuseen (Saleebaan Cirro Weyne). Waxa kaloo isna meesha nagula xidhnaa oday waashmaan ahaa oo loo soo xidhay sawir Siyaad Barre lahaa (oo hor yaallay meeshuu ilaalinayay) oo xaar la marmariyay. Odaygaasi wuxu fahmi waayay sababta loo soo xidhay; Marka lagu yidhaa sawirkii maxdawaynaha ayaad xaar marisay, wuxu ku dacwiyi jirey "ma waysaa u dhowrayd?" iyo "haddaan xaar mariyay isna xaar ha i mariyo oo ha iska kay sii daayo."

Bilowgii bishii Sept ayaa aniga, Saleebaan Cirro Wayne iyo Ismaaciil-Cambuul (oo isaguna ku xidhnaa meel kale) naloo qaaday airport-ka Muqdisho. Aniga iyo Ismaaciil-Cambuul ayaa katiinad layskugu soo xidhay; Saleebaan-na wuxu ku xidhnaa arday kale oo Mukhtaar Ibraahim la odhan jirey qaladna loo soo xidhay (iyadoo lagu qalday Mukhtaar Ibraahin Madar). Dadkii rakaabka ahaa fajacisay ku noqotay inay arkaan dhallin yaradan inku katiinadaysan.

Hargeysa markaannu gaadhnay waxa naloo gudbiyay xarun ku nabnayd fooqii la odhan jirey Fooqa Gaani. Aniga iyo Ismaaciil-Cambuul ayaa qol nalagu wada xidhay. Markii ugu horraysaba waxannu cabasho ka muujinnay katiinaddii nagu xidhnayd; Askarigii nagu xidhay intuu soo noqday ayuu halkii ugu damnbeysay nagu sii adkeeyay – waad sawiran kartaa xannuunka joogtada ah ee taasi leeday. Dadku isku wada mid maahe askarta mid ka mida ayaa noo oggolaan jirey in aannu maydhano maalintuu gaadhka leeyay; Midna waabu noo gabyi jirey isagoo leh "gala naarta idinkaa galabsadee".

Maaweello waxa noo ahaa dalool albaabku lahaa (meel looxu ciriq ku lahaa) oo aan dibadda kaga daalacan jirey; Anigoo bidhaan

Dhimbiishii Halganka

mararka qaarkood waxan ka arko aan saaxiibkay Cambuul sida wariyaha ugu soo warrami jirey" halkaa gaadhi baa ka muuqda iyo halkaa qof baa maraya ayuu warkaygu ahaa." Markay sheekadu naga dhammaato waxannu mararka qaar gali jirnay muran aan faa'iido lahayn; Waxyaabahaan xusuusto eennu muddo ku murmaynay waxa ka mid ahaa "qarniqu waa 100 sanadood iyo waa 50 sanadood."

Xagga dambi baadhista iyo jidhdilka seddex jeer ayaa nala geeyay meel iila eekayd fooqa Gaani. Jidhdilku wuxu ahaa sida qudha ee ay xog ku urursan jireen; Jidhdilkaasi wuxu ka koobnaa figayn iyo xiniinyaha oo la maroojiyo. Mararka qaarqood waxan maqli jirey qaylada ka baxaysa dadka kale ee iyana la ciqaabayo; Codadkaa waxan si fiican uga garan jirey Saleebaan Cirro Weyne codkiisa.

Sept24, 1984 ayaa naloo wareejiyay jeelka wayn ee Hargeysa. Halkaas oo markii ugu horreysan labaatankayagii isku kiiska guud ahaa aannu meel qudha iskugu nimi aadna iskugu xog-warranay, aadna u faaqidnay waayihii qof kasta soo maray. Waxannu la kulannay waalidiintii, ehelkii iyo qareenno naloo qabtay. Waxannu ka war helnay kiiska naloo haystaa ciqaabtiisu inay tahay dil toogasho ah. Waxa kaloo aannu ogaannay in xaakimka kiiskayaga qaadayaa uu yahay Jenaraal Geelle oo ka mid ahaa golihii sare ee kacaanka isla markaana caan ku ahaa xukun adayg – errayga dil toogasha ahna aan biyo u kabban jirin.

Sept29, 1982, ayaa si toosa, goor arror hore ah, naloo hor geeyay maxkamaddii oo xaakin ka yahay Jenaraal Geelle. Aniga, Maxamuud aw Cabdi (Faraska-Cad), Ismaaciil-Daldal, Cali Yuusuf, Ismaaciil-Cambuul iyo Cali-Jiir ayaa mar nala soo wada joojiyay maxkamaddii. Markhaatiyada meesha la keenay wuxun bay ahaayeen askartii jidhdilka iyo dambi baadhista samaynaysay.

Dhimbiishii Halganka

Qareenadii si xooggan ayay nooqu doodeen iyagoo muujiyay in kiiska aannu galnay iyo waxa nalagu soo eedeeyay oo ahaa *Qaran Dumis* aanay is lahayn. Isku soo wada duuboo Oct 3, 1984, ayaa maxkamaddii dib naloogu celiyay. Halkaas waxa naloogu akhriyay xukunkii na lagu riday – oo iska ahaa mid marka horeba laysla soo meel dhigay. Xukunkuna wuxu u dhacay sidan: 7 dil, 8 xabsi daa'im, hal 15 sano ah iyo afar min seddex sano ah. Anigu waxan ku jirey afartaa min seddexda sano lagu xukumay. Intaa ka dib waxa naloola cararay xaggaa iyo jeelka Madheera.

Markii jeelka Madheera nala geeyay, markiiba intayadii sannado tirsan ku xukunnayd waxa lagu tuuray Seelada; Intii dilka ama xabsi daa'imka ahaydna waxa la geeyay Qabta. Seeladu waxa ka koobantay dhowr qol oo yar yar looguna tala galay in lagu ciqaabo dadka jeelka ama dambiyada ka gala ama laga cabsi qabo.

Waxa aan qol la galay Cali Xasan Aadan (Cali-Banfas); Cali erray dhaxal gala ayuu nagula dardaarmay intii aannu ku jirnay Seelada. Wuxu noo sheegay in jeelka wax loogu karsado reer-reer; Markaa wuxu yidhi waxad samaysantaan miiska ardayda; Taladii sideedii baannu u fulinay runtii waanay na anfacday. Intii aannu Seelada ku jirnay waxa na soo dhaweeyay niman ku xidhnaa qolka naga soo horjeeda oo markay na waydiiyeen ciddaannu nahay, Cali yidhi waxad ugu jawaabtaan "waxannu nahay ardaydii Hargeysa".

Nimankaasi habeenkii koowaadba waxay noo keeneen shaah ay noogu soo shubeen caagadaha isbiirtada xadhigna ku soo xidheen. Markii dambe intayadii aan dilka ahayn waxa naloo wareejiyay jeelka wayn; Waxanna nalagu kala qaybiyay gurhihii waaweynaa. Annagoo fulinayna dardaarankii Cali-Banfas ayaannu samaysanay *miiska ardayda*. Waxa raashinka (oo waalidkayagu noo keeni jirey) aannu

Dhimbiishii Halganka

madax uga dhignay Maxamed Ismaaciil; Saleebaan Cirro-na inuu dusha kala maamulo ayaannu u igmannay.

Maxaabiista waxa maalinta Arbacada ah loo qali jirey hal; Saleebaan baa igula taliyay inaan u tago askariga hasha ka masuulka ah oo la odhan jirey Gacma-Yare (oo aannu hayb ahaanna isku dhawayn) kuna qanciyo in intayada ardayda ah qaybtooda qaydhin nalagu siiyo – taasina way noo suurto gashay; Aniguna sidaas baan Arbaca kasta kaloodhad yar ula kalihi jirey si aan hilibkaa hasha qaybtayada u soo qaado.

Askartu waxa kaloo ay noo ogolaadeen in biyaha aannu wax ku karsannaa aannay qirinqiir naga galin; Xaggayaga mar mar bay na soo yar hungurayn jireen annaguna umaannaan xummayn.

Dhinaca kale intaannu jeelka ku jirnay marna rajadu nagamay lumin; Isku duubnaan iyo akhlaaq wanaag ayaannu mar walba ku dadaalaynay; Taas oo naga sooci jirtay maxaabiista kale oo iyaguna ixtiraam gaara mar walba noo muujin jirey.

Waxan mahad gaara mudan waalidkayga iyo ehelkayga gaar ahaan dumarka oo mar walba na dul taagnaa hubinna jirey in aannaan darxumo dareemin; Inta badan Jimce kasta way noo iman jireen iyagoo soo dhex jibaaxayay bandooyo iyo isbaarooyin.

Sida aad filayso jeelka intaannu ku jirnay waxyaabo badan oo laga naxo ayaa maalinba maalinta ka dambaysa aannu maqli jirnay – dad sabab la'aan loo soo xidhay; Qaar layska laayay iwm. Sheekooyinka ugu xannuunka badan aan maqlay waxa ka mid ahaa mid ku dhacday nin oday da'a ahaa oo habaryartay qabay oo la odhan jirey Xuseen Jaamac. Xuseen waxa jeelka naloogu keenay 1985-kii; Ka dib xilliyadii SNM ay buuraha soo galeen; Waxa laga soo qabtay isagoo reerkiisii iska jooga; Waxa lagu soo eedeeyay inuu taageero u fidinayay SNM-ta taas oo uu

Dhimbiishii Halganka

garan waayay sababta sidaa loo yidhi, waayo, inuu maqlo mooyee ismabay arag SNM.

Markii jeelka Mandheera naloogu keenay waxa ka muuqday nabarro loo gaystay oo uu ugu waynaa daanka oo bararay ka dib markii qoriga dabadiisa ay madaxa kaga garaaceen. Wuxu ii sheegay: in iyagoo sagaal ah la keenay jeelka magaalada Sheekh. Toddoba sagaalkii ka mida in loo asteeyay in la laayo; (Toddobadaa waxan ka sii xasuustaa Oday Maxamed Siraad, oo ay walaalo ahaayeen wariyihii BBC-da ee Cabdirisaaq Maxamed Siraad, Cabdiraxmaan Maxamed Cali iyo nin aan u malaynayo inu yidhi waxa la odhan jirey Ibraahim). Oday Maxamed Siraad wuxu hoos iigu dhiibay cumaammad uu yidhi "hoo dhaxanta ka huwo; Saacaddanna qarso kollay aniga waa lay dilayaaye".

Sidii baanay u dhacday oo Oday Maxamed Siraad iyo lix kale ayaa halkii lagu dilay; Xuseen iyo nin kalena xabsi dheer baa lagu soo xukumay oo jeelka Madheera ayaa loo soo dhaadhiciyay. Xuseen kolba marku xasuusto waxaa dhacay wuu iska ilmayn jirey.

Jan 26, 1986, ayuu Maxamed Siyaad Barre ku dhawaaqay saamaxaad uu noo fidiyay oo iskugu jirtay in wixii xadhig ahaa (13 qof) in la sii daayo, lix ka mida intii dilka ku xukunnaydna in xabsi daa'im loogu beddello; Midkii soo hadhay oo ahaa Cabdi Dhamac Caabbi waxa lagu fuliyay xukunkii dilka ahaa.

Intayadii la sii daayay nimba meel buu u dhaqaaqay; Intayadii jaamacadaha laga soo qabqabtay waxa laysku dayay in nalagu celiyo jaamacadihii Cali Yuusuf, Saleebaan iyo Ismaaciil-Daldal waxay ka howl galeen sidii ay jaamacaddii dib ugu noqon lahaayeen; Ismaaciil-Cambuulna dibbuu kaga biiray.

Inaadeerkay Maxamuud Nuur Cilmi oo aannu aad iskugu dhawayn ayaa markiiba xoog iigala shaqeeyay sidii aan waddanka uga

Dhimbiishii Halganka

bixi lahaa; Wuxu isku kay bar-bar taagay maal iyo fikradba; Waxa kaloo isna xoog ii soo taageeray walaalkay Dr. Cabdiqaadir oo Maraykan markaa joogay.

Ka bixitaanka Xamar muu dhib yarayn; Mar walba waxa loo baahnaa gala-galaysi iyo cid ku taqaanna; Waxan rabaa inaan xuso nin aan isku hallaynayay oo aannu in badan is naqaannay markaan u dhiibay lacagtii tikidhka aan ku goosan lahaa; Sur-sur bay lacagtii iga gashay balse markii dambe markaan adeegsaday madaxdii hay'adii ninkaasi u shaqayn jirey ayay lacagtii dib iigu soo noqotay. Sidaas baanan Xamar kaga baxay.

Dhimbiishii Halganka

14. Cali Maxamuud Cismaan

Cali Maxamuud Cismaan (Cali-Jiir) wuxu ku dhashay magaalada Hargeysa badhtamihii 1962. Waxbarashada wuxu ka bilaabay mulcaamaddii Sheekh Ibraahim Baraawe oo galbeedka ka xigtay xabsiga wayn ee Hargeysa. Waxbarashada dugsiga hoose wuxu sannadkii 1971-kii ka bilaabay Wajaale. 1977-kii ayay Hargeysa dib ugu soo guureen. Waxbarashadiisii wuxu kaga sii watay dugsiga dhexe ee Gurya-Samo. 1979-Kii ayuu ka mid noqday ardayda fasalka 1-aad ee dugsiga sare ee Faarax Oomaar. Cali isagoo innooga sheekaynaya qaybtii uu ku lahaa kacdoonkii ardayda iyo siday taasi u saamaysay noloshiisa wuxu yidh:

Dhimbiishii Halganka

Intii aan Faarax Oomaar ku jirey waxa waddanka ka socday isbeddello waaweyn. Waxa saamayn wayn nagu yeeshay xadhigii dhallinyaradii UFFO oo qaar badan oo ka midi ay macallimiin noo ahaayeen; Tiraba afar macallin oo Faarax Oomaar ka dhigi jirey ayaa ku jirey guruubkii UFFO. Shaqada ay UFFO qabaynaysa waxay noola muuqatay midaan siyaasad iyo waddan xummayn midna ahayn; Balse ahayd mid horumarineed oo waddaniyad ah.

Markii la gaadhay habeenkii Feb 20, 1982 soo galayay waxa magaalada soo gaadhay war odhanaya in berri dhallinyaradii la xukumayo; Oo waliba dil ay u badan yihiin in lagu xukumo. Xilliggii nusasaacaha la gaadhay ayaa arday u badan Faarax Oomaar iyo 26-ka June, oo isna maxkamadda u dhawaa, ay ku biireen dadweyne maxkamadda hor dhoobnaa.

Dowladdii markay aragtay siday wax u socdaan, way awoodi kari weyday in ay dhallinyaradii UFFO keento maxkamadda. Waxa laysku dayey in ardaydii iyo dadwaynihii la kala kexeeyo; Halkaas ayaannu isku dhacii koowaad ka bilaabmay.

Muddaaharaadadii maalintaa bilaabmay waxay socdeen ayaamo dhowr ah. Halkaasna waxa ka abuurmay is abaabul ardaydu ay is abaabulaan; Maxaa berri la yeelaa iwm ayaa lagu tashan jirey. Is abaabulkaasi kumuu eekayn oo qudha 1982-kii balse wuxu socday sannado dhowr ah (waa si loo xuso Feb 20 wixii dhacay).

Sidaad kollay ka war hayso, bannaanbaxyadaas waxa ku qudh baxay dad tiro badan qaarna way ku dhaawacmeen, qaar kalena jeelashaa loogu taxaabay. Intii aan Faarax Oomaar ardayga ka ahaa waxan ka mid ahaa abaabulayaashii kacdoonkii dhacay 1982 iyo 1983-kii. Aakhirkii sannadkii 1983-kii waxan u ambabaxay Muqdisho si aan u galo tababarkii Xalane; Ka dibna waxan shaqo-qaran ka galay

Dhimbiishii Halganka

Shalanbood oo ka mid ah gobolka Shabeelada Dhexe. Waxan xisaabta ka dhigi jirey dugsiga Hoose/Dhexe ee Shalanbood. Jul 1984-kii waxan galay machadkii xisaabaadka ee loo yaqaannay SIDAM oo Muqdisho ku yaalay.

Goor aroor hore ah, Jul 28, 1984, oo dadka intiisa badani ay hurdaan ayaa guri aannu abtigay oo xannuunsanayay ku haynay nalagu soo garaacay; Waxa albaabka joogay seddex nin oo aanan garanayn; "Ina Maxamuud jiir baannu rabnaa" bay yidhaahdeen. Markaan u soo baxay si fiican bay ii salaameen." Cali Maxamuud Cismaan (Jiir) iska warran? Cabdillaahina (waa walaalkaye) ka warran?". Yaabay, nimankani maxay ahaayeen; "Soo socda oo fadhiista" ayaan ku idhi. Jawaabtoodii waxay noqotay "mayee soo labiso su'aallo yar-yar baannu ku soo waydiinaynaaye". Markaasaan fahmay sheekada!!

Intii ay i sii wadeen waxay i waydiiyeen laba ka mid ahaa dhallinyartii aannu is naqaanney ee Dugisga Sare ee 26-ka June; "Maxamed Cabdillaahi Cumar iyo Faysal Muuse Ildab[22] ma taqaanaa meel ay joogaan?". Waxan ugu jawaabay "garanmaayo". Sidii lay waday waxa lay geeyay xafiiska C.I.D-da ee Xamar. Markii OB-ga laygu gorayay waxa laysku khilaafay wixii OB-ga lagu qori lahaa inaan ku xidhanahay; Markii dambe waxay yidhaahdeen "ku qor Maxamed Xasan" oo ahaa ninikii kiiskayaga haystay.

Bil ka dib waxa C.I.D-dii laygu keenay Cali Yuusuf Ducaale. Sept21, 1984 ayaa aniga iyo Cali Yuusuf naloo soo qaaday Hargeysa. Habeenkii koowaad waxa nala geeyay jeelka ku yaal xerada milateriga ee birjeex oo loo yaqaan *Qabta*. Aroortii dambe ayaa nala geeyay guryo

---

[22] Waxan filayaa sababta qudha ee ay Cali u weydiiyeen labadaa magac inay ahayd uun iyagoo Cali iyo innamadaasi ay isku raas yihiin

yaryar oo ku xigay fooqii Gaani (xarrunna hadda u ah ciidamada Somaliland).

Maalintiiba waxa nalagu bilaabay in nala geeyo fooqa oo su'aallo nalagu waydiiyey;" Waa innoo caawa" ayay nagaga tegeen. Arroortii dambe ayaa haddana halkii nala geeyay; Cali Yuusuf ayaa iga horreeyay; Wax la waydiiyay iyo wax lagu sameeyay markaa lama socdo. Intii aan sugayay in gudaha lay geeyo ayuu mid ka mid ah askartii oo yara naxsani si qabow ii waydiiyey su'aal: "markaad xaggaa joogtay darajadaadu maxay ahayd?"; Wuxu u haystay in SNM-ta layga soo qabtay.

Su'aallo iyo jawaabo dafiraad u badan ka dib waxay fureen kabadh qalab badani (sida waayirro iwm) ku jirey. "Waxaasi waa qalabka aannu u istimaalno kuwa hadli waaya" ayay yidhaahdeen.

Si lama filaan ah ayaa mar qudha dib aniga iyo Cali Yuusuf naloogu celiyay qolkii aannu ku jirnay. Waxa taa keentay Gaani oo xeradaa aannu ku xidhnayn yimi amarna ku bixiyay in nalagu wareejiyo jeelka wayn ee Hargeysa; Wuxu ka war hayay in maxkamaddayadii ay soo dhowayd.

Sept24, 1984 ayaa jeelka wayn ee Hargeysa nala geeyay; Waxa layskugu kaaya geeyay labaatan-kayagii loogu tala galay in la maxkamadeeyo. Guriga nala geeyay oo gaar u go'naa waxa la odhan jirey *Alle-ka-jeed*. Intaa waxa noogu xigay maxkamadii oo dhacday Sept 29, 1984; Maxkamaddaas oo uu xaakin ka ahaa Jeneraal Geelle waxay dhammaatay seddexdii aroornimo.

Oct 3, 1984 waxay ahayd maalintii xukunka lagu dhawaaqayay; Xukunkaas oo, sidan filayo aad hore u soo akhriday, ahaa: 7 dil, 8 xabsi daa'im, mid 15 sanno ah, iyo afar min seddex sanno lagu xukumay;

Dhimbiishii Halganka

Maxkamadda iyo magaaladaba waxa la dhigay ciidammo xooggan. Xukunkii ka dib waxa toos naloo geeyay Madheera.

Intii aannu Madheera ku jirnay waxa aannu muujinnay akhlaaq wanaaq tusaale fiican u noqday dhammaan maxaabiistii; Askartiina laftoodu ay noogu qaadeen ixtiraam saa'id ah. Waxan filayaa inaad sheekooyin badan oo Madheera ku saabsan ku soo akhiray qaybaha hore ee buugga; Balse waxan rabaa inaan idinla wadaago tii iigu naxdinta badnayd een xusuusto.

Waxa jirey nin dhallinyaro ahaa oo qaad wale ahaan jirey laguna naanaysi jirey Dhucda oo markii dambe xannuun dhimirka ahi ku dhacay.

Dhucdu Hargeysa ayuu laba dumar ah oo hilible ah midna ku diley midna ku dhaawacay. Maxkamaddii, iyadoo tixgalinaysa inuu xannuunsanayo, ayaannay ku xukummin dil; Waxa la keenay jeelka Madheera; In kastoo uu ahaa nin xanuunsanaya, waxa la keenay jeelka weyn oo maxaabiista ayuu la noolaa.

Waxa soo dhaweeyay niman ay isku ardaa ahaayeen oo u oggolaaday inuu miiskooda wax ka cuno. Anigoo jooga MAAT-ka (eeg sawirka Madheera) oo diyaarinaya quraacdii dhallinyaradii aannu wada xidhnayn ayuu soo galay MAAT-kii; Show quraacdii buu ka habsaamay. Nin ka mida kuwii uu wax la cuni jirey ayaa ku yidhi *"waad ka dhacday maanta"* oo la macna ah *quraacdii way kaa dhammaatay*.

Intuu istaagay oo uu cabbaar aamusnaa ayuu yidhi *"imika ma waxad i leeday Ilaahii dhammaa ee ku abuuray bagadho (daasad yar) oo sonkor ah u dil"*; Yaabnay! Wuxu u dhaqaaqay xaggaa iyo geed wayn oo MAAT-ka ku yaallay ooy hurdeen laba nin oon filayo inay shuwaal u soommanaayeen; Madaxa iyo mijahana qariyay.

Dhimbiishii Halganka

Agtooda waxa yaallay dhaqax wayn oo xaabada lagu jajabsan jirey; Waxannu ku war helnay Dhucdii oo nimankii mid ka mida madaxii daqiiqaa ka dhigay; Kii kale waa lagaga qayliyay oo si yara jilicsan buu dhagaxii ugu dhacay. Sidaasaa labadii nin midna ku dhintay midna ku dhaawacmay.

Markiiba waa nala xareeyay isagiina xaggaa iyo Qabta ayaa loo kexeeyay. Si dhaqso ah ayaa Madheera gudaheeda loogu maxkamadeeyay looguna xukumay dil. Waxa la sheegay in markii dilka lagu fulinayay intii xabbadood ee loogu tala galay ay dili kari waayeen markii dambana baastoolad loola dul tagay oo madaxa lagaga dhuftay.

Naxdinta uu muuqaalkaasi lahaa waxa ka daran nidaamka nin maskaxda wax uga dhiman yihiin ku soo dhex daayay dad maxaabiis ah; Halkaa ka sawiro nidaamka markaa meesha yaallay.

Jan 26, 1986 waxay ahayd maallin si gaara aannu u xusuusanno. Ilaahay ha ka abaal mariyee odayaashii Hargeysi waxay ku guulaysteen inay cafis ka keenaan Maxamed Siyaad Barre oo Hargeysa safar ku yimi. "Wax codsada" ayuu yidhi; Iyaguna waxa qudhay codsadeen waxay ahayd in nala sii daayo; Gir iyo gir markay gaadhay ayaa fadhigii lagu kala kacay.

Maalintii xigtay ayuu Maxamed Siyaad Barre kaga dhawaaqay garoonka kubbadda cagta ee Hargeysa, mar uu ka qudbadaynayay, in uu saamaxaad u fidiyay intayadii xadhiga ku xukunnayd; Intii dilka ku xukunnaydna 6 ka mida uu xabsi daa'im ugu beddelay. Jan 28 ayaa nala soo daayay; Ka dibna nabadsuggiddii ayaa intayadii jaamacada laga soo xidhxidhay waraaqo noogu dhiibtay jaamacadihii. Sidaas ayaan mar labaad ku bilaabay machadkii SIDAM.

Dhimbiishii Halganka

15. Fu'aad Cismaan Muxumed

Fu'aad Cismaan Muxumed (Shibbiin) wuxu ku dhashay magaalada Hargeysa sannadkii 1960-kii halkaas oo uu ka bilaabay mulcaamad quraanka. Dugsiga hoose wuxu ka bilaabay dugsiga hoose ee Jeneraal Daa'uud, dugsiga dhexana wuxu ka galay dugsiga dhexe ee Guryo-Samo. Barbaarintiisa iyo waxbarashadiisa waxa kaalin wayn ku lahayd ayeydii hooyo (Aamina Xirsi) oo la wareegtay korriinkiisa ka dib markay hooyadii dhimatay isagoo siddeed jir ah. 1978-kii ayuu waxbarashada dugsiga sare ka bilaabay dugsiga sare ee Faarax Oomaar kana qalin jabiyay sannad dugsiyeedkii 1981/1982. Fu'aad oo inala wadaagaya kaalinta uu ku lahaa kacdoonka wuxu yidhi:

Intii ka dambaysay dagaalkii lala galay Itoobiya ee soo gabagboobay 1978-kii, is beddello waaweyn ayaa ka dhacay waddanka, gaar ahaan gobolada woqooyi. Mar ay noqoto saraakiishii iyo shaqaalihii ka soo jeeday Woqooyiga oo intooda badan lagu sameeyay howl dhimis and sidii loogu yeedhi yiray *buulka* la dhigay. Dekedda Berbera iyo baayac mushtarkii ku xeernaa aad buu hoos dhac wayni ugu yimi. Waxyaabahaasi waxay keeneen in dhallinyarada, gaar ahaan kuwii dugsiyada sare dhigan jirey, ay si hoos-hoos ah iskaga waraystaan xaalka dalka.

Ka dib markii uu bilaabmay xadhigii dhallinyaradii UFFO, waxa bilaabmay is urursi ardaydu ay gaar-gaar u yeelan jireen. Waxan ka mid ahaa dhallinyaro illaa tobaneeyo ah (oo ka tirsanaa dugsiyada Faarax Oomaar iyo Gacan Libaax) oo isku xilqaamay in aannu samaysanno urur yar oo aannu ula baxnay Somali Student Movement (SSM). Waxannu ahayn: aniga, Saleebaan Ismaaciil Xuseen, Maxamuud Aw Cabdi Muxumed, Cabdiqaadir Cumar Jaamac, Axmed Cabdi Qase (Axmed Khayaad), nin aan illoobay magaciisa oo la odhan jirey Suufi (oo dhigan jirey dugsiga sare ee Gacan Libaax), Suufi Saacadoole, Axmed Dhamac Caabbi (oo ay walaalo ahaayeen Cabdi Dhamac Caabbi), Cabdi Cabdillaahi (Cod-yar) iyo Axmed Xasan Jaamac (Maal).

Waxannu ku shiri jirnay guryo kala geddisan, laba shir oo isku xiga kumaannaan qaban jirin guri isku mid ah. Ujeeddada shirarkaa aannu ka lahayn waxay ahayd sidii aannu uga qayb qaadan lahayn abaabulka kacdoonkii ardaydu hor kacaysay ee bilaabmay bishii Feb 20, 1982. Kacdoonkaasi oo bilowday sannadkaa 1982-kii wuxu socday bilo waxanu ku fiday magaalooyin kale, sida Burco. Sannadihii ka dambeeyna waxa la dhigi jirey muddaaharaaddo lagu xusayo sannad guurada Feb 20.

Waxa kaloo aannu qayb ka qaadannay taakulaynta halbo iyo wiilal ahaa arday iyo kalkaaliyaal caafimaad (*nurses*) sidii ay u gaadhi lahaayeen xarumihii SNM-ta. Habbeen aannu goor dambe, oo qiyaasihii

Dhimbiishii Halganka

ahayd 12-kii habeenninmo, ka soo baxnay shir ayuu Axmded Dhamac Caabbi yidhi *"waa goor dambee aan ku sii dhaweeyo"*. Xilliggaas waxa la gaadhay waqtigii bandowda oo cid socota lama ogolayn.

Markaannu biriishka wayn ee Hargeysa soo gaadhnay ayuu gaadhi laydhka nagu qabtay oo uu na joojiyay. Gaadhiga waxa watay roondadii habeenkaa heeganka ahayd. Axmed Dhamac waxa jeebadaha ugu jirey waraaqo xasaasi ahaa oo haddii nalagu qaban lahaan aannaan malaa badhka ka sokayneen. Warqadahaasi waxay iskugu jireen qaar aannu ugu talo galnay in aannu iskuulada ku daadinno iyo qaar ku saabsannaa kalkaaliyaashii caafimaad ee aannu ka caawinnay inay tallaabaan.

Sarkaalkii su'aashii koowaad ee uu na waydiiyay oo ahayd *"xaggeed ka timaaddeen?"* ayaan ugu jawaabay *"qaraaba salaam baan caawa xaafadahaa ku gaadhay oo waqtigii baaba nala taraaray inankanna wuu i sii dhawaynayay"*; Markaasuu i waydiiyay halkaan degganay; Anna waxan u sheegay in aan degennay Xalane dhabarkiisa. *"Inna mari anaa ku sii dhaweyn doonee"* ayuu yidhi. Markaannu gurigii u dhownay (ee aannu marayno Cali Naaleeye), anoon doonayn inuu arko gurigayaga, ayaan ku idhi *"waad mahadsantay ee waa halkan gurigiye i dhig"*. Sidaasaan kaga degay gaadhigii sarkaalkiina isagoo leh *"inan dhallinyara ah baad tahaye iska ilaali socodka xilliyadan oo kale"*.

Jul 11, 1984 oo ahayd maalin Arbaca ah ayaa goor barqo ah (abbaaro 10:30 aroornimo) ayay laba nin iigu soo galeen bakhaar aan ku haystay badhtamaha magaalada Hargeysa. Bakhaarkaas waxa laftiisa lahaa Reer Cali Mataan, oo ka mid ahaa reerihii ugu magaca roonaa xagga baayac mushtarka. Labadii nin markay i waraysteen ee ay ogaadeen inaan ahay ninka ay raadinayaan ayay i tuseen aqoonsi igana codsadeen inaan raaco si ay su'aalo yaryar ii waydiiyaan.

Dhimbiishii Halganka

Waxay igu qaadeen gaadhi bakhaarka markaa u hortaagnaa; Waxana la i geeyay xaruntii dhabar jabinta – oo hadda ah xarunta ciidamada asluubta ee Somaliland. Isla markaasna waxa weerar lagu qaaday gurigii aan ka deggennaa magaalada Hargeysa oo ku yaallay dugsigii sare ee Xalane dhabarkiisa (xaafadda hadda lagu magacaabo Axmed Dhagax horena loo odhan jirey Iftin). Dhabar jabinta waxan ku xidhnaa illaa saacad; Ka dibna waxa la ii gudbiyay xarun cusub oo ku taallay dhinaca fooqa markaa loo yaqaannay Fooqii Gaani - waa xarunta ciidamada xoogga dalka ee Somaliland. Halkaa waxa ku xidhnaa dad illaa soddomeeyo ah oo dhammaantood loo haystay inay ka dambeeyeen kacdoonkii, muddaaharaadadii iyo dhagaxtuurkii dhacayay Feb 20, 1982, iyo sannad guurooyinkii maalintaa.

Ragga aannu halkaa ku wada xidhnayn qaar waxa laga soo qabtay Hargeysa, qaarna kulliyadihii kala geddisnaa ee jaamacaddii ummadda Soomaaliyeed (Ingineeri-ya, Luqadaha, Lafoole, Siidam iyo Sharciyada).

Muddadii dambi baadhistu nagu socotay waxa caado ahayd in nagula kaco jidhdil si aannu u hadalno; Run iyo been tay doonto ha noqotee dambi baadhayaasha oo Xamar laga keenay waxa u darnaa inay helaan wax ay dacwad ka dhigaan. Aniga tiraba laba habeyn ayaa layga saaray qolkii aan ku xidhnaa oo jidhdil (fig iyo garaacis) laygula kacay. Qaabka figta loo samayn jirey iyo xannuunkeeda waxan filayaa in aad ku soo akhrideen qaybaha hore ee buugga.

Sept24, 1984, ayaa 20 aan ku jiro loo gudbiyay xabsiga dhexe ee Hargeysa intii kalena waa la sii daayay. Sept26, 1984, ayaa aannu la kullannay qareenno (looyarro) ay ka mid ahaayeen: Ismaaciil Jimcaale Cosoble, Xuseen Bile Cumar, Cabdirisaaq Barawaani, Dr. Gacamay iyo Axmed Yare. Waxa kaloo aannu markii ugu horreysa la kulannay waalidintayadii iyo ehelkii. Markii ugu horreysay ayaa naloo akhriyay

Dhimbiishii Halganka

dacwadda naga dhanka ah. Qodobka ugu wayn ee nalagu eedaynayey waxa ka mid ahaa *Qaran Dumis* oo xeer ciqaabeedka loo cuskanayaa uu ahaa 54. Mar haddaad maqasho xeerka ciqaabta ee 54 (article 54) waxad filataaba waa in xeer ilaalintu qabsato ciqaab dil ah.

Sept29, 1984, ayaa 20-kayagii la horkeenay maxkamad uu qaaddi ka ahaa Jenaraal Geelle oo ahaa madaxa maxkamadda badbaadada; Waxa wehelinayay laba xaakin oo kale oo midba dhinac ka fadhiyay. Maxkammaddaasi waxay socotay hal maalin oo qudha.

Maxkammadda waxa naloo soo hortaagayay koox-koox; Aniga, Saleebaan Ismaaciil Xuseen iyo Maxamed Aw Cabdi (Faraska-Cad), oo aannu isku lot ahayn xagga iskuulka, ayaa isla mar nala soo hor joojiyay maxkammadda. Waxa kaloo isna nala kiis ahaa Cabdi Dhamac Caabbi. Xukunkii maxkammadda waxa naloo akhriyay October 3, 1984; Xukunkaas oo ka koobnaa: 7 dil ah, 8 xabsi daa'im ah, hal 15 sano ah iyo 4 min seddex sanno ah. Anigu waxan ku jirey kooxda lagu xukumay xabsi daa'imka.

Ka dib markii Geelle uu ku dhawaaqay xukunkayagii, waxa markiiba naloola cararay jeelka Madheera. Markii aannu halkaa gaadhnay waxa naloo kala qaybiyay laba qaybood; wixii dil amma xabsi daa'im ku xukunnaa waxa la geeyay *Qabta* oo ah guryaha lagu xidho dadka dilka ku xukumman; Wixii xadhig ahaana waxa la geeyay Seelada oo jeel jeelka ku sii dhexyaal ah.

Dhowrkii cisho ee aannu halkaa ku jirnay waxannu aragnay nin Qabta iska dhex marmarayay isagoo haddana dil ku xukumman; Ninkaas waxa la odhan jirey Cabdi Cabdillaahi (Caana-Boodhe). Mar aannu la sheekaysannay wuxu noo sheegay in haddii aannu aragno laba askari oo waraaqo wata ay macnaheedu tahay in qof ama dad laga jabiyay xukunkii dilka ahaa. Haddaanu se aragno askar dhar cad cad sidata, oo silsilado wadata, inay la macno tahay in ay u socdaan dad la dilayo.

Dhimbiishii Halganka

Waxannu waydiinnay bal waxa isaga u suurto galiyay inuu helo xorriyaddaa siyaadada ah ee u saamaxday inuu Qabta iska dhex marmaro. Wuxu ku jawaabay: "waxan ahaan jirey askari ka tirsan ciidamada asluubta; Waxan la shaqayn jirey nin xoog ii dhibi jirey. Ka dibna waxan go'aansaday inaan ninkaa ka takhaluso. Maalin anigoo senteriga (gaadhka) saaran ayaan arkay isagoo maryo ku wadhaya meel aan maxaabiista loo ogolayn. Markaasaan toogtay anigoo iska dhigaya inaan u maleeyay in uu maxbuus baxsanaya ahaa. Sidaasaa laygu soo xidhay oo dil laygu soo xukumay; In badan baan halkan joogay anoo dil ku xukumman; Maalin walbana waxa Ilaahay waydiistaa inuu labada daarood mid igu daro". Waxa naxdin nagu noqotay ninkii sidaa ahaa in dhowr cisho ka dib lala baxay oo la toogtay.

Dhinaca kale waxan rabaa inaan xuso qiso yar oo ku dhacday Xuseen Tarabi; Waa ninka codka macaan ku qaada heesta "Indhadeeralay". Xuseen wuxu ka mid ahaa masuuliyiintii magaalada Oodwayne. Waxa dhacday in magaaladaa ay SNM-tu 1982-kii soo weerartay. Dhammaan saraakiishii iyo madaxdii degmaduba way kala firxadeen; Xuseen iyo seddex masuul oo kale ayaa u baxay xaggaa iyo jidkii SNM-tu ka soo gashay. Shaki wayn ayaa galay dowladdii: nimankani ma weerarkay wax ka ogaayeen? Waxa la soo saaray maxkamad waxana lagu xukummay xadhig dheer (muddo dheer).

Xuseen wuxu codsi u dirtay madaxweyne ku xiggeenkii koowaad ee Soomaaliya, Jenaraal Maxamed Cali Samatar. Cali Samatar wuxu Xuseen u soo dhammeeyay cafis madaxwayne waana la sii daayay.

Dhowr cisho ka bacdi ayuu Gaani ku arkay Xuseen magaalada Hargeysa; Wuxu waydiiyay sida uu ku soo baxay. Xuseen-na wuu u sheegay in cafis madaxweyne lagu sii daayay. Gaani intuu caayay ayuu askartiisii ku amray inay xidhaan Xuseen kuna celiyaan Madheera. Yaab bay nagu noqotay in Xuseen oo cafis madaxweyne ku baxay sidaa dhibta

Dhimbiishii Halganka

yar jeelka loogu soo celiyo. Sheekadani waxay wax yar innooga binniixinaysaa sidii uu nidaamka waddanku u shaqaynayay xilligaas.

Bishii Jan 1986-kii shir ayaa uga qabsoomay Djibouti dowladii ku jirey ururka IGAD. Markii shirkaasi dhammaaday ayuu Maxamed Siyaad Barre socdaal ku soo maray gobolada Woqooyi. Garoonka wayn ee Hargeysa ayaa isagoo khudbad u jeedinayay dadwaynihii wuxuu si lama filaana ku yidhi, erayo u dhow, "Reer Hargeysow inamadii xidhnaa ee aad inta badan sugayseen intii xadhig ku xukunnayd waan saamaxay; Intii dilka ku xukunnaydna (markuu halaa marayo ayuu Gaani dhegta wax ugu sheegay) lix ka mida waxan dilkii ugu bedellay xabsi daa'im".

Waxa lay sheegay in Cabdi Dhamac hooyadii ay markiiba is tidhi madaxweynaha arji gaadhsii balse ay askartii u diiday. Markii dambe ayuu Maxamaed Siyaad yidhi "soo daaya hooyada". Halkaasaanu kaga guddoommay arjigii nasiib darro se muu shaqayn arjigaasi.

Gaani oo ka soo noqday socdaalkii Siyaad Barre uu ku sii marayay gobolada ayaa habeenkii dambe iskugu yeedhay waalidintayadii; Wuxu u sheegay inuu madaxwaynaha ka dhaadhiciyay inuu na cafiyo; Isagoo taa ku sababeeyay wanaagga ay waalidiinta iyo dhallinyaraduba muujiyeen mudaddii aannu xidhnayn. Dhanka kale waxa jirtay in odayaasha reer Hargeysi, markay la shireen Siyaad Barre, ay xoog ugu gorgortameen sii dayntayada.

Sii dayntii ka dib waxan isku dayay inaan dib ugu noqdo Machadka SIDAM oon bilaabay ka hor intaan lay xidhin; taasi iimay suurto galin.

Marka laga reebo 20-kayagii la xidhay, waxa jirey dhallinyaro badan oo kacdoonka nala waday oo qaarna la waayay, qaarna xirfado kala duwan ku baxsadeen. Axmed Xasan Jaamac (Maal) oo guruubkayaga ka mid ahaa, xilligii lays xidhxidhayayna jaamacadda

Gahayr dhiganayay, ayay seddex nin oo dhar cad ahi kula kulmeen gaydhka jaamacadda Gahayr. Waxay weydiiyeen "ma noo sheegi kartaa halka laga helo Axmed Xasan Jaamac"; Wuxu ugu jawaabaay "Haa wuxu joogaa boloogga noocaas iyo noocaas ah ee lambarkaa leh". Markay ka dhaqaaqeen ayuu ku booday bas meesha taagnaa isla markiina raacay baabuurtii u bixi jirtay Beledeyne halkaana wuxu ka sii raacay baabuurtii Itoobiya u gudbayay.

Dhimbiishii Halganka

16. Axmed Sh. Ibraahim Sh. Cumar

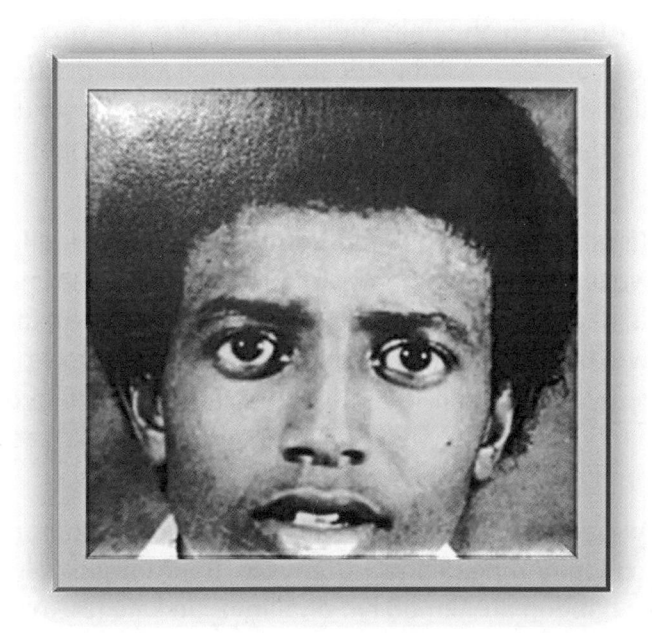

Axmed Sh. Ibraahim Sh. Cumar oo ku magac dheeraa Kenedi wuxu ku dhashay magaalada Hageysa Sannadkii 1965; Wuxu ka soo jeeday tafiirtii sheekhii waynaa (sheekhal baladka Hargeysa) ee la odhan jirey Sheekh Madar. Axmed-Kenedi wuxu mulcaamad Quraanka ka galay mulcaamaddii la odhan jirey Sheekh Baraawe oo jeelka Hargeysa dhanka Galbeed ka xigtay. Dugsiga hoose iyo dhexe wuxu ka galay dugsiga Sheekh Bashiir ee magaalada Hargeysa; Dugsiga sarena Faarax Oomaar.

Juweeriya Sh. Ibraahim Sh. Cumar oo Kenedi walaashii ah aadna ay iskugu dhawaayeen ayaa warbixinta soo socota innala wadaagtay. Fadlan waxad dhugataa dhibta ay waalidiinta iyo ehelkuba ay dareemayeen xilligaas kacdoonku socday. Juweeriya oo innooga warramaysa Axmed-Kenedi waxay tidhi:

Horta wuxu ahaa nin mucjiso ah, geesi dhiiran oo dulmiga, siduu doonaba ha ahaadee, aad u neceb. Xilliyadii kacdoonku soo dhawaa, oo ahaa xilliyaddii UFFO la xidhi doono, Axmed wuxu ka mid ahaa dhallinyaradii ugu horreysay ee ka qayb qaatay abaabulka iyo curinta kacdoonka.

Ka dib markii ay bilaabmeen muddaaharaadadii ugu horreeyay, Axmed wuxu ka mid ahaa ardaydii la xidhay ee qaar lagu xidhay jeelka Hargeysa, qaar la geeyay Madheera, qaar kalana loo taxaabay Boosaaso. Axmed wuxu ka mid ahaa ardaydii jeelka Boosaaso la geeyay halkaas ayayna hooyo ugu tagi jirtay intii uu ku xidhnaa oo ahayd dhowr bilood. Ka dib markii la soo daayay wuxu markiiba feedha ka raacay kacdoonkii iyo abaabulkiisii.

Axmed wuxu fikradeeda lahaa in calankii ugu horreeyay ee SNM laga dhextaagay magaalada Hargeysa. Badhtamihii sannadkii 1983-kii ayay goor habeen ah Axmed iyo dhallinyarao kale (oo intaan ka xasuusto ay ka mid ahaayeen Cabdiqaadir Sh. Ibraahim, Cabdi Dheere, Taygaro iyo inan Axmed la odhan jirey) ka taageen calankii SNM gooladda Togdheer. Arritaas waxa loo xidhay Cabdiqaadir Sh. Ibaraahim oo xoogaa markuu xidhnaa la iska soo daayay.

Bishii Jul 1-deedii amma 2-deedii ayaa goor habeen ah ciidan tikniko ku hubaysani weerar nagu soo qaadeen. Axmed iyo Cabdiqaadir oo isna walaalkay ah ayay isku dayeen inay kaxeeyaan; Labaduba way dagaalameen balse aakhirkii waa la kaxeeyay.

Waqtigaas askartu waxay jidhdil ku samaynayeen Axmed iyo Cabdiqaadir. Hooyo oo u adkaysan weyday inay daawato innamadeedii oo la ciqaabayo ayaa mid ka mida askartii ciqaabaysay kaladhka ku

Dhimbiishii Halganka

dhegtey. Askarigiina qorigii uu sitay dabadiisa ayuu hooyo madaxa kaga dhuftay.

Intii uu ku xidhnaa qaybta 26-aad ee xoogga dalka, Axmed wuxu isku dayay in uu baxsado. Waxa u suurta gashay in uu ka dhex duso siliiggii iyo jiingaddii qolkii uu ku xidhnaa; Markuu madaxa kala baxay jiingaddii ayay arkeen askartii ilaalinaysay kuna fureen rasaas. Sidaad maqasheen, Axmed iyo dhallinyaradii la xidhnaaba waxa la mariyay jidhdil aad ah intii ay socotay dambi baadhistu.

Aakhirkii, Kenedi wuxu ka mid noqday dhallinyaradii labaatanka ahayd ee Oct 3, 1984 lagu kala xukumay dilka, xabsi daa'imka iyo xadhigga; Waxanu ka tirsanaa toddobada dilka lagu xukumay.

Ka dib markii dilkii laga jabiyay looguna beddelay xabsi daa'im eey taariikhduna ahayd Jan 3, 1987, ayaa waxa Axmed iyo soddomeeyo uu ku jirey u suurto galay inay jeelka ka dhacaan oo ay baxsadaan. Siday arritaasi u dhacday kollay Yuusuf Maxamed Ciise amma ciddii kalee xogogaal u ahayd ayaa ka warrami doona aniguna intii aan ka ogaa baan idiin sheegi doonaa.

Qoys ahaan, warku wuxu nagu soo gaadhay in jeelkii Madheera la jabsaday. Intaa waxa noogu xigay gaadh laga qabtay xaafaddayadii. Waxa noo soo galay ninkii jeelka markaa haystay oo hooyo ku yidhi *"inankaagii wuu baxsadaye waa inaad keentaa"*. Hooyana waxay ugu jawaabtay *"anigu idinkaan idinku ogaaye sheega halkaad geyseen"*. Intaa ka dib waxa hooyo looga yeedhay qabtii 26-aad; Taas ooy hooyo ku gacan saydhay tidhina *"ninkii i doonayaa wuu ogyay halkaan joogo"*.

Toddoba ilaa sagaal cisho ka dib ayuu Axmed soo galay Hargeysa. Xagga Hargeysa wuxu ugu soo kacay isagoo is lahaa aad dhalan habaabisid askartii baadi-goobaysay. Askartu waxay filayeen in maxaabiistii baxsatay ay xadka ka tallaabayaan sidaasaanay xoogga u saareen inay xadka aad u xidhaan. Siduu noo sheegay, intii uu soo socday maalin oo dhan wuu dhuuman jirey habeenkiina wuu socon jirey; Wax bani-aadama wuxu la kulmay islaan biyo siisay oo iyadiina markiiba uu ka dhuuntay.

Hargeysa wuxu ka soo galay xagga Woqooyi, wuxu soo dul maray Sheekh Madar oo aannu galin balse waalidiintiisii uu u duceeyay. Intaa ka dib wuxu u gudbay xaafaddii la odhan jirey Guryo-samo oo aannu beer ku lahayn. Markuu beertii gaadhay waxa albaabkii ka furay nin aannu garanayn, "raalli ahaw waan soo qaldamaye ayuu ku yidhi ninkii" – waanu iska dhaafay.

Intaa ka dib wuxu soo ag maray xerada ciidamada halkaas oo uu uga soo gudbay Gol-janno oo habaryartay degganeyd. Markuu halkaa marayo caguhu waxay ahaayeen kuwo wada dhiigaya. Dacas kala kaana oo meelahaa uu ka soo helay ayuu marna gacanta ku sitay marna yara xidhanayay. Gurigii markuu soo galay ee uu salaamay si dhaqso ah ayuu uga baxay intuu laba kabood ka qaatay.

Wuxu u soo kicitimay xagga suuqa. Markuu marayo guriga xisbiga ayay roondadii ilaalada ahayd ay dareemeen ninka meesha socday, isna markiiba wuu ka war helay oo wuxu ka galay guriga xisbiga. Waxay isku dayeen inay ka daba galaan balse eey fara badan oo meesha ku noolayd baa ku qaylisay kuwaas oo cabsi galiyay nimankii roondada ahaa; Markii dambe askartii way baqatay oo way iskaga tageen.

Halkaas Axmed wuxu uga soo gudbay guriga ilma Cumar Xagato (walaalkay) kuna ag yaallay jeelka Hargeysa. Gurigayagii waxaad moodaysay inay geeriyi ka dhacday; Qof walba wuxu u dhegtaagayay waxa ku dhacay Axmed-Kenedi.

Iyadow sidaa tahay ayay habaryaro si hoos hoos ah hooyo ugu sheegtay in Axmed-Kenedi uu Hargeysa joogo oo uu hadda guriga ilma

Dhimbiishii Halganka

Cumar Xagato ku sugan yahay. Halkaasaannu, aniga iyo hooyo, si dhuumasho ah ugu tagnay si toos ahna ula sheekeeysaynay in ka badan seddex sano ka dib.

Maalin iyo laba ka dib waxannu ka war helnay in dowladdii ay ogaatay in Axmed-Kenedi Hargeysa ku jiro. Waxannu u tagnay Nimco Yuusuf oo ahayd xaaskii Fu'aad Sh. Muxumed oo ka shaqayn jirtay bangiga; Waxay hooyo ka codsatay Foosiya inay Axmed marti galiso intaannu ka bixin Hargeysa; Si fiican bay Nimco-na arritaa u aqbashay. Si qarsoodi ah ayaannu u geynay guriga Fu'aad Sheekh Muxumed. Intaa ka dibna waxannu bilownay qorshihii uu magaalada uga bixi lahaa. Taasna waxa noo suurto galiyay inan aannu qoraabo ahayn, Haybe Muxumed Sabe, oo si fiican u dal mariyay Axmed, xadkana ka tallaabiyay.

Markuu xadka ka tallaabay si fiican baa loo soo dhaweeyay waxanu gaadhay Diridhaba oo ahayd xaruntii golihii dhexe ee SNM. In yar markuu joogayna BBC-da ayaa waraysi la yeelatay; Waxyaabihii ay waydiiyeen waxa ka mid ahaa bal inuu ka sheekeeyo halkuu soo maray markuu xabsiga ka soo baxsaday; Arrintaas wuu ka gaabsaday isagoo leh "ma rabo inaan cidna dhib u soo jiido".

Axmed-Kenedi wuxu in muddo ah, laga soo bilaabo horraantii 1990 ku noolaa waddanka Holland; Waxanu sannadkii 2016-kii ku geeriyooday magaalada Hargeysa.

17. Ismaaciil Maxamed Jaamac

Ismaaciil Maxamed Jaamac (Daldal) wuxu ku dhashay magaalada Hargeysa sannadkii 1962-kii. Waxbarashada hoose iyo dhexe wuxu waxka bartay Biyo Dhacayga Hoose iyo ka Dhexe ee magaalada Hargeysa. Waxbarashada dugsiga sarena wuxu ku qaatay Faarax Oomaar (Hargeysa). Ismaaciil oo innoga sheekeynaya waayihii taagnaa xilligii uu kacdoonku bilaabmay iyo wixii isaga shakhsiyan ka soo gaadhay wuxu yidhi:

Waxan ka mid ahaa ardaydii ka qayb qaadatay bilowgii kacdoonkii ardayda iyo abaabulkiisiiba. Waxan ka mid ahaa ururaddii qarsoodiga ahaa ee ardayda dugsiga Faarax Oomaar samaysteen si ay u hagaan kacdoonkaa lagaga soo horjeeday dowladdii markaa jirtay.

Dhimbiishii Halganka

Usbuuc ka dib markii ay bilaabmeen muddaaharaadadii ayaa maalin annagoo ku guda jirnay waxbarashiida lay yeedhay. Laba nin oo sheegtay inay qaraabadayda yihiin baan ugu tagay xafiiska maamulaha – sidii bay igu kaxeeyeen iyagoo leh su'aalo yar-yar baannu ku soo waydiinaynaa. Waxa lay geeyay xarunta guulwadayaasha oo ku oolli jirtay cusbitaalka Hargeysa galbeedkiisa kana soo horjeedda halka ay hadda (2022) tahay madaxtooyada Somaliland.

Halkaa waxa igula xidhnaa arday dhowr ahayd oo laga soo kala qabtay daafaha kala geddisan ee magaalada Hargeysa; Guryo-Samo, New Hargeysa iyo 26-ka June. Eheladayadii meel alla meel aan ku jirno may ogayn; Xaruntan nalagu xidhay inta badan laguma aqoon in dadka lagu xidho. Malaa markaannu usbuuc meeshii guulwadayaasha ku xidhnayn ayaa magaalada waxa yimi Axmed Saleebaan Dafle oo uu Siyaad Barre soddog u ahaa (xilligaana aan filayo inuu nabad sugidda haystay) qaraabana ay ahaayeen Cabdixakiim Sanyare oo meeshaas nagula xidhnaa. Intayadiiba waxa nala soo daayay ka dib markuu Axmed Seleebaan Dafle sii dayntayada amray.

Shaqada qaranka waxan ka galay Janaale waxanan la shaqeeyay wasaaradda beeraha. Si fiican ayaan shaqadaa uga soo baxay, ninamkii maamulka hayayna waxayba iigu ballan qaadeen inay ii diri doonaan Talyaaniga si aan cilmiga beeraha u soo barto.

Shaqadii qaranku markii ay soo gaba-gabowday, waxannu ku soo noqonnay Xamar halkaasoo aannu u fadhiisannay imtixaankii jaamacadda lagu gali lahaa. Intii aannu sugaynay natiijadii imtixaankaas waxannu, aniga iyo Xasan Ibrahim Yuusuf (Buqul), ku noolayn huteelka Nasa Hablood oo uu lahaa Cabdillaahi Xaruuri, oo aannu ilmaadeer ahayn. Huteelkii waxa ku soo degay nin kale oo aannu isna ilmaadeer nahay. Ninkaasi wuxu si khaldan u maqlay in aannu meesha ku go'doonsanahay oo aannu jeclaan lahayn in aannu Hargeysa tagno intaannu sugayno natiijada imtixaanada. Waqtiba kumay qaadane, isagoon waxba na weydiin ayuu soo jaray laba tigidh oo diyaaraddii Somali Airlines ah (Muqdisho/Hargeysa iyo Hargeysa/Muqdisho).

Sidii baannu aniga iyo Xasan Buqul Hargeysa ku tagnay iyadoo lagu jiro ayaamihii ugu dambeeyay ee bisha Ramadaan. Maalintii ciidda amma maalintii ka horreysay ayaa goor galaba Radiyow Muqdisho laga soo daayay ardaydii sannadkii 1984 ku guulaystay jaamacaddaha. Waxan dhegta u raariciyaba markaan maqlay "Ismaaciil Maxamed Jaamac – kulliyadda luqadaha" shucuur farxadeed ayaa iga buuxsamay; Dareenkaasi wuxu ahaa kii iigu farxadda badnaa intaan noolaa.

Maalintii ku xigtay waxannu gurigayaga ku wada fadhiisannay dhallinyaro dhowr ah. Goor casar gaaban ah ayuu albaabka soo garaacay nin aanan garanayn. Anigaa albaabkii ka furay, "ma joogaa Axmed hebel[23]?" ayuu i weydiiyay. Runtii Axmed wuxu ahaa nin aannu aad iskugu dhawaan jirney, inkastoo waayadii dambe uu shaki igaga jirey, maalintaana wuu nala fadhiyay; Markaa dareenkaa hore een qabay iyo ninkan aanan garanayn ayaan isku geeyay; Markiiba wax baan fahmay; "Ma joogo" ayaan ugu jawaabay.

Markiiba waxan aqoonsaday in laygu daba jiro. Habeenkaa waxan u sheegay Faysal Muuse Ildab (Faysal Dheere) iyo Maxamed Cabdillaahi Cumar inay digtoonaadaan. Khaliil Colaad oo aannu saaxiib ahayn oo ka soo jeeday kililka shanaad, walaaladiina saraakiil ahaayeen, isna waxan u sheegay in lay dabo socdo oo uu iga war hayo. Waxa igu soo dhacday inaan dhuunto – haddana waxan ka fikiray inay aabbahay xidhi doonaan dhibna u geysan doonaan. Sidaa darteed waxan goostay inaanan dhuuman.

---

[23] Macno sidaasa ma laha sii magacaabista Axmed

Dhimbiishii Halganka

Habeenkii markii la gaadhay abbaaro saqdii dhexe ayay ciidammo xoog ahi gurigii nagu soo weerareen ina xidheen. Waxa lay geeyay jeel ku dhex yaallay Birjeex. Halkaa waxa ku jirey isna Maxamuud Aw Cabdi (Faraska-Cad). Yuusuf Maxamed Ciise ayaa isna goobtaa naloogu keeney.

Intaa ka dib waxa nala geeyay xaruntii qaybta 26-aad, halkaas oo ay ku xidhnaayeen in ka badan 30 arday. Waayahaa goobtaasi lahayd waxa ka mid ahaa jidhdilka lagu samayn jirey ardayda halkaa ku xidhan; Raashinku aad buu yaraa inta badanna 24-kii saacadoodba hal mar baa bariis laysa siin jirey.

Xagga jidhdilka aniga waxa ii gaar ahaa anigoo qirtay wixii ay igu soo eedaynayeen oo ahaa inaan ka mid ahaa abaabulayaasha urur ardaydu leedahay. Waxa sida gaarka ah laygu sii dhibi jireyna waxay u badnayd inaan war faahfaasan ka bixiyo dhallinyaradii kale ee liiska igula qornayd – "wax sidaasa may ogayn" ayaan ku adkaysan jirey – fadlan dib u eeg qoraalka Cali Yuusuf Ducaale.

Maxkamaddii iyo xukunkii nagu dhacayba waxan filayaa inaad hadda ka dheregsantay; Maxkamaddaasina waxay ku dhammaatay inaan ka mid noqdo siddeeddii arday ee lagu xukumay xabsi daa'imka. Xukunkii ka dib, waxa markiiba nalooga gudbiyay xabsiga Madheera.

Haddaan waxyar ka taabto waxyaabaha maskaxdayda ku soo noq-noqda intii aannu Madheera ku jirnay waxa ugu horreeya siyaabaha kala geddisan ee loo soo xidhi jirey dadka dawladdu gacanta ku dhigto (intaan la dilin); Waxan xasuustaa odayaal beeralay iyo xoolo dhaqato ahaa, odayaal baayac mushtar ahaa, da' yar fara badan oo qaarkood dugsiyada dhexe ku jireen, qaarna dugsiyaba aanay waligood arag, oo loo soo xidhay kiisas markaad si guud u eegto iskaga eekaa cadaawad iyo axmqnimo. Xukunnada dadkaa lagu ridayay waxay u dheexeeyeen dhowr sano illaa dil.

Dhimbiishii Halganka

Haddaan isku dayo ujeedooyinka ka dambeeyay kiisaskii loo soo xidhay maxaabiistaa intooda badan, wuxunbaa is idhaa waxa lagu daba jirey qof kasta oo wax sheegi kara, qof kastoo wax bixin kara, iyo qof kastoo wax dili kara. Taasina waxay iila muqataa inay marag u tahay in la rabay in dadka dhulkooda laga bara kiciyo lana cabbudhiyo.

Sidaad hore u soo akhridayna, waxa nala soo daayay Jan 28, 1986. Intaa ka dib, aniga, Ismaaciil-Cambuul, Cali Yuusuf iyo Saleebaan Cirro waxannu dib ugu noqonay jaamacadihii. Waayihii naga qabsaday ku noqoshada jaamacadaha waxa hore u soo faahfaahiyay Cali Yuusuf Ducaale.

18. Maxamuud Aw Cabdi Muxumed

Maxamuud Aw Cabdi oo ku magac dheer Faraska-Cad wuxu ka mid ahaa ardaydii ka baxday dugsiga sare ee Faarax Oomaar sannad dugsiyeedkii 1981/82. Wuxu, sannadkii 1959-kii, ku dhashay Ceel Sheekh oo u dhow buurta Almis oo Woqooyi ka xigta magaalada Hargeysa. Waxbarashada dugsiyada hoose iyo dhexe wuxu ku qaatay dugsiyada Biyo Dhacay. Maxamuud oo inala wadaagaya kaalintii uu ku lahaa ciyaarihii gobolada iyo kacdoonkii ardayda wuxu yidhi:

Sannadkii 1978-kii ayaa laygu daray xulka gobolka Woqooyi Galbeed ee orodada. Markaannu Burco marayno ayuu muruq i go'an, taasaana iga reebtay inaan u gudbo tartankii kama dambaysta ahaa ee sannadkaa. Sannadadii 1979, 1980, 1981, 1982 iyo 1983 intaba waxan galay kaalinta koowaad ee orodada 100-ka iyo 200 ee mitir.

1979-kii ayaa nin la odhan jirey Xuseen Samatar oo ka tirsanaa masuuliyiinta ciyaaraha gobolka Woqooyi Galbeed uu arkay anigoo illaa 20 mitir ka horreya orodyahannadii ila tartamayay. Wuxu ku dhawaaqay "waar waa kuma faraskaasi?". Nin la odhan jirey Daahir Oday oo ag taagnaa ayaa ugu jawaabay "waa faraska cad". Halkaasay naanaysta *Faraska-Cad* iga raacday.

Sannadkii 1981-kii anigoo Berbera jooga, si aan u caawiyo hooyaday oo xajka tagaysay, ayaa waxannu is waraysannay Jaamac Guun. Waxan ka war helay in waqtigaa si aada loo xidhxidhayo dhallinyartii UFFO. Intaa ka dibna waxa bilaabmay fiqitaanno hoos-hoose oo aannu la yeelanay ardaydii fasalka afraad iyo seddexaad ee Faarax Oomaar iyo kuwa 1st Jul. Waxannu qorshaynay in aan iskuulka laga soo xaadirin hal maalin. Sidii bay u dhacday, taasina waxay keentay in shan arday oo dhigan jirey Faarax Oomar iyo laba dhigan jirey 1st Jul iskuuladii laga eryo.

Sheekadu waxay socotaba waa tii Feb 20, 1982 kacdoonkii bilaabmay – dawladduna waxay ahayd ta gacanta ku horreysay ee xabbadda bilowday. Muddaaharaadadii ka dib waxannu bilownay sidii aannu u fududayn lahayn dhallinyaradii tallaabaysay oo, marka laga reebo laba la qabtay iyagoo markaasuun fuulay gaadhigii baxayay, aannu tiro badan sii taakulaynay.

Waxa kaloo aannu bilownay in aannu waraaqo ku daadinno dugsiyada Faarax Oomar, 26-ka June, Xalane, Maxamuud Axmed Cali iyo 1st Jul. Waraaqahaas waxanu ku qori jirnay guubaabooyin uu ka mid

Dhimbiishii Halganka

ahaa gabay Ismaaciil Mire lahaa oo loo gabay dheegay sidan oo kale: *Ardaydii Gayiga Joogtay Guuto Lagu Saarye*[24].

Ka dib markii aan dhammaystay waxbarashadii dugsiga sare ayaa aniga iyo Cismaan Waxar, oo kubbadda cagta u ciyaari jirey gobolka Woqooyi Galbeed, shaqo nalaga siiyay dowladda hoose ee Hargeysa.

Maalin ayaan la kulmay nin masuuliyiintii xisbiga[25] ka tirsanaa oo la yidhaa Maxamed. Wuxu ii sheegay inaan iska xaadiriyo dugsiga 1st Jul oo lagu xaraynayay ciyaartoygii gobolka. Markaan meeshii tagey ee aannu qadaynay baan is idhi bal yara seexo. Waxan ku war helay laba askari oo i dul taagan – sidaasaana laygu xidhay; Waxan markiiba is idhi ninkii laguu soo diray dabinkan buu kugu soo waday.

Waxa la i geeyay Birjeex oo ahayd meesha laygu mariyay jidhdil qayrul xad ah. Markay i figeeyeen ee jidhdilka ay igu bilaabeen ayaan kolba dhinac isku rogayay, taasoo u suurto galin wayday qaar ka mida tabihii ay isticmaali jireen. Markay ii taag waayeen ayay intii itaalkooda ahayd xadhkihii gacmaha igaga xidhnaa igu giijiyeen. Taasi waxa keentay in aan ka naafoobo gacanta bidix.

Markay timaaddo xukunkii, waxa laygu xukummay xabsi daa'im. Markaan xabsigii dib u eego waxaaban idhaahdaa waad ka soo faa'iidaysatay oo tafsiirka Quraankaabad ku soo baratay.

Waxan ku so gabagaynayaa bal inaan xuso mid ka mida waxyaabihii iigu yaabka badnaa. Markii Madheera nala geeyay, waxa markii koowaad nala geeyay Qabta. Afar cisho ka dibna waxa la keenay maxaabiis cusub oo dil ku xukuman, sidaa darteed waxa naloo soo wareejiyay Seelada. Habeenkaa Seelada nala keenay, labada qol ee

---

[24] waxa laga dheegay gabaygii – Guuguulayow haddaad guga u ooyayso ...
[25] Xisbiga Hantiwadaagga Soomaaliyeed

Dhimbiishii Halganka

dhinacyada naga xigay waxa ku jirey laba nin oo maskaxda wax ugu dhiman yihiin oo intaa hadlaya.

Mid ka mida labadii nin ayaa kii kale ku yidhi "waar dab ii soo dir". Kii kalana wuxu u yeedhay curri buuran oo Seelada dhex mar marayay. Currigii buu dabada maro kaga xidhay; Xagga dambana maradii buu ka shiday. Currigii baa na hor maray isagoo aad mooddo in dabadiisu gubanayso. Kii dabka rabay baa currigii u yeedhay oo maradii ka furtay.

Ciyaarihii waxan dib ugu noqday ka dib markii xabsiga nalaga soo daayay sannadkii 1986-kii. 1987-kii ayaan u saftay xulka oroddada ee gobolka Woqooyi Galbeed. Gacantii i naafowday waxay ii suurto galin waydii inaan ku ordo xawligii laygu yaqaannay; Iyadow sidaasi jirto ayaan haddana ku soo guulaystay kaalinta labaad.

Dhimbiishii Halganka

19. Cali Cabdi Faarax

Cali Cabdi Faarax (Cali-Gaab) wuxu ku dhashay magaalada Cadan ee waddanka Yaman sannadkii 1964-kii. 1974-kii ayay u soo guureen Hargeysa halkaasoo uu ka galay dugsiyada Biyo Dhacay iyo 26-ka June oo uu ka baxay sannadkii 1983-kii. Cali wuxu si kooban innoola wadaagayaa wixii uu ka xasuusto bilowgii kacdoonka iyo kaalintii uu ku lahaa.

Kacdoonkaa ardaydu samaysay, in kastoo aannu da' yar ahayn, waxa aannu u arkaynay waajib ahaa in aannu gudano. Waxannu isla garannay in aan laga aammusnaan karin wixii markaa waddanka ka socday. Runtii waxannu is waydiinnay oonnu isla fahannay in dowladdu ay si fudud u ogaan karto wixii aannu wadnay. Waxa kaloo aannu

Dhimbiishii Halganka

gorfaynay in cawaaqibka ka dhalan kara haddii nala ogaado ay ka mid ahayd dil. Intaas oo dhan annagoo og oo ka wada hadalnay, haddana waxannu isku qancinnay in aannu dadka tusno in dowladda layska celin karo.

Anigoo markaas ka soo noqday Gurmadkii (shaqadii Qaran) ayaa goor habeen ah laba gaadhi nalagu soo weeraray. Sidii baa laygu kexeeyay oo laygu geeyay Qayta 26-aad oo ay kusii jireen (intaa markaa arkayay) Axmed Maxamed Baaruud iyo Xasan Ibraahim Yuusuf (Buqul). Markii lay waydiiyay "Ma tahay Cali Cabdi Faarax", waxan ugu jawaabay "Foosi baa la i yidhaa"; Foosi-na wuxu ahaa magaca xaafadda laygaga yaqaannay. Waxaabay i soo hor dhigeen faylkaygii dugsiga 26-ka June oo sawirkaygii ku yaallo.

Wixii intaa ka dambeeyay waxa la i mariyay jidhdil laygu sameeyay habeenno badan. Su'aalaha qariibka ahaa ee ay i waydiin jireen waxa ka mid ahaa:

S: Ma taqaannaa Cumar Carte Qaalib?
J: Haa
S: Maxaad isku tihiin?
J: Adeer buu iigu toosan yahay
S: Ma taqaannaa Ismaaciil Cali Abokor?
J: Haa
S: Maxaad isku tihiin?
J: Isna dee adeer buu iigu toosan yahay
S: Xaggey joogaan, goormaa iskugu kiin dambaysay eed kulanteen?
J: Ninankaas idaacadduun baan ka maqlaa magacyadooda oo dee waa madaxda waddanka (mabaan ogayn inay xidhan yihiin).

Dhimbiishii Halganka

Habeen waxa jidhdilka lagu samaynayay aniga iyo Maxamed Ismaaciil. Maxamed ayaa ku dhawaaqay "tollaayeey". Waxan xasuustaa nin nimankii na garaacay ka mid ahaa oo Maxamed ugu jawaabay "tollaay baad leedahay waa kaa tolkaa magaalada ka buuxee bal wax ha kuu taro".

Xukunkii maxkamadda badbaadadu nagu ridday waxan ka mid ahaa siddeeddii lagu xukumay xabsi daa'imka. Xadhiggii, iyo xabsigii, guud ahaan wuxun baan u arkaa inay ahaayeen qaddar go'naa oo aannaan dhaafi karin. Ta kale wax kastoo aannu qabanay ama samaynay waxan u arkaa inuu ahaa waajib na saarnaa. Dhallinta hadda joogtaana waa inay fahmaan waajibaadka hadda saaran iyo sidii ay u gudan lahaayeen.

20. Cabdi Ismaaciil Maxamuud

Cabdi Ismaaciil Maxamuud wuxu sannadkii 1965-kii ku dashay Gadh-yagol oo Koonfur Galbeed ka xigta magaalada Hargeysa. Waxbarashada dugsiyada hoose iyo dhexe wuxu ku soo qaatay dugsiyada Biyo Dhacay. Dugsiga sarena wuxu ka galay dugsiga sare ee 26-ka June. Cabdi wuxu innooga warramayaa halgankii ardayda qaytii uu ku lahaa iyo raadadkii halgankaasi shakhsiyan ku yeeshay.

Xilligii aanu ku jirnay foom 2-ga (fasalka labaad ee dugsiga sare) waxa magaalada Hargaysa iyo goboladii woqooyiba ka socday jawi aad u adkaa, oo ku salaysnaa iska hor imaad shicib iyo dowlad. Ka dib kacdoonkii bilaabmay Feb 20, 1982, iskuuladii sare waxa ka soo ifbaxay

Dhimbiishii Halganka

is abaabul ay ardaydu is abaabulayeen. Haddaan wax ka sheego dugsiga sare ee 26-ka June waxa ka abuurmay garab uu lahaa urur maxalli ah oo ardayda qaar samaysteen lana odhan jirey Somali Students Movement (SSM). Iskuulada qaar baa ururkaa ku jirey, qaar kale ururro kale ayay samaysteen.

Aroortii Feb 20, 1982, aniga iyo koox aan ku jiro oo illaa tobaneeyo ahaa ayaa ku kulmay guriga shaqaalaha. Waxannu isku qaybinnay dhowr qaybood: Aniga iyo Yuusuf Maxamed Ciise waxannu u kacnay xagga maxkammadda; Axmed Muuse Diiriye iyo koox uu ka mid ahaa waxannu u dirnay 26-ka June; Barre X. Cilmi-na wuxu u kacay xagga iskuulka Gacan-Libaax.

Maxkammaddii waxa iskugu yimi arday u badnaa 26-ka June iyo Faarax Oomar. Sidii dhagax-tuurkii ku bilaabmayna horraad u soo akhrideen, sidan filayo. Muddaaharaadadiina meelo kala geddisan ayay ka aloosmeen. Goor galab ah ayaannu ogaannay in Barre X. Cilmi ay xabbadi ku dhacday isagoo ka mid ahaa arday iyo dadweyne muddaaharaad ku marayay meel hadda ku beegan xarunta Telesom ee ku taal faras magaalaha Hargeysa; Intii cusbitaalka lagu sii waday ayay nafti ka baxday.

Bishii Apr 12, 1982, iyadoo loo dabbaal degayo maalinta ciidamada qalabka sida ayaa madaafiic lagu soo fooraariyay magaalada kuwaas oo dhaawac iyo dhimashaba keenay. Apr 14, 1982, waxa aannu billownay muddaaharaad arrintaa lagaga soo horjeedo. Markaannu dhakhtarka dhaafnay ee aannu marayno halka hadda ay ku taal madaxtooyada Somaliland ayuu ciidan xooggani naga hor yimid.

Maalintaa halkaa ayaa laygu qabtay aniga iyo arday aad u fara badan. Seddex cisho markaannu ku jirnayn jeelka Hargeysa, ayaa naloo talaabiyay Madheera. Jeelka Hargeysa waxannu kula kullannay

Dhimbiishii Halganka

dhalityaradiii UFFO oo markaa xukunkoodii dhacay aanse weli loo beddellin Koonfur.

Jeelka Madheera dadkaannu ugu tagnay waxa ka mid ahaa odayaal fara badan oo siyaasad loo xidhay in yar ka hor muddaaharaadadii iyo muddaaharaadada ka dibba. In badan oo odayaashaa ka mid ahaa waxa jeelka Madheera sannadkii 1983 ka jabiyay Lixle iyo ciidamadii uu wetey. Odayaashaas waxan ka xasuustaa magacyadooda: Aadan Maxamed Siraad, Xaaji Yaaxeen, Yuusuf Dhegaweyne, Cumar Gaab, Aadan Ruush, Axmed Maxamed Rashiid, Xasan Xaruuri, Cumar Hadraawi, Mahdi Isxal, Ismaaciil X. Cabdi, Cawl Cilmi Cabdalle, iyo nin kaloo Cumar la odhan jirey magaciiso dhanna aan illaaway; Way badnaayeen, intaasina waa intaan hadda ka xasuusto.

Seddex bilood ka dibna waa nala soo daayay. Waxa naloo oggolaadaday in aannu dugsiga sare ee Faarax Oomaar ku diyaarinno wixii na dhaafay kuna qaadanno imtixaankii aannu ugu gudbi lahayn kalaaska 3-aad ee dugsiga sare (foom 2).

Intaa ka bacdi maalin kasta waxannu ku sii dhiirran jirnay sidii aannu kacdoonkaa u sii wadi lahayn. Waxannu ka qayb qaadannay xuskii sannad guuradii koowaad iyo labaad ee Feb 20. Waxannu bilownay in aannu waraaqo liddi ku ahaa dowladda ku daadino dugsiyada iyo xafiisyada; Mararka qaarkoodna waxannu u diri jirey waraaqahaas masuuliyiinta dowladda.

Waxan tagi jirey makhaayad ku dhawayd dhabar jabinta; Halkaas oo aan ka soo ogaaday in dhaq dhaqaaqyadayadii iyo magacyadayadiiba la hellay. Waxan war galiyay xubnihii kalee dhaq-dhaqaaqa igula jirey; Aniga laftaydu waxan isku dayay inaan raad gato. Waxan u baxay Garabis oo ku taalla xadka Itoobiya oon ugu tagay reerkayaga oo illaa hal kiiloomiter xagga Itoobiya xadka ka xiga.

Dhimbiishii Halganka

Shantii aroornimo ee Jul 4 1984-kii, ayaan ku soo toosay reerkii oo ciidan xooggani qabsaday: laba bee-bee, jiib, land-drover iyo ciidan tiro badan ayaa nasoo galay (kuwaas oo ka soo talaabay xadkii Itoobiya). Waxaa oo xoog ciidana waxa loo soo diray in lay xidho. Xadhigaa ka dib waxan in seddex biloodkudhowku xidhnaa fooqii Gaani dhiniciisa.

Intaan halkaa ku jirey ee dambi baadhistu nagu socotay laba habeen ayaa laygu sameeyay jidhdil iyadoo labada habeenba lay figaynayay. Ka qayb galka iyo abaabulka dhagaxtuurkii midna maan dafirin. Su'aalaha ay sida gaarka ii waydiinayeen waxa ka mid ahaa:

1. Maxaad ka ogtey shirkii Maxamed Kaahin ku qabtay Diridhaba ee SNM ku soo dhawaynasay in ururo laga sameeyo waddanka gudihiisa?
2. Maxaad ka ogtey hubka waddanka la soo galiyo?
3. Maxaad ka ogtey kiiskii uu abtigaa u xidhnaa (oo lagu eeedaynayey inu maleegayay shirqool lagu dilayo Gaani)?

Sidaad horeba u soo akhriday maxkamaddii nala taagey waxay nagu xukuntay: 1) Dil: toddoba aan ku jiro 2) Xabsi daa'im: siddeed 3) 15 sano: hal 4) Seddex sano: afar. Markii Madheera nala geeyay waxa naloo kala soocay laba; Wixii dil ama xabsi daa'im ku xukunnaa waxa naloo dhaqaajiayay xagga *Qabta* (waa qolalka lagu xidho wixii dil ku xukumman), wixii xadhig kale ahna waxa la geeyay *Seelada* (qolal loogu talo galay in lagu ciqaabo wixii jeelka wayn dambi ka gala).

Anigu Madheera, sidaan hore u soo sheegay, aqoon baan u lahaa; Oo waa taan soo sheegay in 1983-kii seddex biloodhalkaa laygu xidhay; Markaa markaan ogaaday in Qabta nalagu wado dabadaan soo giijiyay. Waxan xasuustay markii hore ee aan xidhnaa in maalin nin askari ah intaannu xoogaa yar siinnay aannu nidhi bal Qabta na soo daawadsii. Wuxu na geeyay Seelada isagoo leh "Qabta idin gayn kari maayee daaqaddaa Seelada iyo Qabta u dhaxaysa ka eega". Waxan arkay nin buuran oo caddaaday, gadhwayn leh oo aad fadhaanfadh mooddo; Ninkaa markaannu isha qac ku siinnay dibbaanu u soo yaacnay.

Sidaa darteed waxan ahaa kii ugu dambeeyay ee gala Qabta. Cabdirisaaq-Alfo oo ahaa kii noogu hor galay dib intuu isku soo taagay ayuu hunqaaco la jeestay. In ku dhow toddobaad ka dib ayaa intii xabsi daa'im ama xadhigga ahayd loo gudbiyay jeelka wayn.

Waxan rajaynayaa in Yuusuf Maxamed Ciise idiinka warrammay (amma idiinka warrami doono) wixii isagana maalintaa ka qabsaday katiinaddii isaga iyo Maxamed Ismaaciil iskugu xidhnayd oo fureheedii lumay.

Waxan bilaabay inaan waraysto dadkii meesha ku xidhnaa; "Imisaad ku jirtay iwm?" ayaan waydiiyaa kolba qofkaan la hadli karo. Nin la odhan jirey Caana-Boodhe ayaan ogaaday in uu shan sano meesha ku jirey. Waxan waydiiyay "shantaa sano immisa qof baa la dilay?". Wuxu iigu jawaabay "boqol iyo dheeraad"; Markuu halkaa marayo ayaan iska aammusay oon hadalkii joojiyay.

1984-kii waxa dhacay in SNM ay soo gashay buuraha Madheera u dhow, ciidamadii asluubtuna waxay sawirteen inaan SNM wax kale u socon, ee ay rabaan inay meesha naga furtaan. Taasina waxey keentey in askartii silsilado dheeraad ah ay nagu xidhaan, kordhiyaana mudaddii silsiladuhu nalagu xidhayey.

Warka waxa noo keeni jirey nin la odhan jirey Ibraahim oo cuntada noo karin jirey. Maalin buu noo sheegay in dhallinyaradii nalala soo xidhay arjigoodii abbiilka ahaa Siyaad Barre uugu soo jawaabay "iimaansada"; Taasina wuxun bay noo sheegtay in dilkayaguna uu lama huraan yahay, inta Alleh ka sokeysa.

Dhimbiishii Halganka

Nov 24, 1984, jawigii baa is beddelay; Askartana intoodii wajiga wanaagsan na tusi jirteyna meeshii baanu ka weynay. Salaaddii hore ee Nov 24, 1984 ayaa naloo keenay dhar cad cad (oo ahaa kafanta loo xidho dadka la tooganayo) oo lana yidhi xidha, laba-labana waa layskugu kaaya xidhay. Laba maxbuus oo iska waraysanayay waxa meesha ka socda ayaa midkood (oo la odhan jirey Daba-Geel) yidhi" manta waa waysha gowrac dibigu ha ku quustee". Saacadiba saacad bay noo dhiibaysay; Markii la gaadhay ku dhawaad 11 aroornimo ayuu ninkii kaadida naga qaadi jirey yidhi "askarigii taar-walaha ahaa ayaa soo degey oo kabtanka (ku xigeenka madaxa jeelka) u sheegay in diyaarad ay Somali Airlines leeday la afduubay; Wax macno ah warkaasi markaa uu noo sameeyay ma jirin, walina wadnahaannu farta ku haynaa.

Nin oday ah oo nala xidhnaa lana odhan jirey Ismaaciil Carab ayaa noo dhawaaqay oo yidhi "Baaraka Allaa – maanta jawigu wuu ka duwan yahay sidii hore, wuxuna waa cadowe si raganimmo leh u dhinta". Habeenkaa 7-dii habbeenimo ayuu nin askari ah oo la odhan jirey Muuse Kow-kow isa soo taagay daaqad, yidhina "Rag iyo Ilaahay baa idiin baxay".

Aroortii dambe waxa Qabta naloogu keenay Cali-Banfas oo ku jirey jeelka wayn; Waxana uu nooga warramay siday wax u jireen markay noqoto diyaaradda la afduubay iyo waan waanta socota. Maalintaa waxa naloo soo celiyay macawisahayagii, dharkii cad-caddaana waa nalaga qaaday. Waxa nalaga furay katiinadii iyo silsiladihii layskugu kaaya xidhay. Anigu waxan ku xidhnaa Cabdirisaaq-Alfo oon ka dheeray. Xannuunkii dhererkaasii (waa isasoo qaloocintiiye) ii keenay maalintii dambe ayuu xoog iigu soo baxay.

Sannad iyo badh ka dib markii nala xukumay ayuu Maxamed Siyaad Barre xukunkii dilka ahaa uu lix aan ka mid ahay ugu bedellay

Dhimbiishii Halganka

xabsi daa'im (Cabdi Dhamac-na waa lagu fululiyay xukunkii dilka ahaa); Intayadii kale ee aan dilka ahayna waa la sii daayay.

Intii aannu jeelka wayn ku jirnay mar ayay baxsadeed maxaabiis tiradoodu gaadhayso 27; Laba ka mid ah waa la toogtay; 15-na waa la soo qabtay; 10-na sidaasay ku baxsadeen. Kooxdayadii waxa kuwa badbaaday kaga jirey Bidhiidh iyo Kenedi; Kuwii la soo qabtayna waxa ka mid ahaa Yuusuf oon hubo inuu idinka sheekeeyey siday wax u dhaceen.

Rajadayadu waxay cirka isku shareertay ka dib markii SNM ay soo gashay gudaha waddanka. Dareenkii ugu horreeyay wuxu nagu dhashay ka dib markii naloo diiday in aannu aragno dadkii raashinka noo keenayay. Markaannu yara buuqnay ayaa nin kabtan ahaa oo nin fiican ahaa lana odhan jirey Jamaal nagu yidhi "Amar baa nala siiyay; Si ay noqon Allaa oge waddanka dagaal baa ka dilaacay". Muddo yar ka dibna siidhi baa la afuufay oo waa nala xareeyay; Toddoba cisho ayaan albaabada nalaga furin.

June 4, 1988, ayaa ciidan Maxamed Cali watay ay aagga dhubato iska heleen ciidan loo soo diray inay laayaan odayaal badan oo Hargeysa laga soo ururiyay laguna xareeyay Qabta iyo Seelada. Abbaaro shantii aroornimo ee June 5, 1988 ayaa ciidankii Maxamed Cali soo weerareen ciidankii Madheera degganaa; Muddo ka dib jeelkii bay soo weerareen. Waqti bay ku qaadatay inay jeelka jabiyaan; Aakhirkii waxay ka dumiyeen qayb MAAT-ka (eeg maabka Madeera). Askarigii ugu horreeyay (oo la odhan jirey Gar iyo Xoog) bartii la dalooliyay buu ka baxay; askartii kalana intoodii badnayd halkii bay ka baxeen.

Maxamed Cali wuxu iskugu yeedhay maxaabiistii una qudbadayeeyay; Erayadiisii waxa ka mid ahaa "haddaad maqli jirteen SNM wax bay laysaa, maanta cidna wax idin yeeli mayso; Waannu ognay

Dhimbiishii Halganka

qaar dadka dhibi jirey baa idinku jira; Nin walowba halkaad rabto tag; kii na raacaya iyo kii aan na raacayni isagay jirtaa".

    Gebagabadii waxan rabaa inaan xuso sidii fiicnayd ee waalidkayaga iyo ehelkayagu, gaar ahaan haweenku, ay marwalba noo bar bar taagnaayeen dhibtana noola qaybsanayeen.

Dhimbiishii Halganka

21. Cabdirisaaq Ibraahim Kooshin

Cabdirisaaq Ibraahim Kooshin, oo loo yaqaan Alfo, wuxu ka mid ahaa dhallinyaradii horkacaysay muddaaharaadadii iyo abaabulkooda. Wuxu ka mid ahaa ardaydii ka qalin jabin lahayd dugsiga sare ee 26-ka June sannadkii 1984, balse la xidhay intaanay dhammaysan imtixaannadii fasalka afraad. Sidaynu hore u soo aragnay wuxu curiyay gabay kooban oo cabbirayay siday wax u dheceen ayaamihii ugu horreeyay ee muddaaharaadadu ka bilaabmeen magaalada Hargeysa. Cabdirisaaq wuxu ka mid ahaa dhallinyaradan 20-ka ahayd kuwii ugu horreeyay ee la xidho. Waxanu ka mid ahaa toddobadii lagu xukumay

Dhimbiishii Halganka

dilka toogashada ah. Xadhiggaa iyo bal sidii jeelka uu uga soo baxay ayuu Cabdirisaaq isaga oo innala wadaagayay, wuxu ku bilaabay[26]:

Waa maalin labaadii, ee liddii Soon ee sanadkii 1984-kii. Maqaaxidii Horn of Africa ayaanu ka waynay meel aannu fadhiisano, kuraasta oo lagu wada fadhiyay awgeed. Waa aniga, Yuusuf Maxamaed Ciise iyo Maxamed Bilaa-Curdayne. Waxanu iska tagnay sekedda ka soo horjeedda weliba dhinaceeda Galbeed taasoo lahayd kaabad sibidh ah oo lagu fadhiisan jirey. Waxoogaa haddaanu fadhinay, ayaa waxaa noo yimi nin aanu qudh iyo maan u garanayno shaqadiisa iyo weliba wuxu naga doonayo. Waa nin dheer oo xoog ah hilibkiisu isku buuxo. Wuxu lahaa socod u gaar ah oo dadka intiisa kale aanay lahayn amma uu ku yaryahay.

Hore wuxu u ahaan jirey danbi baadhe iyo xeer ilaaliye booliska ah, wuxuse markii danbe ku wareegay ciidamadii loo samaystay jidhdilka, cabudhinta, weerarka, xadhigga, ciqaabtu nooc kasta oy leedahay, iyo weliba dilka aan maxkamadda lahayn; Ciidankaas waxa oo la odhan jirey Dhabar-Jebinta.

Waxan ku bartay amma aan ku arkay dukaan uu lahaa Axmed Maxamed Baaruud ooy walaalo ahaayeen Cabdiraxiin Maxamed Baaruud (Bidhiidh) oo uu mararka qaar soo mari jirey. Waxaa lagu magacaabi jirey Xasan Xariif wuxuna markaa watay gaadhi karasiida ah. Inta uu ka soo degey oo iskaaya soo hor istaagay ayuu nagu yidhi "waan idin doonayaa, waxanan doonayaa inaad ii raacdaan xafiiska nabad sugidda".

Waxa dhinaca misigtiisa midig ka muuqatay baastoolad. Waanu istaagnay, isaguna wuxu u dhaqaaqay xaggaa iyo daaqaddii uu markii

---

[26] Fiiro gaar ah - sheekadan uu Alfo innala wadaagayo intooda badan iyagoo faahfaahsan ayuu ku qoray website-yo

horeba ka soo degey. Ninka la day-dayay mudooyinkanba waa aniga; Aniga iyo Yuusuf-na waanu garanaynaa waxa lay doonayo. Waxanu is waydiinay inaanu raacno iyo inaanu diido; Waxanu go'aansanay inaanu raacno. Waddada uu gaadhigu taagan yahay amma aanu horteeda fadhinaa, waa waddada jeelka weyn ee Hargaysa hor marta, dhakhtarka weyn ee Hargaysana daba marta, waxanay toos u gali jirtay xafiiska nabad sugidda gobolka.

Waxa noogu hor galay Maxamed Bilaa Curdayne, waxaa ku xigay Yusuf Maxamed Ciise dabeetana aniga. Waxan soo xigaa daaqadda aan xigin haadka kale ee baabuurtu marayso, waxanse xigaa daaqadda dibedda xigta. Fuuliddii aanu gaadhiga fuulayba, wuxu Xasan gaadhiga ku dhaqaajiyay xawaare sareeya isagoo marba marka ka danbaysana xawaaraha sii kordhinayay. Waan qoomameeyey soo raacidda ninkaa waayo shaki kuma jirin waxa naloo doonayo amma aanu samaynay iyo raadka na soo galay, waxayse ahayduun qadar Alle iyo dhallinyaronimo.

Intaa waan fikirayaa, waa gaadhi xidhan, wuxu ku socdaa xawaare sarreeya, waxan ka fekerayaa sidaan uga boodi lahaa, waase si aan macquul ahayn. Waxan dejiyay muraayadda daaqada anoo iskana ilaalinaya inuu dareemo, waxan far ku qabtay daaqada indhasha laga furo, haddii aanu hotel-kii Togdheer dhaafnayna waxan garabka ku dhuftay daaqaddii anoo gacanta bidix indhasha ku haya ta nidigna ugu talo galay inaan daaqadda ku qabsado. Waan ka fekeray haddaan daaqadda intaan garabka ku dhufto dabeed boodo, in dabayshu daaqadda xoog iigu soo celinayso madaxana igaga dhici doonto, lagana yaabin inaan ku guulaysto baxsashadaydaasi.

Daaqaddii way furantay waxanan ku qabsaday labada gacmood maadaama ay dejisantahay, gaadhiga ayaa i jiidaya waxanse iska ilaalinayaa inuu dhulka i wada jiido, waxanan isku dhisay sida laysku dhiso marka jimicsiga labada gacmood dhulka la dhigo labada lugoodna

Dhimbiishii Halganka

iyagoo isku dhejisan farahooda dhulka la dhigo ee marna gadhka dhulka la taabsiiyo marna kor looga qaado.

Hal mar ayuu jilibka midig i ciiray dhaawac aad u fududna isoo gaadhsiiyay. Deg deg haddii uu gaadhiga bireegga ugu qabtay waxoogaana uu sii jiitay xawaaraha uu ku socday oo sareeyey awgeed, ayaan markii gaadhigu iswada taagay kor ugu kacay daaqaddaan haystay anoo u cararay dhinacaanu ka nimid ee hotel Togdheer naga xigay.

Markaan hotelka u dhawahay waxaa igu soo kacay dhallinyaro halkaa fadhiday, intay "waar istaag" i yidhaahdeen, ayay hadana yidhaahdeen "Alla waa Alfo".

Cabdirisaaq-Alfo waxa u suurto gashay inuu halkaa kaga badbaado ninkii eryanayay. Wuxu markiiba tabaabulshaystay sidii uu u dhuuman lahaa waxanu uga baxay magaalada xagga Woqooyi isagoo ku dhuumanaya tuulada Xeedho. Nasiib darro se dowladdii sidaa kagamay hadhine dhowr cisho ka dib ayaa laga soo qabtay Xeedho.

Siduu Cabdirisaaq sheegay nimankii soo qabtay waxay siteen baasaaboor macag kale lahaa oo uu Dubai mar ku tegay. Waxay u haysteen in uu Liibiya u tegay tababar; Su'aalaha ugu badan ee inta badan lagu ciqaabi jiray waxa ka mid ahaa "Sheeg sidaad Liibiya ku gashay. Gaadhiga xawaarahaa ku socday sideed uga boodday ee waliba aan laf qudhi ku jabin?". Jawaabta uu taa Cabdirisiaaq ka bixin jiray waxa u mudnaa inuu yidhaa "Dee Ilaahay weydiiyay waxaan la jabi waayay".

Markii maxkammaddii la gaadhay, Cabdirisaaq-Alfo wuxu ka mid ahaa toddobadii dhallinyaro ee lagu xukumay dilka toogashada ah, markii dambana wuxu ka mid ahaa lixdii xukunkii dilka ahaa loogu beddelay xabsi daa'imka. Wuxu ku sugnaa Madheera illaa intii SNM ay jeelkaa ka sii daysay boqollaal maxaabiis ah. Isagoo ka warramaya jabintii jeelkana wuxu yidhi:

Dhimbiishii Halganka

Waxay ahayd goor barqo ah taariikhduna tahay May 26, 1988 markii aanu maqallay siidhiga askarta jeelka oo makhsin walba ka dhex qaylinaayay iyo waliba askarta oo maxaabiista ugu baaqaysay in laysugu yimaaddo bannaanka weyn ee jeelka dhexdiisa ah. Waxannu isugu nimi barxaddaa weyn oo askartuna ay aad u dhoobnayd. Waxa iskaaya soo hortaagay sarkaal dirayska ciidanka asluubta xidhan; Muu ahayn nin aanu hore u aragnay. Waxa jirtay in maalintaa laba amma saddex casho ka hore uu geeryooday taliyihii xabsiga dhexe ee Madheera oo la odhan jirey Daahir Jubonayn. Sidaa darteed, waxa aannu kollayba sugayeynay in taliye cusub loo soo magacaabi doono jeelka weyn ee Madheera. Wuxu noo sheegay inuu ahaa taliyihii xabsiga dhexe ee Hargeysa oo haddana loo soo diray inuu Madheera sii hayo inta taliye cusub loo soo magacaabayo.

Qudbad isagu jirta wax sheeg iyo amar farid kadibna wuxuu noo sheegay inaanu hawlahayaga qabsanno. Haddii intaasi dhacday, waxaa la baadi doonay bal in la helo cid soo martay jeelka Hargaysa oo warbixin maxaabiista ka siisa dabeecadda iyo dhaqanka ninkaasi leeyahay. Durbadiibana waxaa la helay lana sheegay inuu yahay nin aan xilkas ahayn kuna soo meeraysta xataa raashinka iyo lacagta yar ee dadka maxaabiista ah qaraabadoodu u keenaan, waxana habeenkaa la kala seexday iyadoo laga dheregsan yahay ninkaasi iyo dabcigiisa.

Subaxnimadii hore ee maalintaa ku xigtay oo ahayd maalin Jimce ah oo taariikh ahaan ahayd May 27, 1988-kii, saacadduna ay ahayd abbaaro toddobadii subaxnimo, ayaa waxaa jeelka soo galay koox saraakiil milatari ah oo uu horkacayey taliyihii dugsiga milatariga ee Madheera (Cabbaas).

Maalinta Jimcuhu waxay ahayd maalinta dadka maxaabiista ah ay soo booqdaan qaraabadoodu, waxana salaaddii horeba loo sii diyaar

Dhimbiishii Halganka

garoobay soo dhaweyntii dadka, iyadoo maalintaasi tahay maalin ay maxaabiistu helaan wararka toddobaadkii la soo dhaafay.

Waxaa loo yeedhay maxaabiistii u horraysay ee loo yimid. Markii ay soo noqdeena waxaa la weydiiyey, sidii caadadda ahayd, cidda u timi iyo war wixii ku soo kordhay. Waxay maxaabiistii sheegeen inaan habayaraatee cidna la tusin ee lagu yidhi oo kali ah raashinkan ayaa laydiin keenee qaata. "Waa wixii lagu sheegayey iyo tolow ma wuxu ina moodayaa *Abu jeerin*[27] miyaanu ogayn in ragga meesha ku jiraa yihiin xabsi daa'im" ayaa markiiba laysla dhex qaaday. "Yaanu jirin nin qudha oo raashinka soo qaataa, haddaan layna tusayn dadkeenna" ayuu ahaa waxa kali ah ee maxaabiistaa siyaasadda u xidhnaa ay is farayeen. Markiiba saraakiishii jeelka ayaa la gaaadhsiiyey in uu jiro kacdoon ka dhan ah raashinka khaliga ah ee aanay cidina sidin ee maxaabiista loogu yeedhayaa.

Waxaa noo yimid kabtan ahaa taliye kuxigeenkii jeelka (anagoo ah afar illaa shan aan ka xasuusto Cabdi Ismaaciil, Maxamed Baashe iyo Yuusuf Maxamed Ciise). "Maxaa dhacay ee aad xam-xamta lahaysaan?" ayay ahayd wixii uu markii u horraysayba na weydiiyey. Waxanan u sheegnay in aanay ahayn waxan ay la yimaadeen wax ka soconaya, annagoo waliba u raacinay inaanu raashinka dawladda ku leennahay ee maalintaa aanu xaq u leenahay in dadkayaga nala tuso. "Waxba ma ogidin" iyo "wax maxaya" ayaanu is weydaarsannay. "Waar nimankii SNM ayaa saaka magaaladii Burco soo galay oo saraakiil baddanna ku laayey, badankeediina haysta ee hays waalina" ayuu noo sheegay. Anna waxan ugu jawaabay "bal waxaad noogu sheekaynayso eeg SNM-tu ma sidii likihiibay Burco saaka uun ka soo dhex baxday?". "Waar raashinkiina iska qaata" ayuu nagu soo tuuray isagoo sii socda. Intaa ka

---

[27] Kuwa jeelka ku soo noqnoqda – tuugta oo kale

Dhimbiishii Halganka

dib waxaa nagu soo xoomay maxaaabiis kale oo war doon ah; Inyar ka dibna waxaa yeedhay siidhi ahaa "hala xeroodo".

Maalintaasi waxay ahayd maalintii dibed iyo albaab layska furo noogu danbaysay. Xasan Cabdi oo askarta ka mid ahaa ayaa qolkii aan ku jirey iigu yimid waxuu ii sheegay in baskii raashinka noo siday la celiyey isagoon wax raashin ah laga soo dajin. Waxanu ii raaciyey in aannu ku faro adaygno wixii annu markaa haysannay.

31-kii bishana waxan furay warqad uu buuri ku jirey oo uu Yuusuf Maxamed Ciise (oo qol kale ku jirey) uu iigu soo dhiibay askari. Warqaddaasi buurigu ku jirey oo uu hoosteeda iigu soo qoray inay BBC-du waraysatay Axmed Siilaanyo iyo in Hargaysa-ba la soo galay.

Siciid Sarakac oo ka mid ahaa askarta jeelka, ahaana askari u dhashay deegaanka Madheera, ahaana nin iska da' weyn oon dhibaato badnayn, ayaannu is yar waraysannay. Waxanu ii sheegay in Cadaadley uu ka dhacayay gariirkii aannu maqlaynay – welibana SNM-tii ay qabsatay.

Waxay ahayd 5:14 ee aroornimo markii xabaddu ay ka dul qaraxday 750 maxbuus oo ku jirey jeelka Madheera. Markii ay cabbaar xabddu dhacaysay, ayaannu annagoo shan ah isugu nimid booskii uu qolka ka deggennaa nin Maxamed Dhagaweyne la odhan jirey. Waxannu weydiinaynay bal inuu nooga warramo waxa uu u malaynaayo dagaalka dhacaya. Markaa gacanta wuxu ku hayey kitaab Quraan ah oo uu akhriyayey. Intuu dhoolo caddeeyey ayuu nagu yidhi "waar illayn qolbaan idinkula jiraaye waxba ma arkayee, ordoo nin walowba booskaagii ku noqo oo in Ilaahay nimankaa guusha siiyo quraanka u akhri".

Wakhtigaasi ayaa waxad maqlaysay xabadda oo aad mooddo inay naga sii fogaanayso siina joogsanayso iyadoo dhagahaygana ay ku

Dhimbiishii Halganka

soo dhacayeen dhawaqa siidhi aan is idhi malaha siidhigaasi waa jabhaddii oo sii baxaysa.

Waxa booskaygii iigu yimid Fircoon Jaamac, oo aanu isku qol ahayn horena aanu isku iskuul u ahayn, isagoo sita arbaca turub. Waxaa nagu soo biiray laba nin oo kale waxana aannu la kala baxnay arbaca turubkii. Haddii ninkii u horreeyey degay ayaa waxa dib u bilaabmatay xabaddii waxanad arkaysay afartayadii nin oo nin waliba yeeke, yeeke ku daray; Nin walba intuu turubkii dhulka dhigay ayuu gogoshiisii dib ugu noqday.

Waxaa faal la soo sare fadhiistay sheekh Daa'uud oo intuu dhigay haddana yidhi "markhaatigaa", anna intaan markan hadal soo diyaarsaday ayaa markii uu dhameeyey sheekhu faalkii ku idhi "Sheekh dee bahalka nooga warran". " Cabdow nimanku waxaan dhib ahayn innoolamay iman oo waxba inaga jabin maayaan " ayuu iigu jawaabay. Anna waxan si cadho ku jirto ugu jawaabay "ma dhibtan aynu ku jirno mid ka daranbaa innoo hadhay?"

"Waar Cabdirisaaq iska warran?" iyo "waa nabad" ayaannu is dhaafsanay Daahir Maxamed Jaamac oo guriga iga soo horjeeday ku jirey daaqaddana soo taagnaa. Daahir oo aannu wax xoogaa ah sheekaysanaynay (isagu wuxu arki karayay waxa ka dhacaya banaanka weyn ee jeelka iyo gidaarka danbe ee jeelka) ayaa mar qudha kor ugu dhawaaqay "Wallaahi waa kuwaa gidaarkii dambe jabiyey". Inyar ka dibna, wuxu ku xigsiiyey "Waar waa kuwaa ayjeeshiina badhna meeshii dalooshay ka baxay, badhna Maatka[28] galayee ee meesha inaga jabiya".

Waxa bilaabmay in aqal walba aad ka maqasho garaaca albaabada laakiin muu jirin aqal kaliya oo albaabka iska jabiyey,

---

[28] Maadku waa qayb jeelka ka mid ah laakiin aan ciddi galin oo ay ka dhisan yihiin guryo yaryar oo kharaabado ah

sabatuna waxay ahayd albaabada jeelka oo ahaa kuwo xadiid ah. Aniga iyo Daahir waxannu iskaga soo noqonay daaqaddii aaanu ka wada hadlaynay.

Saacaddu markay ahayd labadii duhurnimo oo gaw ah ayaa waxaa mar qudhaata nagu kulmay raxan ka mid ah SNM oo jeelka ka soo galay xaggii dambe ee ay jabiyeen iyo koox kale oo ka soo galay albaabka hore ee jeelka oo uu ka mid ahaa Maxamed Cali oo ahaa sarkaalkii watay hawl galkaa jabintii jeelka Madheera.

Wuxu ahaa dagaal aad u culus iyadoo ciidamada dowladda ee goobtaa jeelka ka dagaalamayay tiradooda lagu qiyaasay in ka badan 800 oo askari kana mid ahaayeey ciidamadii laga qabsaday Cadaadlay, kuwii xerada Madheera iyo kuwii qaybta kaydka hubka ee Barta iyo waliba ciidamo ka mid ahaa Daraawiishta Hargaysa oo soo qaaday kontomeeye odayaal ah oo laga soo xidhay magaalada Hargaysa.

Waxa maalintaa soo gabo-gaboobay, 1461 maalmood oo u dhiganta afar sanno iyo laba maalmood laga soo bilaabo maalintii u horreysay ee aannu gacanta uga galnay aniga iyo saaxibaday taliskii Siyaad Barre. Muddadaasi, 1339 maalmood oo ka mid ah una dhiganta sadex sanno iyo badh waxannu ku jirnay jeelka Madheera.

22. Cabdiraxiim Maxamed Baaruud

Cabdiraxiim Maxamed Baaruud (Bidhiidh) wuxu ku dhashey magaalada Hargeysa badhtameeyihii 1960-nadii. Wuxu dugsiga hoose-dhexe ka galey Xuseen Giire. Wuxu Dudsiga Sare ka galey 26-ka June.

Cabdiraxiim Maxamed Baaruud wuxu ka mid ahaa ardaydii ahayd inay ka qalin jabiso dugsiga sare ee 26-ka June sannadkii 1984-kii. Bidhiidh waxa kaloo uu ka mid ahaa dhallinyartii xagga hore kaga jirtay abaabulkii kacdoonkii lagaga soo horjeeday dowladdii milateriga ahayd.

Inkastoo markii hore uu ka badbaaday in la xidho, sidii dowladdii markaa jirtay caadada u ahayd waxa la soo xidhay walaalkii oo sii dayntiisa shardi lagaga dhigay in Bidhiidh isa soo dhiibo; Sidii baanu Bidhiidh yeelay.

Dhimbiishii Halganka

Bidhiidh wuxu ka mid ahaa toddobadii dhallinyarada ahaa ee bishii Oct 3, 1984 dilka toogashada ah loogu xukummay doorkii ay ku lahaayeen muddaaharadadii bilaabmay Feb 20, 1982.

Sidaad hore ugu soo akhriday qormadii Cabdi Daahir Caynaanshe kaga warramay jeelkii ay ka baxsadeen, Bidhiidh wuxu ka mid ahaa labadii nin ee lahaa abaabulkii jeelka lagaga baxsanayay. Bidhiidh waxa u suurto gashay, maalmo markuu lugeynayey ee hadba meel uu ku sii dhuuntaba, aakhirkii in reero Waqooyiga Bari ee Hargeysa degganaa ay qariyaan in muddo ah, markii dambana raaciyaan niman jaad-layaal ahaa oo lug Itoobiya ku geli jirey. Sidaas ayaanu Bidhiiidh ku gaadhay xarumihii SNM ku lahayd Itoobiya kuna biiray SNM.

Bidhiidh wuxu ka mid ahaa ciidamadii SNM ee Hargeysa soo galay, halkaas oo ku dhaawacmay. Suhuur Maxamed Abiib oo xilligaa ka mid ahayd hablihii isku xilqaamay inay dhaawaca daweeyaan waxay ii sheegtay in Bidhiidh uu madax ka ahaa ilaalinta dhaawicii Geed-Deeble yaallay; Muddo ka dibna uu raacay ciidan ka hor tagayey ciidamo dowladdu lahayd oo ka soo kacay Darar-Weyne halkaas ayaanu ku dhintay.

Waxa kale oo uu Yuusuf Maxamed Ciise ii sheegey isagoo ka hadlaya Bidhiidh:

Bidhiidh wuxu ka mid ahaa dhalinyarada ku suntan iney cimrigoodii iyo nolashoodiiba, laga soo bilaabo maalintii ay kacaameen, illaa iyo intii ay ka dhimanayeen, u hibeeyey xoreyntii iyo lasoo noqoshaddii dawladnimada Somaliland. Wuxu taliye urur ka noqdey Bidhiidh SNM.

Bidhiidh wuxu ahaa nin aad u furfuran, oo asxaab badan. Wuxu jeclaa ciyaaraha. Waxanu ordi jirey orodka dheer ee marathon-ka. Waxa kale oo uu ka mid ahaa isaga iyo Xasan Maxmed Aw Caliba, dhalinyaro

Dhimbiishii Halganka

dhakhso u hanna qaadey. Waxan xasuustaa annaga oo dugsiga dhexe dhamaadkiisa ku jirra in uu Xasan, iyo inan kale oo aanu asxaab aheyn, waa wariye Maxamed Xuseene, ay idaacadda Hargeysa ka shaqeyn jireen. Markii dambana dugsigayagii sare ay Bidhiidh, iyo Cabdiqaadir Xaabsade (Qaadirro) ay iyana idaacaddii Radio Hargeysa ku biireen, kana noqdeen xidhiidhiyaal. Waa barrigaan bartey kalmada *narrator* oo uu Xasan Maxmed Aw-Cali ii sheegey.

In yar ka dibna, waxan filayaa in Maxamed Xuseen bilaabey inuu sheego wararkii madaniga ahaa (local news-ka). Aniga iyo Faysal Ibraahim Yuusufna (Taygaro), oo hadda sarkaal sare ka ah ciidamada Booliska Somaliland, waxanu xiligaa Jimcayaasha iyo fasaxyada ka shaqeyn jirey geerash uu lahaa Abu Tarse oo aanu mechanic-nimada iyo dabka baabuurta ka baraney. Axmed-Bakey, Maxmed Ismaciil, iyo Cabdi Ismaaciilna waxey ka shaqeyn jireen xilliga firaaqada ay leeyihiin meheraddo ay lahaayeen. Waxa kale oon xasuustaa in aniga oo dugsiga hoose dhigta aan caawin jirey meherado ay reerku lahaayeen.

Waxaad mooddaa in shaqooyinkaa aanu yaraanta ku bilowney na siiyeen waayo arragnimo aannu dadka waaweyn ka dhaxalnay, la socod arrimaha iyo wacyiga taaganaa ee bulsho, iyo dareen ah isxilqaamid (sense of responsibility). Bidhiidh wuxu ka soo jeedey qoys taariikh dheer ku leh warbaahinta. Walaalkii oo ka weynaa, Axmed Maxmed Baaruud wuxu sarkaal ka ahaa Radiyow Hargeysa, aabohood Maxamed Baaruudna idaacada ayuu ka shaqeyn jirey

23. Cali Xasan Aadan

Cali Xasan Aadan (Cali-Banfas) wuxu ku dhashay duleedka magaalada Hargeysa (Dhaboolaq) sannadku markuu ahaa 1948. Aabihii waxa lagu magacaabi jirey Xasan Roodhiile – taas oo ku tusaysa inuu ahaa nin roodhida ka ganacsan jirey.

Waxbarshada dugsiyad hoose/dhexe wuxu ku qaatay Dugsiga Biyo Dhacay; Wuxu ka mid ahaa ardaydii ugu horreysay ee wax ka barata dugsiga sare ee Faarax Oomaar isagoo kana mid ahaa ardaydii u soo halgantay dhismaha dugsigaas.

Dhimbiishii Halganka

Waxbarshada jaamacadeed wuxu ku soo qaatay Kulliyaddii Waxbarashada ee Lafoole. Ka dibna wuxu macallin ka noqday dugsigiyo ku kala yaallay Koonfur iyo Woqooyi-ba.

Cali waxan xoog u bartay ka dib markii layskugu kaaya keenay jeelka wayn ee Hargeysa Sept 24,1984 iyadoo nalaga soo qaaday meeshii aannu ku xidhnayn ee ku dhegganayd fooqii Gaani. Marka laga reebo Cali-Banfas iyo Cabdi Dhamac, intayada kale waxannu ahayn arday da' yar ah. Waxa naga maqnaa aqoon aannu u lahayn nolosha jeelka guud ahaan.

Intii u dhaxaysay Sept24 illaa 29-keedii 1984, oo ahayd markii maxkamadda nala geeyay, Cali-Banfas wuxu noo ahaa macallin iyo waalid. Mar uu niyadda noogu dhiso sheekooyin hore, ruwaayadihii qadiimiga ahaa, iyo mar uu nooga warrammo sida ay maxkamaduhu u sheqeeyaanba casharro lama illaawaan ah ayuu na siin jirey.

Haddaan is idhaa sifee Cali-Banfas, waxan ku tilmaami lahaa nin illaa xad deggan, indheer garad ah, geesi aan libiqsan ah, deeeqsi ah, dad la socodkiisuna ay aad u fiicnayd; Yar iyo wayna dadka si u wada ixtiraama.

Dhinaca kale haddaan is idhaa tilmaan raadka ugu badan ee uu nagu yeeshay intii aannu xidhnayn, waxan ku soo koobi karaa laba qodob oo uu aad noogula dardaarmay:

In aannu isku duubnaanno oo aannaan ku kala biirin caadadii ka jirtay jeelka Madheera ee ahayd in nin walba uu raadsado jilibkiisa ama qabiilkiisa si uu ugu darsado raashinka iyo in aannu isku dayno in aannu raacno wuxu ugu yeedhi jirey siyaasaddii *Hamashool*.

Hamashool wuxu ka mid ahaa niman aakhirkii 1970-nadii lagu soo xidhay inay lunsadeen lacag badan iyagoo isticmaalaya jeegag faalso ah iwm (magaca Hamashool wuxu ka yimi magaalada Hampshire ee

Dhimbiishii Halganka

gobolka Massachusetts (USA) oo uu degganaan jirey ninkaasi). Markii la soo xidhay waxay jeelka Madheera ka sameeyeen mashaariic aad u xiiso badan; Waxana taa u suurto galiyay ninkii markaa jeelka haystay oo la odhan Xasan Furuqle oo aad u qiimayn jirey waxbarashada iyo horumarka.

Cabdi Dhuux oo ay Cali-Banfas saaxiib ahaayeen wuxu nooga warramay in Xasan Furuqle uu ahaa askari senteriga (gaadhka) fuula. Inta uu gaadhka hayo wuxu akhrisan jirey Ingiriisi uu ka baran jirey maxaabiista. Markii dambe siduu kolba u dalacayay ayuu jeelkii madax ka noqday.

Xasan Furuqle, isagoo adeegsanaya Hamashool iyo asxaabtiisii, wuxu maxaabiista u sameeyeen mashaariic ay ka mid ahaayeen waxbarasho, ciyaaro (isagoo u dhisay garoon kubbadeed) iyo inay helaan fasaxyo.

Ha la yaabin eraygaa u dambeeya! Hamashool iyo asxaabtiisu waxay Xasan Furuqle ka dhaadhiciyeen inuu kolba fasaxo toddobaad iyo wixii la jira qaar ka mida maxaabiista intoodii odeytinimada iyo masuuliyadda ku suntaneyd ee isla markaana ku xukunnaa xabsiyada dhaadheer. Maxbuuska waxa la raacin jirey askari iyo gaadhi xabsigu lahaa kaasaana soo celin jirey. Taasi waxay u suurto galisay maxaabiista qaarkood inay carruuro dhalaan iyagoo xidhan.

Hamashool iyo saaxiibadii waxa taas u suurto galiyay xidhiid fiican oo ay la yeesheen askarta iyo maamulka jeelka. Inkastoo aannaan hanan waxyaabihii u suurto galay Hamashool iyo asxaabtiisa, waxad odhan kartaa in askartii iyo maxaabiistaba aannu la samaysanay xidhiidh fiican oo ixtiraam ku dhisan.

Dhimbiishii Halganka

Markaa Cali taladiisu waxay ahayd in sidii askarta iyo maxaabiistaba qalbigooda loo soo jiidan lahaa la falo; Taasina waxay ahayd talo xoog noo caawisay.

Cali fanka wuxu ku biiray isagoo arday ah waxannu ka tirsanaa jimciyad ay ardaydu lahayd oo guubaabooyin iwm samayn jirtay. Markii ugu horraysay wuxu wax ku lahaa ruwaawad la odhan jirey "Xaq Allow Ku Mee?" oo uu ku darsaday hees Magool qaaddo oo la yidhaa *"ma talllaabsan karayee"*.

Heesaha waxa u diiday inuu sameeyo aabbihii oo ugu hanjabay in haddii uu heeso iwm dhex galo inu iskuulka ka saari doono. Ta kalee iyana Cali ka hor joogsatay heesaha iyo ruwaayaduhu waxay ahayd isagoo lahaa hammi siyaasadeed oo aanu jeclayn inuu ku soo banbaxo heeso.

1976-kii ayaa Muqdisho lagu qabtay tartan suugaaneed la odhan jirey *Bandhigga Fanka iyo Suugaanta – BANFAS*. Tartankaas oo ay ka soo qayb galeen 225 abwaan waxa loo dirayay qofka kaallinta koowaad gala Nayjeeriya oo bandhigyo lagu samaynayay.

Cali wuxu tartankaa kaga qayb qaatay qabay aad u qiimo badan *(Gelbis)* oo ku saabsan sida ay Soomalidu isku guursato – malaa waxa fiicnayd inaan idhaa "siday Soomaalidii hore isku guursan jirtay". Gabaygii Gelbis wuxu qaatay kaalinta koowaad - sidaas ayaa Cali-na loogu bixiyay naaneysta BANFAS. Qiimaha gabaygaasi leeyahay darteed isagoo dhan baad bogagga soo socda ka heli doontaa.

Suugaanta Cali waxay u badnayd mid si qayaxan oon sarbeeb lahayn dowladdii markaa jirtay uga soo horjeedday. Wuxu inta badan Cali u hadli jirey dadka reer Somaliland; Waxa laga yaabaa inaad gabayadiisa marar badan ku aragto isagoo carrabka ku dhufanaya magacyada qabaa'ilka.

Dhimbiishii Halganka

Marka loo xidho sugaanta qayaxan, kamuu gabban jirin inuu qirto inuu isagu tiriyay balse waxaabu odhan jirey *"gabayga ha dilina ee i dhagaysta anaa idiin tirinayee"*. Gabayada uu jeelka ku mutaystay waxa ugu horreeyey gabaygii *Raamaale* oo ku xusayo sida qabiilkii Siyaad Barre u maroorsaday khayraadkii dalka; Waxa kaloo ka mid ahaa gabaygii uu ku cabbiray jebitaankii jeelka Madheera iyo furashadii Cabdillaahi Askar. Gabayada Cali oo midba mid ka darnaa, ka markii u dambeysay lagu soo eedeeyay wuxu ahaa gabaygii Gacan-libaax oo qaybo ka mida aan soo qaadan doonno.

1984-kii waxa Cali lagu soo dacweeyay guubaabadii iyo gabayadii uu ka tiriyay waaqicii markaa joogay; Halka dhallin yartii kale ee 19 ahayd koox-koox maxkamadda loogu soo taagayay, Cali-Banfas isaga kaligii baa la hor joojiyay Geelle oo ahaa xaakinkii kiisaskayaga qaadayay. Waxay u badantay in kiiskiisu ahaa ka ugu fudud uguna dhaqsaha badnaa; Waayo marna mabuu dafiri jirin gabayadiisa oo sarbeebtu ku yarayd; Sidaan hore u soo sheegnay waabu sixi jirey markay gabayadiisa cal-calaaliyaan.

Oct 3, 1984, waxa Cali lagu xukumay 15 sanno. Ka dib markii la afduubay diyaaraddii Soomali Airlines (Nov 24, 1984) ayaa Cali oo ku jirey jeelka wayn ee Madheera loo taxaabay *Qabta* oo ah qolalka lagu xidho dadka dilka ku xukuman. Halkaas ayaannu ku sugnaa illaa Jan 28, 1986 oo ahayd maalintii nala soo daayay 13-kayagii xadhiga lagu xukumay. Hore ayaynu ugu soo sheegnay cutubka *Cali Yuusuf Ducaale* sheekadii dhexmartay Cali-Banfas iyo Gaani; Waa markii uu Jenaral Gaani weydiiyay inuu Cali akhriyo gabaygii *Raamaale*, Cali-na uu Gaani uga hor tiriyay gabaygaas si aan cabsi iyo laalaabasho ku jirin.

Bogagga soo socda waxaynu ku soo bandhigaynaa laba gabay oo aan filayo inay Cali xoog ugu dheeraayeen (iyagoo dhammays tiran): waa Gelbis iyo Dardaaran. Waxa kaloo aynu soo bandhigi doonaa qayb ka

Dhimbiishii Halganka

mida gabaygii Gacan-libaax. Cali wuxu geeriyooday sannadkii 2013-kii; Wuxu ka tagay afar hablood iyo laba will. Gabayadii Cali ee aan soo xulayna waa kuwane akhris wacan:

23.1. Gacan Libaax

Gabaygan (oo aynu inyar ka so qaadanay) wuxu ka hadlayaa maalintii Lixle iyo ciidamadii uu hoggaaminayay ay jeelka Madheera kala baxeen odayaal siyaasad u xidhnaa. Waxa kaloo gabaygu tilmaamayaa furashadii Cabdillaahi Askar ay miiska saraakiisha ee Hargeysa kala baxeen koox SNM ah oo ay horkacayeen Ibraahim Koodbuur iyo Cabdisalaan Turki.

Gobanimadu sow maalintii
Goolbaa xasuus lehe midkaan
Halka guurtidii lagala baxay
Waxa loo galaaftaa shacbiga
Geeshkaa inoo dirirayaa
Gun baa layna kala soocayaa
Gurmadkiyo farduhu sow kuwii
Gamaankii Hargeysiyo
Gulufkaa ku hoogaantay bari
Ciidamada gadoodaa kuwuu
Gaashaandhigiyo xoogaggaan
Guutooyinkaan laabuday iyo
Geesiyada la baxay geesigaad[30]
Haaftayn galaaskii Birjeex
Gaadadaan la soo wada kacnee

Gacan libaax[29] maaha
Galinay sow maaha
Taan ka gu'in maaha
Sow kas gudhay maaha
Garab qarsoon maaha
Gala dagaal maaha
Cumar Galaydh maaha
Burcoo weerar galay maaha
Sow mid gara maaha
Ganayay soo maaha
Soo gambiyay maaha
Gaas cartamay maaha
Garanaysaan maaha
Galiyay sow maaha
Gool fajaca maaha

---
[29] Jeelka Madheera
[30] Geesiyadii = Koodbuur, Turki iyo raggii la socday. Geesiga = Cabdillaahi Askar

Dhimbiishii Halganka

Geediga wadaay sow   *Raggii noo guntaday maaha*
Kuwaan guusha xadhiga u qabsaday   *Gar iyo suun maaha*
Gorgorkaa la sii geeyay   *Sow dhabar gariir maaha*
Giriisaha qalalay[31] sow Wadnaha   *Kaan u galay maaha*
Goobiyaalka u waa baryaba   *Goosto Xamar maaha*
Alla Gawracii[32] sow wadkuu   *Sii guntaday maaha*
Soo gaadha gacalkeen aduun   *Galin ba cayn maaha*
Aroos loo gangaamiyo xoriyo   *Golihi June maaha*
Waa guul Alle waagu sow   *Galalacdii maaha*

23.2. Gelbis

Gabaygani wuxu si qurux badan u soo bandhigyaa noocyadii kala duwannaa ee Soomaalidu u guursan jirtay. Waa guur gabadha loo soo fadhiisto oo ay suura gal tahay in gorgortan dheeri meesha ka dhaco, iyo gabadha lala tago; Waxanu gabayga Gelbis u dhiganyay sidan:

Marbaa geeddi loo rari abaar   *Geli habaas wayne*
Mid halkuu gu'gii degay mid kale   *Dayrta gelayaaye*
Ganuun ceel la fuuqsaday   *Mid kale dib u galshaystaaye*
Hadba tuu Ilaah kugu gallado   *Gabadhi weeyaane*
Nin kastaa midduu Gaasiroow   *Galab la haasaaway*
Niyaddiisu ay gaw ku tidhi   *Gooh u ledi waaye*
Guurkeennu waa laba dariiq   *Oo is garab yaalle*
Waa gabadh la qaadiyo miday   *Guurti bixisaaye*
Guurtidu midday bixinaysaa   *Geedka loo tegiye*
Gar cadaawe maahee shir waa   *Gogol dhiggiisiiye*

---

[31] Gaani (wuxu ahaa nin dhuuban)
[32] Siyaad Barre

Dhimbiishii Halganka

Gadhweyntaba gadhwayn kale ayaa Laga hor geeyaaye
Golo-baanistay Heeti wali   Gaafo hadashaaye
Oo ay niman ku geeraarayaan   Gabay ku sheegaane
Geel kagama joogsado ninkii   Caashaqeed galaye
Waayeel gadaal dhowrayaan   Garab ku siinayne
Hadday lexejecladu gees tahay   Oo lays afgaran waayo
Ama gabadh ka weyn lagu xidhayiyo Gaban horaan siiyey
Oo gabantu way doonnan tahay   Gowska ku adkaysto
Ama xeer gu'yaal hore taxnaa   Loo gef tirinaayo
Garta lagu xabaashoo halkaa lays Girgirin waayo
Inankii gabniin iyo xanuun   Laba gardaymooye
Inantiina goob kale ayay   Geydha la qabtaaye
Kala-gurashadoodiyo faqay   Sheed ka garataaye
Markii uu waxgaradkii hadlo ee   Talo go'aan joogto
Inta goonni loo kala baxaa   La is gun xaadhaaye
Garowshiinyo la iskula noqdaa   Oo godob la baajaaye
Soomaali waa gibin ciddii   Dhaqan ku gaadhaaye
Ducadiyo gabbaatiga markii   La isku gacan qaado
Inankii guddoonsaday xil weyn   Guudka laga saarye
Waa gob iyo caadkeed inay   Gabadha hooyaane
Soddohdiina guubaabaday   Dumarka gaadhsiine
Goldalooladaa laga jiraa   Gacalku taageerye
Maro gooddi dheeriyo xariir   Lagu gaddaamaaye
Subaggeenii guunyada idiin   Ugu galaallaane
Gadaal iyo hor baa laga maraa   Labada goonyoode
Gaban loo xambaarshaa oo waa   Lagu gardaadshaaye
Gelbis iyo damaashaad aroos   Loo gimaamadiye
Giijiyaye middii kale ayaan   Idin garwaaqsiinee
Gabadhii la qaadana haddaan   Idin garwaaqsiiyo
Hadduu guunyo badan waayo   Oo goosan kari waayo

Dhimbiishii Halganka

Gidhligiyo gammaankoo lammadan
Yaradkuu ka gabangaabsadaa
Kiiyoo Fay-gamuurtii sitiyo
Dabadeed isgaafgaafaya
Gaashaanka iyo Teerigiyo
Geyiguu ka soo xulan miday
Ganaaniyo, Garduur iyo Nugaal
Gadhka Saylac, geeska bari
Haddii aan Galbeed uga rogoon
Gadh ilaa gadaankaa ayuu
Haddii guuto loo wada degiyo
Gabbal kama tegaayoo dhulkuu
Sidii gaaddo waynoow Libaax
Hadduu gego bannaan kula kulmiyo
Wuxu gacanta soo qabanayaa
Marka ay la garatay dharkiyo
Gaagaabsi baa loo dusaa
Gigta jaanta bay dhowrayaan
Gih! hadduu yidhaa ruux qufacay
Muska giringirtiisiyo hadhkay
Raadkoodi gadayaan hadhow
Kayn iyo laba markii laga gudbee
Gucle orod ayaa la holladaa
Gelin reerka laga jiitay bay
Geshigaa ninkii lagala tegay
Goor ay noqto dayn baa ku maqan
Geli awdan, geedo isku baxay
Garbada iyo xeeliga yaxaas
Jeertuna gedoodayso oo
Wiyil gees leh, gaatame biciid

Golaha keenaynin
Geed-fadhiisiga'e
Laba go'oo maydhan
Oo ganafka taagaaya
Gamas intuu qaato
Gobo'du saarnayde
Aradka Gaaroodi
Iyo Gaarrisiyo Faafan
Herer ku gaadhsiiyo
Gaadhka soo marine
Jeesas kala gaara
Gelelefaayaaye
Guura-bahalleeye
Garangar hoosteeda
Tima gammaanleeye
Guran hugeediiye
Gaatin-caarada e
Geelu yuu didine
Way gabbanayaane
Gudub u raacaane
Yaan la soo gurine
Gaydhu kaba duusho
Amase gooshaashe
Socod gelaayaane
Raacdo wow u geliye
Waase gudayaaye
Webiyo gaafkooda
Gacanka soo raacay
Ay gurayso raadkaada
Goray hadaafaaya

Dhimbiishii Halganka

Goodir xaradh leh garanuugta
Goosan Farow ah Doofaarradoo
Qarandida guclaynaysa ee
Gantaashiyo qodxaanyada
Coofaadhka gabangaabsadee
Gurdanka iyo qoobkaba dhirtoo
Maroodiga dhex gaardaynaya iyo
Shabeel giir leh, gunnufaa dhurwaa
Golli dawaco, weer gaaban
Guduudane cas, yey gulufa
Godka halaqa, godaaddadiyo
Raq geylaansan, haad soo gab yidhi
Gorgor kacaya, guumaysta iyo
Xuur galluuban geedaha saroo
Gocondhada iswada haystiyo
Guulaamo roob soo onkoday
Gudooduu la soo jiidhayaa
Marka lala galbado bay haween
Am kabuhu gooyaan oo ay
Gaargaariyaan oo ay kelyaha
Gurmad qayla doon iyo isagoo
Fulahaa gariiroo yidhaa
Geesiga si loogala hadhaa
Haddii galawda warankaad ogayd
Isna wuxu galaaftaba rag ways
Isagoo geddaa filanaya
Mas gurguurta, good iyo abees
Ma gabbado'e Faadumo ayuu
Gah-gah buu ku haasaawiyaa
Googgaa iyo cadallee

Iyo Geriga dhaadheeri
Garab ka daaqaaya
Gudub u rooraysa
Dhidada gaar u fidhimaysey
Guladka buuraaya
Wada gariiraysa
Goosha iyo Aarka
Harimcad guuxaaya
Iyo dhidar gamaamaysan
Iyo guuto amayaal ah
Bahallo guuraaya
Gaydhankiyo boodhka
Salamadh geesaas ah
Guudka kaga joogta
Mici gabaarrayda
Galawgu ooyaayo
Go' iyo haydaare
Galangalcoobaane
Socodka gaabshaane
Gacanta saaraane
Guluf ka yaabaaya
Lagugu soo gaadhye
Waa hal soo gudhaye
Haanka lagu gooyo
Garab dhigaayaaye
Iyo inuu ku guuleysto
Gulungulcaynaaya
Soo hadh geliyaaye
Gaajo yay tabanne
Kiiyoo gedo la baadhaayo

Dhimbiishii Halganka

Sheekooyin gaagaabanbaa
Inay gaarinnimo leedihiyo
Geel daatey hadalkuu u dhigi
Doqonbaa gannooddee iyana
Inuu gocor irmaanayn yihiyo
Markaasay miduun ugu go'daa
Oo ay godol ku keentaa hadhow
Gabbal kale haddii reerihii
Oo uu la sii gudo caws
Meel garab-dhigluu seexiyaa
Haddii uu gudgude roob heliyo
Go'iisuu isugu laabiyoo
Giddi caawadaas oo dhanbuu
Hadba waxay gandooddaba markay
Gelin-dhexe sidii cawsha
Markuu soo guduudtee cirkii
Yuu gacalo ii toos yidhaa
Iyadoon is guunguubin bay
Sidii gool markay jimicsato
Laba gobol dhexda u kala go'duu
Gosha naaska yare muuqday buu
Xishoodbaa gelaayuu haddana
Gumar iyo, galool iyo maraa
Ama kaynu gaadhka u niqiin
Caday buu gasiin uga dhigaa
Rag Jacaylka wow golongolaa
Geddaasay ku wada beegsadaan
Go'doon wuxu la soo maro harraad
Sidii giir lo'aad oo ilmaha
Loo sido gandaalkii iyadi oo

Laysu gelayaaye
Garasha dheeraada
Gibilla saaraaye
Weyska garataaye
Geesi hanan doona
Labada geesoode
Amma gabnowdaaye
Lagu geyoon waayo
Qadow gabaahiira
Gaadhna ka hayaaye
Gebedhle aan qaadin
Gees ka uumiyiye
Gama'a diidaaye
Gorodda hayn weydo
Ayey yara gamaartaaye
Gees yar ka iftiimo
Jiidhki waa gibine
Giijin maradiiye
Gudub u soo eegto
Farax u guuxaaye
Yare gandoodaye
Gacanta laabaaye
Xididdaleey gaaban
Mid uga soo gooyaa
Galacda waagiiye
Kuna goldheerowye
Go' iyo laayaane
Gaajo iyo oonba
Laga uunuun gooyey
Daba gah laynaysa

Dhimbiishii Halganka

Isna goray sidiisii haldhaa
Oo geesh malaykaad wadiyo
Ooy soo gardaaddihin ayay
Gaban loogu wehel yeelay iyo
Meherkaa dabeed loo galaa
Geddii xaawaleeydey fashaa
Gar cadaadiskaa meel habboon
Saamihii guduudnaan jiriyo
Genbis daahya weynbaa aroos
Goo-goos hariiryo leh docaha
Gibladiyo ciyaartaa firkada
Toddobaad geddaasan wiglada
Marka gool cad lagu joogsadiyo
Gadhkaa culimadaa loo geshaa
Gaw ka siiye mawliidka ooy
Guuleed ayaa looga tegi
Oo Guullahay loo baryaa
Sidii aar gu'yaal badan qadoo
Oo gaaddada ka fuuloo barkaday
Galalaati waw ridi ninkii
Galxood iyo Karuur baa u yaal
Haw galo si wacan hawsha
Geeska waa la suubaaniyaa
Galka lagu cidhiidhya mindida
In haf yidhi gedaankii kolkaa

Garabka taagaayo
Gacan nabaaddiino
Guul ku soo hoyane
Gaban (wiil) lammaaneeye
Lana gorfeeyaaye
Geela badisaaye
Lagu gunneeyaaye
Kebeddu waa gaare
Loo gimaamadiye
Lagu giraamaaye
Lagu garaacaaye
Loogu kala goyne
Wanan tigaad goostay
Xeedhyo geedo lehe
Gebagebeeyaane
Gacaladiisiiye
Ubad gargaaraaye
Gaajo kala goysey
Geenyo miranaysa
Gaaxsanaan jireye
Gocay liskeediiye
Baa loo gol-leeyahaye
Gaatiree adage
Xanaftu goysaaye
Sow la garan mayo

23.3. Dardaaran

Gabaygan *Dardaaran* wuxu Cali-Banfas dadweynaha reer Somaliland u soo jeedinayaa talooyin dhaxal gal ah. Fadlan fiiro gaara sii tuducyada ka bilaabma tuduca 46-aad:

1. Heshiiskuu[33] daraadday u galay, daalinka Afweyne
2. Shaxduu dagay midbaa loo dagaye, mala-darraantiisa
3. Itoobiya dal uma haysaniyo, saynka lagu duugay
4. Inuu yahay dalaal buu u qiray, duulankii shalaye
5. Xabashigu dantiisuu arkaye, tayda muu dayine
6. Anigaba durkii laygu waday, daabacay isrogaye
7. Haddeydaan daf soo odhan habeyn, idinka oo duuban
8. Si kaloon ku doona xornimo, nama dawayseene
9. Dab wixii onkaday iyo wixii, danab is dhaafaayay
10. Dushiinaanu soo halabsanay, iyo doonti Nabi Nuuxe
11. Hadday maalintii nala dagto, oon ruux duriyad sheegan
12. Duligaan ku noolayn marnaba, kama daraateene
13. Daaraha burburay ee madfaca, lagu duqaynaayay
14. Dahab iyo damaar iyo intii, duunyo lagu waayay
15. Intii diric shaheediyo intii, danab ku naafowday
16. Inta caydh u soo dibad baxdee, een daxandaxoonaynin
17. Dir-xunkaad dhamayseen ayaan, kaga dawoobaaye
18. Nimankii lahaa duub-casta iyo, yayda daba joogta
19. Nimankii daluumaha xabsiga, iilka nagu diiqay
20. Nimankii dibnaha eegayee, hadalka noo diiday
21. Nimankii dubkoodi gubnaa, aragu diidaayay

---

[33] Heshiiskii Siyaad Barre la galay Itoobiya si SNM aannay dagaal ugu soo qaadin

Dhimbiishii Halganka

22. Daymadooda nimankii indhaha, dab iga leefaayay
23. Halkaan dabada saaraba kuwii, igu dul-meeraayay
24. Magacyada dugaaga ah kuwii, darajo moodaayay
25. Dabar-goyntii baan nahay kuwii, marinka loo daayay
26. Nimankii dadkay soo xidhaan, kiish la daba qaado
27. Madax-furasho lagu doonayee, duunka ka colownay
28. Nimankii dukaamada liqee, rag uga duuduubtay
29. Dugaagaan lahayn xeer gobeed, nin aad u dayn raacdo
30. Nimankii duqayn jirey guryaha, daakirkiyo laylka
31. Duqay iyo caruur iyo kuwaan, dumarka dhaafaynin
32. Diricyada haweenkiyo kolay, dahabka goostaanba
33. Nimankii hablaha tay damcaan, duhurka xoogaayay
34. Duligaan lahayn dhaqan iyo diin, uu kaga waabto
35. Maydkooda oo daadsan baan, so dul-joogsadaye
36. Ilkihii dameeraha bakhtiyay, daanka faqatiira
37. Kuwii go'ay dorraad iyo shalay, dakharkii loo gaystay
38. Gunnimadu raggay damaqdaybaa, noo dagaalamaye
39. Xaqa lama daboolee waxan, kuugu dabashaaray
40. Degma-laqas siday ugu dhacdiyo, labadii doofaarba
41. Ee Guul-wadihii loogu daray, waan ku diirsadaye
42. Dubaaxdooda meeshaan dhignay, ee dhiigu kaga daatay
43. Daruur curatay waa kow wixii, da'ay mahiigaane
44. Xamarbuu dayaankii ku dhacay, danab kiciisiiye
45. Daalinkii tubtii buu maruu, sii dabayshadaye
46. Alla haydin daayee xoriyad, lagu damaashaado
47. Lixdankii mar baan daawannoo, calanku waa deeqe
48. Kii hore daruur buu ahaa, kani se waa dooge
49. Dalku wuu idiin baahanyahay, waana kaa dihine
50. Dadaal waxaydun kula soo baxduu, idinku deeqaaye
51. Siday diintu xeer noogu tahay, dhaqan aan duugoobin

52. Dimaqaraadi loo simanyihiyo, daacad ku hogaansha
53. Dadka waa la naanaabiyee, dawga ku hagaaja
54. Milatari baa nasoo daashadee, dib uga faalooda
55. Nin kuu digay kumuu dilin, sidaa qaba dareenkeeda
56. Damal aan la jarin baan ahee, daysta midhihiina
57. Dan qudhaynu wada leenehee, daaf u wada jeeda
58. Dabku yuu iga seexanine, dogobyo weyn saara
59. Daroorimada waan necebehee, daadka iga moosa
60. Daldaloola badan baa jiree, daah isaga yeela
61. Dadnimadu hiday noo tahaye, dariska nooleeya
62. Qoladii wax daandaansatana, daafac ku lahaada
63. Dacar iyo inaad malab tihiin, dunida gaadhsiiya
64. Ninba doobiguu kuu shubay, kiisa ugu deeqa
65. Dambiyada kuwaan sii ridnayn, kala dambayntiina
66. Damac iyo colaad bay is huwane, isu dulqaad yeesha
67. Daryeelkeeda Soomaali weyn, duuga loo simane
68. Nin walbaa dagmuu leeyahaye, daaqsintiyo ceelka
69. Hadba kaad dan wada leedihiin, daabka wada goosta
70. Siyaasadaha layguma dagee, daakhil iyo khaarij
71. Distoorkiinana xaashida ku dhiga, qalin aan duugoobin

24. Maxamed Baashe Sh. Cali

Maxamed Baashe Sh. Cali wuxu ku dhashay magagaalad Balligubadle sannadkii 1963-kii. Dagaalkii dhexmaray Itoobiya iyo Soomaaliya sannadkii 1964-kii ka dib waxay u guureen Qudhac Raamaale halkaas oo uu ku noolaa illaa intuu ka gaadhayay dhowr sanno. Sanad ka dib markuu aabbihii geeriyooday ayuu awowgii aabbo, oo ku noolaa xaafadda laba Nuux ee magaalada Hargeysi, soo kaxeeyay; Halkaas oo uu awowgii Quraanka (illaa intuu dhammaynayay) isagu laftiisu ugu dhigay.

1973-kii ayaa la qoray dugsiga hoose ee Sheekh Yuusuf Alkowniin ee ku yaal xaafadda Daammi ee magaalada Hargeysa; Laba sano ka dibna, wuxu u beddeshay dugsiga hoose ee Sheekh Bashiir

Dhimbiishii Halganka

halkaas oo uu wax ka dhigtay muddo yar, ugana sii beddeshay dugsiga hoose ee Biyo Dhacay. Waxa kaloo, uu wax ku bartay dugsiga dhexe ee Biyo Dhacay. Macallimiinta wax u dhigi jirey waxa ka mid ahaa Baashe Diig oo xagga hore ee buugga lagu soo xusay (qaybta afduubkii diyaaraddii Somali Airlines). 1980-kii ayuu Maxamed ka mid noqday ardaydii ka bilowday kalaaska koowaad dugsiga sare ee 26-ka June. Maxamed oo inala wadaagaya waayihii uu la kulmay xilligii kacdoonka iyo ka dibba wuxu yidhi:

 Xilligii aannu ku jirnay kalaaska labaad ee dugsiga sare (form two) waxa waddanka, gaar ahaan magaalada Hargeysa, ka bilaabmay in macallimiin fara badan, dhakhaatiir iyo dhallinyaro kale (waa xubnihii UFFO) la xidhxidho.

 Macallimiintaa la xidhxidhay saamayn laxaadle ayay ku yeesheen ardayda; Waxa caado noqotay in waraaqo lagu daadiyo iskuullada si ardaydu u kacaan; Waraaqahaa waxa daadin jirey dhallinyaro aan la garanayn. Bishii Feb 20, 1982 waxa laysla dhex maray in dhallinyaradii UFFO la maxkamadaynayo lagana yaabo in dil lagu xukumo.

 Waxan filayaa inaad hore u soo akhriday siday muddaaharaadadu u bilaabmeen. Ka dib markii ay isku dhaceen ardaydii iyo askartii ee halkaa uu ka bilaabmay dhagax tuurkii, waxan ka mid ahaa koox arday ahayd oo u kacay xagga dugsiga sare ee Faarax Oomar si aannu u war galinno intii halkaa ku hadhasanayd; Markaannu halkaa gaadhnay waxa naga hor yimi ciidan hubaysan oo nagu bilaababay xabbad.

 Dhanka kale, arday iyo dhallinyaro kaloo badanna waxay raaceen waddada faras magaalaha ah ee hormarta dhakhtarka. Iskuulladii kale iyana waxa gaadhay warkii, oo iyana dhankooda ayay ka bilaabeen muddaaharaadkii. Maalintaasi dhimasho iyo dhaawacyaba way soo gaadheen ardaydii iyo dadweynihii taageersanaaba. Dhowrkii cisho ee xigay Feb 20, 1982 sidaas ayay muddaaharaadadu u socdeen; Arday aad u fara baddana waxa loo taxaabay jeelasha.

Wixii intaa ka dambeeyay waxa ardaydii ka dhex abuurmay is abaabul, iyo kooxo horkacaya kacdoonka; Tusaale ahaan dugsiga sare ee 26-ka June oon anigu dhigan jirey waxa ka samaysmay dhowr urur oo ardaydu samaysteen. Intaan ka xusuusto: aniga, Axmed-Kenedi, Ibraahim Cali Askar, Ismaaciil iyo Qurbaawi (Iid) ayaa hoos-hoos u shiri jirnay.

Waxa kaloon ka war qabay in Cabdirisaaq-Alfo, Cabdi Ismaaciil, Cabdiraxiim Maxamed Baaruud (Bidhiid), Yuusuf Maxamed Ciise iyo ina Xaashi Bacado oo iyaguna ahaa koox kaloo abaabulka dhankooda ka waday. Aakhirkii waxay noqotay in kooxahaasi is bahaystaan wada shaqeeyaanna, gaar ahaan markii la gaadhay sannad guuradii koowaad iyo tii labaad ee kacdoonkii bilaabmay Feb 20, 1982.

Muddaaharaadada marka laga yimaaddo, kooxdayadii dhiganaysay 26-ka June waxa aannu isla garannay in waraaqo magaalada si joogto ah loogu daadiyo; Waraaqahaas qaarkood waxa loo gayn jirey qaar ka mida masuuliyiinta magaalada. Waxa jirey guri ku yaallay dariiqa idaacadda taga oo dowladdu kiraysatay kuna shirin jirtay odayaasha oo walibana ay bixin jirtay qaadkooda. Gurigaa waxay ula baxeen gurigii *Subeer Awal;* Halkaas waxad ka garan kartaa sida dowladdu ay u adeegsan jirtay qabiilka.

Waxa dhacday in gurigaa ay SNM-tu handadaad u geysatay. Intaa wixii ka dambeeyay odayaashii gurigaa ku qayili jirey waxay noo noqdeen kuwo aannu bar tilmaansanno kuna hagaajinno waraaqaha aannu qaybin jirnay.

Dhimbiishii Halganka

Waraaqihii mid ka mida ayaa u gacan gashay nin markaa magaalada maayer ka ahaa oo odayaasha la qayili jirey. Odayaashii meesha ku qayili jirey dhowr bay u kala baxeen; Qaar ka go'ay imaanshihii guriga, qaar yidhi *"waar waxa waraaqan soo qorqoray waa carruurteennii ee halkaa ku dhaafa"* iyo qaar goostay in Gaani la war galiyo iyagoo oo ku dacwiyaya in SNM ay dilayso; Sidaas ayaannu warkii Gaani ku gaadhay.

Waxa markiiba la xidhay gabadh ka shaqayn jirtay guriga maayirka oo warqado loogu dhiibay maayirka; Iyadiina waxay sheegtay in warqadaha uu u dhiibay wiil yar oo jaarka ahi. Wiilkii yaraa ayaa isna la soo qabtay waxanu sheegay in warqaddaas uu u dhiibay nin dariiqa marmara oo aanu aqoon laakiin wajigiisa uu garanayo.

Willkii yaraa inta gaadhi yar lagu soo qaado ayaa la soo mariyaa makhaayadaha iyo goobaha ay ardaydu ku sheekaystaan ama ku ciyaaraan; Aakhirkii waxay ku guulaysteen inay soo qabqabtaan ciddii waraaqaha qoristooda iyo qaybintooda ka dambeysay.

Maalintii la i xidhi doono habeenkeedii ayay eddaday ila talisay tidhina *"Caawa aqalkii ha tagin; Waxad seexataa guriga inaabtidaa; Berrina anigaa folowgeed qaban doona sidaan magaalada kaaga saari lahaa"*. Wixii qoran baa qorane waxan is idhi bal horta imtixaankii u dambeeyay ee dugsiga sare oo maalini nooga hadhsanayd berri iska soo dhammee; Sidaasaanan iskuulkii ku tagay.

Abbaaro 1:30 galabnimo markay bishii Jul ahayd 7, 1984 ayuu nin iskay soo dul istaagay anigoo imtixaankii ku jira. Wuxu i waydiiyay inaan ahay Maxamed Baashe; *"Maya"* ayaan ugu jawaabay waxanan idhi *"waxa la yidhaa Maxamed Yuusuf"*. Show sawirkaygii buu sitay oo wuu garanayay inaan Maxamed Baashe ahay. Wuxu ii sheegay inaan u tago niman albaabka iskuulka joogay. Sidaas oo kalana wuxu faray Maxamed

Dhimbiishii Halganka

Ismaaciil oo aannu is ag fadhinay. Waqtigaas imtixaankuba gaba gabo ayuu ahaa oo arday badan baa iskuulka ka baxaysay.

Markii aan fasalkii ka soo baxay ayuu mid ardaydii ka mid ahaa oo i barbar socday yidhi *"waa lagu xidhayaa"*. Wax jawaab ah umaan celin; Waxan hoos isku idhi "miyay ku garanayaan hugunkuun is raaci". Markaannu gaadhnay albaabkii ayuu ardaygii i lahaa "waa lagu xidhayaa" yidhi *"waar waa kuwan nimankii laguu sheegayay"*. Markaas ayay i qabteen ina saareen gaadhi albaabka agtiisa u taagnaa oo askari ka buuxdo.

Anniga iyo Maxamed Ismaaciil ayay na geeyeen xaruntii qayta 26-aad. Shan illaa lix cisho markaan xidhnaa ayaa lagu bilaabay in wax la i waydiiyo. Sua'alahii ugu horreeyay waxay ahaayeen *"qolomaad tahay; Abtiyaaladaa waa ayo; Waxba ku yeelli maynee noo warran iwm"*. Intaa waxa ku xigtay *"hebel iyo hebel ma taqannaa"*? Waxan sheedda ka arkay Daldal oo isna goorahaa la soo xidhay.

Xagga jidhdilka, maalintii koowaad xoogaa bay ii garaaceen; Gaar ahaan kuraamaha ayey iga garaaceen. Laba ama seddex habeen ka dib ayay i geeyeen halkii laysku figayn jirey. Habeenkaa waxa ay aad ii waydiinayeen laba arrimood: *waraaqihii aannu daadin jirnay iyo wixii aannu hub haysannay, siduu noo soo galay iyo halkuu yaal*. Waraaqaha mabaan dafirin ee waan u qirtay doorka aan ku lahaa; Markay noqoto xagga hubka waxan ku adkaystay inaanan waxba ka ogayn. Habeenkaas ciqaabtu may yarayn; Waa la i figeeyay, xiniinyahana waa lay maroojiyay. Labadaaba xannuunkooda nin ay ku dhaceen uun baa garan kara.

Figtu waa marka laba dible laguu xidho ee lugahaaga iyo gacmahaaga si xooga laysugu xidho iyadoo la adeegsanayo budh loo isticmaalayo sidii marna laguugu sii adkayn lahaa figta amma lagaaga dabcin lahaa; Taas waxa dheer iyadoo dhabarka lagaaga taagan yahay xilliga aad figaysan tahay; Xannuunka malaa waad dareemi karta.

In ku dhow seddex biilood ka dib markii la i xidhay ayaa naloo wareejiyay jeelka wayn ee Hargeysa. Halkaas oonnu markii ugu horreysay isku wada aragnay fursadna aannu u helnay in aannu la kulanno ehelkayagii iyo garyaqaanno ay noo qabteen.

Sept 29, 1984, ayaa nala hor geeyay maxkamadda oo uu qaaddi ka ahaa Jenaraal Geelle. Eedaymaha naloo haystay waxa ka mid ahaa qaran dumis iyo abuuris urur xaaraan ah. Waxa nalagu soo eedeeyay oo kale in aannu hub ka helnay SNM isla markaanna aannu daadiney waraaqo dowladda ku liddi ah. In kastoo waraaqihii la keenay maxkamadda, wax huba oo maxkamadda la hor keenay may jirin.

Oct 3, 1984, ayaa maxkamaddii dib naloogu celiyey si naloo maqashiiyo xukunkii lanoo qoondeeyay. Sidaad hore u soo akhirday xukunkaasi wuxu iskugu jirey dil, xabsi daa'im iyo xadhig u dhexeeya 15 iyo 3 sanno. Anigu waxan ka mid ahaa toddobadii lagu xukumay dilka.

Ka dib markii xukunka naloo akhriyay, waxa naloo taxaabay xaggaa iyo jeelka Madheera.

Waxan xusuustaa waraaq ay ku qornayd far aad u fiicnayd oo uu Fu'aad Cismaan noo soo gudbiyay ka dib markuu xukunku nagu dhacay kuna soo qaray aayaddan Quraanka ah;

قُل لَّن يُصِيبَنَا إِلَّا مَا كَتَبَ اللَّهُ لَنَا هُوَ مَوْلَانَا ۚ وَعَلَى اللَّهِ فَلْيَتَوَكَّلِ الْمُؤْمِنُونَ

oo macnaheedu yahay "waxad tidhaahdaa waxan Alle (SWT) noo qorin nagu dhici maayo, Isagaa bii kaalmaynaya, Ilaahayna mu'miniintu ha tala saartaan"

Dhimbiishii Halganka

Jeelka Madheera markii nala geeyay, waxa markiiba naloo kaxeeyay xagga Qabta oo ah qolalka loogu tala galay dadka dilka ku xukumman. In ka yar laba biloodna waxa noo caddaatay in nalagu fulinayo xukunkii dilka ahaa, iyadoo nala mariyay tallaabbooyinkii la marin jirey dadka la tooganayo.

Annagoo diyaar u ah in naloo kaxeeyo badhka dadka lagu toogto, ayaa nin raashinka noo karin jirey oo maxbuux jeelka ku jira ahaa uu noo sheegay in diyaaraddii Somali Airlines la afduubay. Cabdi Dhamac oo markaa aannu isku qol ahayn ayaa markiiba yidhi "*Diyaardaddaa inaga ayaa la innoo afduubay; Haddii la innagu soo daro Cumar Carte, Ismaaciill Cali Abokor iyo siyaasiyiintii la xidhnaa, arrintu way innagu sii adkaanaysaa*". Kollay diyaaradda warkeeda waad soo akhrideen, dilkii markaa noo qorshaysnaa halkaas ayaannu kaga baaqannay.

Muddo yar ka dib markii halkaa nala geeyay, ayaan habeen ku riyooday iyadoo naloo sheegay in nala sii daayay, haddana nalagu hayo xero wayn; Tanina muddo sannad iyo badh ka dib ayaa Ilaahay dhab ka dhigay, oo dilkii naloogu beddelay xabsi daa'im, nala geeyayna jeelka weyn. Jan 26, 1986 ayaanu maqalnay in dilkii nalaga jabiyay; Waxa si hoos hoosa naloogu sheegay in aan Cabdi Dhamac ku jirin inta laga jabiyay dilka. Cali-Banfas oo xilligaa Qabta nagula xidhnaa ayaa noo sheegay in aannaan warkaa Cabdi Dhamac u sheegin.

Xilligaa waxa qol ku wada xidhnayn aniga, Cabdi Dhamac iyo Cabdi Ismaaciil. Markay askartii albaabkii naga fureen ayay yidhaahdeen soo baxa; Markaannu aniga iyo Cabdi Ismaaciil baxnay ee Cabdi Dhamac-na is yidhi soo bax, ayuu askarigii naga furay ku yidhi "*Dib u noqo adigu kuma jirtide*". Runtii odhaahdaasi waxay ka mid tahay waxyaabaha aanan waligay illaabi karin. Waxan xusuustaa sidii uu isku beddellay wajigii Cabdi Dhamac. Waqti aan badnayn ka dib, ayaa Cabdi Dhamac lagu toogtay jeelka Madheera dabadiisa, isagoo sida la sheegay,

Dhimbiishii Halganka

leh *"Anigu dhintaye haddii SNM halkan idiinku iman waydo waxba maan sheegin; Allahu Akbar; SNM ha noolaato"*.

Sheekooyinkii naga soo maray Qabta iyo jeelka waxan u daynayaa qolooyinkii kalee nala xidhnaa, sida Cabdi Ismaaciil ama Yuusuf Maxamed Ciise, oo aad war galeen u ah.

25. Axmed Maxamed Aw Cali

Axmed Maxamed Aw Cali loo ku magac dheer Axmed-Bakey wuxu ku dhashay magaalada Hargeysa sannadkii 1965-kii. Wuxu waxbarashada quraanka ka bilaabay mulcaamaddii sheekh Baraawe oo dhanka galbeed ka xigtay jeelka weyn ee Hargeysa. Waxa kaloo uu wax ka dhigtay mulcaamad uu macallin ka ahaa Sheekh Idiris.

Waxbarashada dugsiga hoose wuxu ka bilaababay dugsiga hoose ee Sheekh Bashiir; Waxbarashada dugsiga dhexena wuxu ka bilaabay dugsigii la odhan jirey Biyo Dhacay (Sheekh Cali Sheekh Ibraahim). 1980-kii ayuu ka mid noqday ardayda fasalka koowaad ee waxbarashada dugsiga sare ka bilaabay Faarax Oomaar. Axmed oo inooga sheekaynaya wixii uu ka xasuusto xilliyadiii kacdoonka iyo wixii ka soo maray wuxu yidhi:

Dhimbiishii Halganka

Xadhiggii dhallinyaradii UFFO wuxu raad weyn ku yeeshay dadwaynihii deggenaa goboladii Woqooyi gaar ahaan ardaydii Hargeysa wax ka baran jirtay. Macallimiintii la xidhxidhay awgeed tayadii waxbarashadu aad bay hoos ugu dhacday; Macallinkii aan la xidhin laftiisa mooraal jab iyo baqe siyaado ah ayaa la soo waajahay. Arrintaasi waxay saamayn wayn ku yeelatay ardaydii oo fursad u helay inay faaqidaan wadciga markaa taagnaa kuna dhiirraday inay faraha la galaan arrimaha markaa waddanka ka jirey.

Waxa bilaabmay is urursiyo ay ardaydu samaysteen. Koox aan ku jiro oo ay ka mid ahaayeen: Yuusuf Maxamed Ciise (Yuuyo), Cabdirisaaq Ibraahim Kooshin (Alfo), Faysal Ibraahim (Taygaro), Axmed Muuse Diiriye, Barre Xaaji Cilmi, Cabdirixiim Maxamed Baaruud (Bidhiidh), Xasan Maxamed Aw Cali (Xasan-Dubbe) iyo dhowr kale ayaa bilaabay inaan shirar qarsoodi ah samaysanno.

Inta badan waxannu iskugu iman jirnay guriga Bidhiidh-iyo. Waxyaabaha aannu ka hadli jirnay waxa ka mid ahaa sidii waraaqo dowladda ka dhan ah magaalada loogu daadin lahaa.

Intaa ka dib waxa dhacay dhagaxtuurkii oo ka turjumayay kacdoonkii ay ardaydu hor kacaysay. Muddaaharadadaa iyo abaabulkooda qayb lixaad leh ayay kooxdayu ku lahayd. Waxa kaloo aannu ka qayb qaadanay xusitaanka maalinta Feb 20 oo aannu dhigi jirnay muddaaharaadyo marka la gaadho sannad guurada maalintaas.

Sannadkii 1984-kii, aakhirkii bishii June ayaa waxa billaabmay in la qabqabto ardaydii horkaca u ahayd muddaaharaadadaas. Aniga iyo walaalkay Xasan ayaa ka mid noqonay ardaydii loo xidhxidhay kacdoonkaas. Wixii qorani marwalba way dhacaane waxannu maqalnay in dhowr saaxiibaday ah la qabqabtay; Haddana waxad mooddaa inaan arrita iska sahashaday.

Dhimbiishii Halganka

Bishii June 29-keedii 1984 iyadoo afar cisho ay nooga hadhsantay imtixaankii dugsiga sare lagaga baxayay ayaa la i qabtay. Goor saqdhexe ahayd ayaa gurigaygii gaadh laga qabtay – qaar askartii ka mid ahaa dushaabay uga baxeen gurigii; Illaa 10 askari ayaa noo soo galay oo aniga iyo walaalkay Xasan na soo xidhay. Waxay nagu kala rideen laba gaadhi oo Land Cruiser-o ah; Sagxaddaana wajiga naloo saaray.

Dhowr gurri oo kale ayay sidoo kale soo mareen, kana soo xidheen dhallinyaro aannu is naqaannay – dhallinyartaa waxa ka mid ahaa Xasan Ibrahim Yuusuf (Buqul), Faysal Ibraahim Yuusuf walaalkii (Faysal Taygaro); Faysal wuxu ka mid ahaa aasaasayaashii ururkii u horeeyey ardeyda ee SSM, ahaana qolooyinkii hogaaminayey Dhagax Tuurka. Goor waaberi ah ayaa nala geeyay guryo cusbaa oo ka ag dhisnaa xarunta qaybta 26-aad; Aniga qol baa kaliday la geeyay. Qolku wuu cusbaa oo nuuraddii cusbayd baa aad kuu dhibaysay. Seddex habeen ka dib ayaa lay keenay nin macallin noo ahaa oo la yidhaa Cabdriraxmaan Cadami.

Intaa ka dib, malaa markaan qolkaa ku jirey afar habeen, ayay aniga iyo walaalkay Xasan-ba na geeyeeen xarunta cusub ee taliska ciidanka dalka oo markaa cusbayd. Su'aallo ayay dabada iiga galeen; Sidaa iyo sidaa ma yeesheen; Jawaabtaydu waxay ku soo koobnayd *"Wax walba waad haysaane maxaa kaleed iga rabtaan?"*

Intaa ka dib waxa xigay jidhdilkii oo ahaa figayn (sida miigga laguu xidhayo). Sheekada inteeda kale waxan filayaa inaad hore u soo akhrideen – sida markii nala geeyay jeelka weyn ee Hargeysa, qareenadii aannu la kulannay iyo siday maxkamaddu u dhacday.

Bishii Oct 3-deedii ayaa lagu dhawaaqay xukunkii oo aniga iyo walaalkay Xasan-ba aannu ka mid noqonnay dhallintii lagu xukumay xabsi daa'im-ka.

Dhimbiishii Halganka

Intii u dhaxaysay Oct 3, 1984 – Jan 28, 1986, waxannu ku xidhnayn jeelka weyn ee Madheera. Ayaamihii ugu horreeyay waxa isku qol nalagula xidhay qaar ka mida dhallintii aannu isku kiiska ahayn ee dilka ku xukunnaa. Taasi waxay ka mid tahay waxyaabaha, markaan dib u fikiro, iga yaabiya (in laysku dhafo dad dil ku xukumman iyo kuwo aan dil ku xukunnayn).

Intii aannuu jeelka ku jirnay waxyaabihii waaweynaa ee dhacay waxan ka xusuustaa diyaaraddii la afduubay oo raad ku yeelatay baajinta fulintii dilka ahaa ee loogu tala galay toddobadii dhallinyaro ee naga tirsanaa.

Intii aannu xidhnayn waxan aamminsanaa in wixii nagu dhacay uu ahaa wax aannu u badheedhnay; Sidaa daraadeed werwer sidaas ah nagumuu hayn xadhiggaasi.

Jeelkaa waxan ku arkay dad masaakiin ah oon waxba galabsan oo xadhig muddo dheera meesha loo keenay; Dhinaca kale waxan ku arkay dad aad is odhanyso malaa haddaan dadka laga qaban adduunkaba way halaagi lahaayeen.

Markii aannu ka soo baxnay jeelka, ninba dhiniciisuu u foofay; Qaar jaamacadihii dib ugu noqday, qaar tallaabay, qaar dhoofay iyo qaar Hargeysa iska sii joogay ayaannu u kala baxnay.

Dhimbiishii Halganka

26. Xasan Maxamed Aw Cali

Xasan Maxamed Aw Cali loo ku magac dheeraa Xasan-Dubbe wuxu ku dhashay magaalada Hargeysa sannadkii 1967. Sidii Axmed-Bakey oo ahaa walaalkii, wuxu waxbarashada quraanka ka bilaabay mulcaamaddii sheekh Baraawe oo dhanka galbeed ka xigtay jeelka weyn ee Hargeysa. Waxa kaloo uu wax ka dhigtay mulcaamad uu macallin ka ahaa Sheekh Idiris oo ahaa mu'adinka maalinta jimcaha ka eedaami jirey masaajidka wayn ee Hargeysa (waa masaajidka ku xiga dowladda hoose ee Hargeysa); Sheekh Idiris waxa kaloo uu casharo diini ah ka soo jeedin jirey Reeryow Hargeysa.

Dhimbiishii Halganka

Waxbarashada dugsiga hoose wuxu ka bilaababay dugisa hoose ee Yurubiyan-ka (Xuseen Giirre); Waxbarashada dugsiga dhexena wuxu ka bilaabay dugsiga 12-ka October (la odhan jirey shacab Girls). 1980-kii ayuu ka mid noqday ardayda fasalka koowaad ee waxbarashada dugsiga sare ka bilaabay dugsiga sare ee 26 June.

Xasan qaybtu ku lahaa kacdoonka, sidii loo xidhay iyo xilligii la xidhayba waxan ku soo aragnay markaynu ka hadlaynay walaalkii Axmed-Bakey.

Xasan wuxu ka mid ahaa dhallinyaradii lagu xukummay xabsi daa'imka; Wuxu ahaa nin aad farxaan u ah, dad la socod fiicanna lahaa. Intaan la xidhin, Xasan isagoo arday ah ayuu ka shaqayn jirey Raadiyow Hargeysa. Wuxu ahaa dhalinyaradii dhakhsaha u hanna qaadey. Radiyow Hargeysa wuxu bilaabey isaga oo ku jira dugsiga dhexe inuu ka noqdo farsamo yaqaan xagga studio-ha. Siduu ka warramay Axmed-Bakey, markii nala soo daayay ayuu Xasan isku dayay inuu shaqadiisii dib ugu noqdo; Arrintaasi way u suurto gali wayday oo waxa is hortaagay madaxii markaa haystay Raadyow Hargeysa.

Intaa ka dib Xasan wuxu u tallaabay Itoobiya kuna biiray SNM isagoo ka mid noqday ururkii labaad ee loo yaqaannay Sayid Cumar. Axmed oo ka warramaya sheeko dhexmartay isaga iyo walaalkii Xasan ayaa yidhi: "wuxu *Xasan ii sheegay inuu tiraba ka qayb qaatay in ka badan 12 dagaal. Aakhirkii wuxu ka mid ahaa guutooyinkii soo galay Hargeysa qabsadayna xarunta qaybta 26-aad; Wuxu ii sheegay in duub castii na ilaalin jirtay maydkoodii ay ku gureen qolalkii aannu ku xidhnaan jirnay*".

Xasan bishii Oct ee sannadkii 2021-kii ayuu Hargeysa ku geeriyooday.

Dhimbiishii Halganka

27. Saleebaan Ismaaciil Xuseen

Saleebaan Ismaaciil Xuseen (oo la odhan jirey Saleebaan Dowlad) wuxu siduu magacu sheegayo dhashay sannadkii 1960. Wuxu waxbarashada dugsiga dhexe ku qaatay dugsiga Xuseen Giirre (Sha'ab Boys) ee Hargeysa; 1982 wuxu ka qalin jabiyay dugsiga sare ee Faarax Oomaar. Shakhsiyan wuxu ahaa nin aad u deggan, aad u weji furan oo kaftan qurxoon leh.

Ka dib markuu gutay shaqadii qaranka, Saleebaan wuxu galay kulliyaddii Gahayr, qaybta sharciyada, oo ka tirsanayd Jaamacadda Ummadda Soomaaliyeed. Aakhirkii bishii Jul 1984 ayaa Saleebaan lagu xidhay Xamar isagoo ku guda jira waxbarashadii jaamacadda waxana la geeyay jeelkii la odhan jirey Godka halkaas oo Cabdirisaaq Axmed Cilmi ay ku kulmeen.

Badhtamihii bishii Aug ayaa Saleebaan, Ismaaciil-Cambuul, Cabdirisaaq Axmed Cilmi, iyo Mukhtaar Ibraahim Xaashi, oo lagu soo qalday Mukhtaar Ibraahim Madar, waxa loo soo gudbiyay Hargeysa iyagoo diyaaraddii Somali Airlines Xamar lagaga soo qaaday.

Saleebaan waxa u suurto gashay inuu si sira farriin ugu gudbiyo ninkii duuliyaha ahaa isagoo u sheegaya in isaga iyo seddex nin oo kale oo rakaab ahi ay laba-laba iskugu katiinadaysan yihiin. Sidaynu hore ugu soo sheegnay, duuliyihii diyaaraddu arrintaa wuu ka xumaaday; Ka dib markii diyaaraddii Burco fadhiisatayna wuxu diiday inuu diyaaradda kiciyo illaa nimankaa katiinadaysan katiinadaha laga fur-furo amma diyaaradda laga dejiyo.

Intii uu ku xidhnaa qaybta 26-aad, siduu Cabdirisaaq Axmed Cilmi innoo soo sheegay, Saleebaan waxa la mariyay jidhdil xun oo gaadhsiiyay heer uu Cabdirisaaq garto cabaadkii Saleebaan oo lagu ciqaabayay qol kale.

Saleebaan wuxu ka mid ahaa siddeeddii dhallinyaro ee lagu xukumay xabsi daa'imka. Intii aannu ku jirnay xabsiga Madheera, Saleebaan wuxu ka mid ahaa ragga ay dhallinyartayadii xoogga u dhagaysan jirtay lana tashan jirtay.

Kaftankiisii wacnaa waxa ka mid ahaa inuu sabab u noqdo in naanaysta "Cambuul" loo bixiyo Ismaaciil-Cambuul. Maalin maalmaha ka mida ayaa Ismaaciil oo xagga Saleebaan iyo niman kale oo meel fadhiya ku soo socday ayuu nimankii mid ka mid ahaa Saleebaan waydiiyay in ninkaa soo socda la yidhaa Cambuul. Saleebaan wuxu ugu jawaabay "haa waaba loogu wanqalay". Ninkii aad buu u farxay, markuu Ismaaciil-Cambuul arkana, isagoo la yaabban siduu magaca u gartay,

Dhimbiishii Halganka

wuxu odhan jirey "Ma kitaabbaan ka dayey". Halkaasay Ismaaciil naanaysta "Cambuul" ka raacday.

1997-kii ayaan 11 sano ka dib magaalada Hargeysa ugu noqday. Markii aan dhowr ayaammood joogay ayaan maalin tegey maxkamadda gobolka Maroodi-Jeex si aan u soo salaamo Saleebaan oo markaa ahaa guddoomiyaha maxkamadda gobolka Maroodi-Jeex. Waxan galay qolkii maxkamadda nalagu saaray, sannadkii 1984, iyadoo ay dacawadi ka socoto Saleebaanna yahay garsooraha ku fadhiya kursigii Geelle ku fadhiyay maalintuu na xukumayay – waa adduunyo. Saleebaan oo markiiba i halacsaday ayaa intuu dacwaddii hakiyay salaam iyo mucaaniqo igula soo booday.

Maxamed Yuusuf Bidhiidh (Badda) ayaa iiga sheekeeyay sheeko dhexmartay Saleebaan iyo Cabdirisaaq-Alfo; Sheekadaas oon Cabdirisaaq-Alfo ka xajiijiyayna waxay u dhacday sidan: Saleebaan iyo Alfo oo meel hudheel ah ka qadaynaya ayuu hudheelkii soo galay nin ka mid ahaa dambi baadhayaashii kiiskayaga ka shaqaynayay. Saleebaan baa ninkii u kacay oo si diirran u salaamay. Arrintaas waxa aad uga xumaaday Cabdirisaaq-Alfo oo weydiiyay Saleebaan waxa uu sidaa u yeelay. Saleebaan wuxu ugu jawaabay errayo u dhow "Cabdirisaaqow jiritaanka Somaliland-teena ayay sidan dani ugu jirtaa". Aad baan runtii erayadaa ula dhacay; Wixii tagay way tageen, casharraa laga bartay, halganka hadda taaganina waji cusub buu leeyay oo ah in marka koowaad la hubiyo wixii loo soo halgamay aanay lumin, ta labaadna tahay inaynu noqonno dad tirsan oo lagu soo hirto if iyo aakhiraba.

Saleebaan wuxu ku geeriyooday sannadkii 2006-kii magaalada Hargeyasa.

28. Ismaaciil Cismaan Muxumed

Ismaaciil Cismaan Muxumed (Cambuul) wuxu ku barbaaray Balli Cabbane, halkaas oo uu ku dhammaystay waxbarashadiisii dugsiga hoose. Waxbarashadii dugsiga dhexe wuxu ku qaatay Hoyga Tima Cadde oo waqtigaa loo yaqaannay Qalax. Waxbarashadiisii dugsiga sarana wuxu ka dhammaystay dugsiga sare ee Faarax Oomaar sannadkii 1983-kii.

Shaqadii qarankana wuxu ka mid ahaa dufcaddii u horreysay ee lagu magacaabi jirey Gurmadka, waxanu ka howl galay tuulada Buula Mareer oo ka tirsan gobolka Shabeelada Dhexe halkaas oo uu ka qaban jirey howlo kala geddisan oo isugu jirey macallinimo, beeraha, iyo maamulka tuulada.

Dhimbiishii Halganka

Badhtamihii Jul ayaa, isagoo wax ka baranya kulliyadda Injineerin-ka ee Jaamacaddii Ummadda Soomaliyeed, lagu xidhay Xamar. Bil ku dhawaad ka dibna isaga, Saleebaan Cirro Weyne, Cabdirisaaq Axmed Cilmi, iyo Mukhtaar Ibraahim Xaashi (oo lagu qalday Mukhtaar Ibraahim Madar) ayaa la soo saaray diyaaraddii Somali Airlines. Diyaaradda waxa la soo saaray iyagoo laba-laba iskugu katiinadaysan.

Mar ay diyaaraddii Burco ku hakatay ayuu Saleebaan si qarsoodiya farriin ugu diray kabtankii diyaaradda isagoo u sheegay in rakaabka qaar ka mid ahi ay katiinadaysan yihiin. Kabtankii arrintii wuu ka cadhooday waxanu codsaday in katiinadihii laga furo. Markii laga diidayna wuxu goostay inaanu diyaaradda kicinayn inta ay diyaaradda saaran yihiin dad katiinadaysani. Halkaa diyaaraddu waxay ku xannibnayd dhowr saacadood waxana garoonkii la keenay ciidamo diyaaraddii hareereeyay; Aakhirkiise baylootkii waxa loo ogolaaday codsigiisii.

Ismaaciil-Cambuul wuxu ka mid ahaa afartii arday ee lagu xukummay min seddexda sannadood. Ka dib markii xabsiga Madheera laga sii daayay wuxu dib ugu noqday jaamacaddii Gahayr – kulliyadda Injineerin-ka.

Habeen ama laba ka dib markii SNM-tu soo gashay Burco, Cambuul wuxu tagay aroos ka dhacayay Xamar. Iyadoo lagu gudo jiro dabbaaldeggii arooska ayaa gaadh laga qabtay wixii rag ahaana lawada xidhay. Waxa lagu eedeynayay inay ku diganayeen reer jaar la ahaa arooska oo dagaalkaa uu kaga dhintay nin sarkaal ahaa oo ciidamada Burco haystay lana odhan jirey Cadceed.

Ka dib in muddo ah markuu xidhnaa ayaa Ismaaciil la soo daayay, ka dibna wuxu waddanka uga baxay dibadda.

269

Dhimbiishii Halganka

29. Maxamed Ismaaciil Cumar[34]

Maxamed Ismaaciil Cumar waxa la xidhay daqiiqado ka dib markii uu soo dhammaystay imtixaankii ugu dambeeyay ee dugsiga sare. Wuxu dhashey qiyaastii 1965-kii. Wuxu ka baxey dugsigii Sheekh Bashiir. Wuxu ka mid ahaa ardaydii ka dhammaysatay waxbarashada dugsiga sare dugiga 26-ka June sannadkii 1984-kii.

Maxamed wuxu ka mid ahaa aasaasayaashii ururkii ardeyda ee SSM, iyo gadhwadeenadii Dhagax-tuurka. Yuusuf oon wediiyey Maxmed Ismaaciil dabeecadihiisii kale oo ay saxiib dhow sii ahaayeen ilaa

---

[34] Way ii suurto geli weyday inaan wax sawira ka helo

Dhimbiishii Halganka

caruurnimadii, wuxu yidhi: Maxmed wuxu ahaa dhalinyarada nimanka noogu kaftanka badan. Wuxu ahaa nin farxaan ah, oo had iyo jeer wajigiisu furan yahey, oo haddii aanu qosleyn, muusoonaya. Se haddana, Illaahey dherer, laxaad iyo xoog badan siiyey, oo markey ku qabsato aan gacantiisa laga soo waaqsan jirin. Wuxu ahaa nin hiil badan, oo aan dhiniciisa lagaaga soo dhaceyn.

Sida Cali Cabdi Faarax ka warramay, Maxamed waxa la mariyay jidhdil intii ay socotay dambi baadhista kiiskii naloo haystay. Maxkammaddii uu Geelle xaakinka ka ahaana waxay ku xukuntay isaga iyo toddoba arday oo kale xabsi daa'im.

Markii aannu galnay xabsiga dhexe ee Madheera, waxannu Maxammed u doorannay in uu noo maamulo raashinkii naloo keeni jirey, iyo waliba wixii aannnu jeelka gudihiisa amma dibaddiisa ka soo iibsanayno, sida laxoox-dii aannu ku quraacan jirnay oo ay askartu iibin jirtey. Arrintani may ahayn mid fudud, wuxunbaa ka bixi karayay nin ad-adag oo fiiro dheerna leh. Maxamed-na arrintaa si qurux badan oo aannu aad ugu wada ammaani jirnay ayuu uga soo baxay.

Maxamed wuxu ku gerriyooday magaalada Hargeysa sannadkii 2014.

Dhimbiishii Halganka

30. Cabdi Dhamac Caabbi[35]

Waxaynu ka soo hadalnay waayaha ay soo mareen in badan oo ka mid ahaa 20-kii dhallinyaro ee loo maxkamadeeyay kacdoonkii ardaydu hoggaaminaysay ee bilaabmay Feb 20, 1982. Sidaan filayo waxad soo akhriday sheekooyin ku qiiro galin kara oo ku fiican uun inaad buugaagta ka akhrisato. Waxaynu soo bandhignay mash-hadyo kale geddisan oo dhallin yaradaadisi soo mareen; Midba sidii loo soo xidhay, wixii jidhdil iyo ciqaab la soo mariyay, sidii ay jeelka uga soo baxeen iyo waliba, intooda hadda nooli, wixii ay ka xasuustaan amma ay innagala

---

[35] Way ii suurto geli weyday inaan sawir ka helo

Dhimbiishii Halganka

wadaagi karayeen waayihii kala geddisanaa ee jeelashay soo arkeen ka taagnaa.

Waxase tiiraanyo leh inaan sheekada dhallinyaradaasi ku wada dhammaan farxad. Haddaad xasuusato sidii xukunku ugu dhacay dhallinyartaas 20-ka ahayd waxa ku jirey toddoba dil lagu xukummay. Lix toddobadaa ka mid ahi, wixii soo gaadhayba, waxay jeelkii ka baxeen iyagoo caafimaad qaba. Waxad soo akhriday in mid ka mid ahaa toddobadaa dilkii lagu fuliyay – waa Cabdi Dhamac Caabbi-e, oo la toogtay horraantii sannadkii 1986-kii (qiyaastii aakhirkii bisha Feb).

In badan ayaan ka fekiray sidaan akhristayaasha ugu sharixi lahaa siday arrintani u dhacday – mar waxan ka fekeray sideedaa u daa, haddana waxan gartay in buuggu aannu dhammays tirmayn haddaanan wax ka odhay marxuunkaa naga midka ahaa ee la toogtay. Waxan aad uga cudurdaaranayaa haddii qoraalkani uu ka gaabsado inuu sheekada Cabdi Dhamac boqolkiiba boqol siday ahayd u soo gudbiyo.

Cabdi Dhamac Caabbi wuxu ahaa nin dhallinyaro ah oo baayac mushtari-na ahaa. Wuxu ahaa nin aad u maskax badan aadna wax u akhriyi jirey. Wuxu xidhiidho kala geddisan isla waqti la lahaa taliyihii qaybta 26-aad, Jenaraal Gaani, iyo SNM. Waxa kaloo oo uu xogogaal u ahaa kacdoonkii ardaydu wadday iyo waliba qaar ka mida ardaydii horkacaysay abaabulaysayna kacdoonkaas.

Si ay wax u dheceenba, Gaani wuxu ogaaday in Cabdi Dhamac uu xogogaal u ahaa muddaaharaadadii iyo kacdoonkii ardaydu wadday. Taaso cadho aada galisay Gaani. Cabdi Ismaaciil oo qol kula xidhnaa Cabdi Dhamac maalintii nalaga soo qaadayay qaybta 26-aad ayaa wuxu sheegay in Gaani, oo qolalkaannu ku xidhnayn intooda badan marayay, uu aad u xanaaqay markuu arkay Cabdi Dhamac. "Cabdiyow ma subaggii iyo soortii aynu wada cunaynay baad sun iigu walaaqaysay? Hooyaday

Dhimbiishii Halganka

baan kabcada kaga sinaystaa haddaad noolaato", ayuu Gaani ku dhawaaqay.

Sheekadaa uu Cabdi Ismaaciil inala wadaagay waxay waafaqsantay sidii Cabdi Dhamac looga reebay cafiskii naloo fididay oo isugu jirey si dayn wixii xadhig ku xukunnaa iyo dilkii oo laga jabiyay lix ka mid ahaa toddobadii dilka ku xukunnaa.

Sidaynu hore u soo sheegnay markii uu Siyaad Barre ku dhawaaqayay cafiskaa wuxu yidhi (erayo u dhow): "ardaydii 20-ka ahayd intii xadhig ku xukunnayd waan saamaxay, toddobadii dilka ku xukunnaana", markuu halkaa marayo ayuu Gaani dhegta wax ugu sheegay. Siyaad oo hadalkiisii sii wataa wuxu yidhi "lix ka mida waxan dilkii ugu beddelay xabsi daa'im" – waxan filayay in halkaa sheekadu iskugu kaa xidhantay.

Inkastoo uu Siyaad Barre, markii diyaaradda la afduubay, caalamka ugu ballan qaaday inaanu dilka ku fulinayn toddobaa dhallinyarada ahaa, haddana sidaad aragto ballan qaadkii lama wada fulin.

Sidaynu hore u soo aragnay, Cabdi Dhamac waxa la toogtay bil ku dhawaad ka dib markii cafiska naloo fididay oo ahayd Jan 26, 1986. Sida la sheegay Cabdi, erayadii ugu dambeeyay ee ka soo yeedhaa waxay ahaayeen "Allaahu Akbar, SNM ha noolaato".

31. Xadhigga iyo Saamayntiisii

Waxa aynu intaa ku soo gabagabaynay xusiddii 20-kii dhallinyaro ee loo maxkamadeeday kacdoonkii ardaydu hoggaaminaysay ee bilaabmay Feb 20, 1982. Mar walba Allaa mahad leh, marka laga reebo Cabdi Dhamac, 19-kii kale waxay jeelkii ka soo baxeen iyagoo fayow. Waxase is weydiin leh raad intee leeg ayuu xadhiggaasi ku yeeshay noloshooda?

Su'aasha si aynu uga jawaabno dhowr meelood bal aynu ka eegno. Waa ta koowaade waxa joogsi buuxaa amma hakad dheeri ku yimi wax barashadoodii. In yar oo fara ku tiris ah ayay, sannado aad u badan ka dib, u suurto gashay inay qaataan shahaadooyin jaamacadeed. Intoodii kalana sidaasay ku waayeen fursadihii waxbarasho ee jaamacadeed.

Haddii aynu dhinac kale ka eegno saamaynta uu jeelku ku yeeshay noloshooda, waxaynu eegi karnaa xagga dhisidda reero ama siday u tarmeen. 20-kaa dhallinyaro, 18 ka mid ahaa, waxay ahaayeen arday. Toddoba ka mid ah 18-kaa arday (in dhimatay iyo in noolba) illaa hadda wax ubad ah may yeelan – qaarkoodna mabay guurdsan.

Waxad sawiran kartaa marka laga tago werwerka iyo murugada waalidiinta heystey, culayska dhaqaale ee dul fuulay eheladayadii muddadii dheerayd ee aannu xidhnayn; Quudintayadii iyo daryeelkayagii waxa u dheeraa dhibtii ay lahaayeen safarradii naloogu iman jirey; Badiyaa dhulku wuu kala xidhnaa ama bandoobaa ka jirtey, taasoo ay marar badan ku qasbanaayeen iney dawladda ka codsadaan waraaqaha dhaqdhaqaaqa haddiiba loo oggolaado, laaluushaan askarta, una dhabar adaygaan tacaddiyo lagula kaco. Intuba waxay ahaayeen culays uu xadhigayagu ku soo kordhiyay iyada oo waqti aad u adag guud ahaanba ummaddu ku jirtey.

Dhimbiishii Halganka

Waxa kale oo jirtey in qaar naga mid ahi ay shaqaysanayeen markii la soo xidhay, oo ay waalidkoodna u ahaayeen illo dhaqaale ama ay ka kabi jireenba masaariifta, sidaasaana ay shaqooyinkoodii iyo dakhligii soo geli jireyba iyaga iyo waalidkoodba ku waayeen.

Ka dib siideyntayadii, xagga shaqada, intii aan fursad u helin inay dhoofaan, waxay bilaa camal ku ahaayeen waddanka gudihiisa muddo aad u dheer – illaa iyo haddana qaar ku shaqo la'yihiin.

Ujeedada aynu qodobadan u xusnaynaa waxay tahay in aynu iftiiminno in raadka halgankaa ay soo galeen dhallinyartu aanu ku eekayn uun xadhig iyo jidhdil, ee uu aad uga qoto dheeraa. Halkaa waxad halbeeg uga dhigan kartaa waxa ku dhacay kumannaan kale oo dhallinyaradaa la mid ahayd.

32. Xusid: Dhallinyaro Ka Qayb Qaatay Kacdoonka

Qaybaha soo socda ee buugga waxaynu ku soo qaadan doonnaa warraysiyo iyo qoraallo ay innala wadaageen dhowr ka mid ahaa dhallinyaradii waagaa ee ka qayb qaatay kacdoonkii ardayda, balse ka badbaadey in la qabto lana maxkamadeeyo. Tirada waraysiyada aan soo gudbinayaa marna macnaheedu ma aha in aan illoobay asxaab tiro badnayd oo xagga hore kaga jiray abaabulka kacdoonka; Magacyada dhalliyartaas qaarkood hore ayaan filayaa inaad u soo aragtay, qaarna waxad ka dhex arki doonto qoraaladan soo socda.

32.1. Axmed Abokor Cabdillaahi

Axmed Abokor Cabdillaahi wuxu waxbarashada iskuulada ka bilaabay dugsiga hoose/dhexe ee 12-ka Oct sannadkii 1971kii. 1979-kii wuxu waxbarashada dugsiga sare ka bilaabay Dugsiga Sare ee Faarax Oomaar (Hargeysa). Axmed oo innoo warramayaa wuxu yidhi:

Jawigii dalka ka jirey, xilligaa kacdoonku bilaabmay, saamayn wayn ayuu ku yeeshay noloshayda iyo nolosha kumannaan kale oo degaan ahaan ka soo jeeday goboladii Woqooyi. Cabashooyinka shicibku dareemayeen maalinba maalinta ka dambaysa ayay isa soo tarayeen; Dowladda iyo dadwaynuhuna maalinba maalinta ka dambaysa ayay sii kala fogaanayeen. Sawirka guud waxan ku cabbiri karaa uun in la kala ahaa: shicib xaq darro dareemaya iyo xukuumad marba marka ka sii dambaysa ku sii amar ku taaglaynaysa shicibkaas.

Sida laga warqabo xadhigii dhallinyaradii UFFO iyo ku dhawaaqii SNM raad wayn ayay ku yeesheen taariikhda Somaliland. Kacdoonkii bilaabmay Feb 20, 1982, ee ardaydu hoggaaminaysay wuxu ahaa mid

Dhimbiishii Halganka

aan si toosa ugu lug lahaa; Mar ay noqoto ka qayb qaadasho iyo abaabulba.

Xagga abaabulka haddaan wax yar ka tilmaamo iskuul kasta waxa ka abuurmay ururro yar-yar oo ay hor kacayaan ardayda intii mudakarka ahayd ee ku dhiiran karaysay inay waajahaan cawaaqibka ka dhalan kara hoggaaminta kacdoonkaas; Ogow cidna kamay qarsoonayn cawaaqibtaasi inay ka mid ahaayeen: xadhig, xabbad kugu dhacda iyo maxkamadayn ay u dhowday in dil lagugu xukumo.

Inta aanan u guda galin inaan ka sheekeeyo wixii na soo qabsaday haddaannu nahay jiilkii kacdoonka sameeyay, waxan rabaa inaan da' yarta u sheego inay ogaadaan wixii loo soo maray nabadda iyo wanaagga ay maanta ku raaxaysanayaan.

Arday kasta oo naga mid ahaa maxkaxdiisa waxa marwalba ka guuxayay sheekooyin murugo leh; Marka uu ardaygu gurigooda ku noqdo warar dhiillo xambaarsan inuu maqlaa waxay iska ahayd caadi; Qof la dilay, mid la qarinayo, gaadhi lala wareegay, qof dhaawac ah, reer hebel iyo reer hebel oo laysku diray iwm ayaannu si maalinle ah u maqli jirnay.

Dhoofku xaaraan buu ka ahaa dhallinyarada ama ardayda, waxad ka fikirtaa iyadoo taasi jirto oo lagugu daba jiro, naftaaduna badka saaran tahay.

Waxaynu ka hadlaynaa runtii waa carruur da'doodu tahay 15, 16, 17 (iyo kuwo aan sidaa uga weynayn) walina ku jirey xaynkii hooyooyinkood oo gartay inay saamayn ku yeeshaan dalkoodii kana qayb galaan sidii isbeddel ku dhici lahaa.

Markaan shaqadii qaran, oon ka galay magaalada Kuntuwaaray ee gobolka Shabeelada Dhexe, ka soo laabtay waxan imtixaan u galay

Dhimbiishii Halganka

Jaamacadda Ummadda Soomaaliyeed waxanan ku guulaysta kulliyadda Beeraha (qaybtii Ingiriisiga lagu dhigan jirey).

Intii aannaan bilaabin luqadda waxan safar gaaban ku gaadhay Hargeysa si aan bal hooyaday iyo reerkii u soo salaamo. Bishii Jul 1984 dhexdeedii, annagoo joogna huteelkii la odhan jirey Union-ka (oo fooqa Bis woqooyi ka xigay) ayaa waxa nagu soo dhex dhacay askar; Kuwaas oo xidhay dhallinyaro la yidhi waxay ku lug lahaayeen dhagaxtuurkii. Waxa kaloo aan maqlay in Ismaaciil-Daldal xalay la xidhay.

Ismaaciil wuxu ka mid ahaa dhallin yartii aannu sida xoogga ah uga wada shaqaynay kacdoonkii dhagaxtuurka; Habeenkaa maan seexan oo waxan taagnaa daaqadda annoo filayay in goor aan fogayn albaabka laygu soo garaaco.

Werwerka ugu wayn ee i hayay wuxu ahaa xogo fara badan oon anigu si gaara u ogaa. Waxan u dhuun daloolay Cabdisalaan Turki oo seeddigay ah, gurina aannu wada degganayn iyo saraakiishii SNM ee ay isku xidhnaayeen (Lixle, Cabdillaahi Askar, Ibraahin Koodbuur, Guutaataale). Waxan kaloo aan wax ka ogaa ilaha dhaqaalaha iyo saadka cidda ugu qaabilsanayd Hargeysa.

Intaa ka dib waxan dhaqso ugu amba baxay Muqdisho; Casharadaydii baanan iska bilawday. Waxan xoog ula tashaday saaxiibkay Cali Yuusuf Ducaale oo aannu isla garanay in haddii cid inna raadinaysaa timaaddo markaannu ku jirno kalaasyada aan aammusno. Sidii bay u dhacday oo maalin ku beegneyd Augt 7,1984 ayaa la soo galay kalaaskayagii oo la yeedhiyay *"Axmed Abokor Cabdillaahi"*. Hoos baan u foorarsaday; Kalaaska, oo markaa aannu ku cusbayn, arday qudha ayaa iga garanayay. Ardaygii wuu i soo eegay anna waxan u tilmaamay inu aammuso; Sidaas baan maalintaa ku badbaaday.

Dhimbiishii Halganka

Waxase nasiib darro noqotay in maalintaa la xidho Cabdirisaaq Axmed Cilmi oo aannu ka soo wada baxnay Faarax Oomaar isla markaanna aannu ku wada jirnay abaabulka kacdoonkii iyo dhagaxtuurka.

Aug 27, 1984 ayaan dib ugu laabtay kalaasyadii; Habeenkii waxan wada tashi haddana la galay Cali Yuusuf oo aannu haddana isla garanay in aannaan jawaabin haddii naloo yeedho. Galabnimadii Augt 28, 1984 (gallinka dambaannu wax dhigan jirnay) markaan gaadhay ayaa waxan la kulmay inan la odhan jirey Cabdiraxmaan Maxamed Dhimbiil oo aakhirkii ka mid noqday dhallinyaradii Jasiira lagu xasuuqay.

Cabdiraxmaan albaabka ayauu igu sugayey si uu iigu digo; Aakhirkiina waxa isagii ku dhacay wixii uu iiga digayay; Inta habeen lagala baxay halkuu degganaa ayaa isaga iyo dowr iyo afartan kale oo ka soo jeeda Somaliland si toosa loogu toogtay xeebta Jasiira ee Muqdisho ku taalla.

Dhimbiil si kooban buu iigu yidhi *"iska noqo Cali Yuusuf maantaa la qaadaye"*; Warku waa dhan yahay! Markaan noqday waxannu is waydaarannay nimankii i raadinayay; Intay i soo eegeen (anna aan ilqoodha ka eegayo) ayay yidhaahdeen *"waa isagii"* markaasuu midkale yidhi *"kollay waayi mayne sug"*.

Waxan bilaabay inaan tallaabada hoosta ka xado; Waxan markiiba tagay iskuulkii Poly Technico oo aniga iyo Cali Yuusuf aannu degennayn; Shandadahayagii baan soo dhuftay; Waxan haddana tagey huteelkii Sinaay oo lacagi noo taallay (waa aniga iyo Caliye).

Shandaddii iyo lacagtii badhkeed waxan u geeyay Cali habaryartii. Anna waxan soo goostay tigidh diyaarareed (Somali Airlines): Muqdisho – Burco – Hargeysa; Magaca aan ku soo goostayna

Dhimbiishii Halganka

wuxu ahaa Maxamuud Maxamed Xasan; Magacaasi wuxu ka yimi baasaboor uu walaalkay Maxamuud Abokor lahaa.

Burco markii la marayo ayaan diyaaraddii ka degay; Laba habeen ka dibna Hargeysa ayaan u ambabaxay.

Hooyaday Hargeysa waxay ka soo raacday gaadhi u soo baxayay Burco. Intay soo socotay waxay kala beddeshay seddex gaadhi oo kolba midkay la socoto ku tidhaa "hooyo gaadhigaa kalaa yara dheeraynayee igu beddel".

Markiiba baabuurta Djibouti ayaan raacay; Waxa i sii raacay hooyaday iyo habaryartay. Lawyacaddo markaannu marayno ayaa la ila soo degay; "Ninkan waannu raadinaynay" ayaa lagu yidhi habaryartay oo isku dayday inay askartaa dharcadda ahayd iga furdaamiso ayaa ku muusanowday "hooyo maaha isagii"; Hooyadayna gaadhigii bay ku jirtaa ooy u dhowayd in wadnuhu naxdin isla taago. Aakhirkii ninkii dharcadda ahaa wuxu yidhi "waa isagii ee iska kaxayso". Waa Ilaah mahaddii-e sidaasaan ku soo badbaaday.

32.2. Cali Muuse Jaamac & Mataan Maxamuud Cumar

Cali Muuse Jaamac iyo saaxiibkii Mataan Maxamuud Cumar oo ay waayo fara badan isla soo mareen ayaynu qormadan ku xusin doonnaa sheekooyin ay inala wadaagayaan. Sababta aynu isku raacinnay Cali iyo Mataan waxay tahay sheekoooyinka ay inoo soo tabiyeen oo aad iskugu dhawaa.

Cali iyo Mataan oo innooga warramaya waayahii taagnaa xilligaa kacdoonka iyo qaybtii ay ku lahaayeen waxay hadalkoodii u dhigeen sidan:

Si guud waxay sheegeen in xaaladdii qallafsaneyd ee waayadaa waddanka ka taagnayd (oo ay u sababeeyeen cadaadiskii dowladdu

Dhimbiishii Halganka

dadka ku haysay) ay ardayda u dheerayd macallimiintoodii oo la xidhxidhay. Tusaale ahaan haddaad eegto iskuulkoodii, Faarax Oomaar, tiraba illaa afar macallin oo ka mid ahaa macallimiintii ugu wanaagsanaa ayaa lala xidhay UFFO. Taasina waxay soo deddejisay gadoodkii ardaydu muujiyeen.

Mataan wuxu xusuustaa in maalintii kowdaad ee muddaaharaadku bilaabmay uu ka mid ahaa koox arday ahayd oo ku go'doontay dugsiga sare ee Faarax Oomaar ka dib markii ay ka yimaaddeen maxkamadda iyagoo isku dayayey inay kiciyaan ardayda intii aan maxkamadda tegin een muddaaharaadada warka u hayn. Go'doonka waxan ugu jeednaa in ardaydii, intii ku jirtay iskuulka gudihiisa iyo intii dibadda ku sugnaydba, ciidamo lagu wareejiyay rasaasna lagu furay.

Siduu sheegay Mataan, askartii markay ardaydii badh ku xareeyeen iskuulka, badhna kala firdhiyeen, ayay bilaabeen inay macallimiintii qoriga dabadiisa la dhacaan. Ugu yaraan laba macallin oo markaa isagu arkayay, Meecaad (oo Juqraafiga dhigi jirey) iyo Siyaad (oo ahaa macallin taariikhda dhiga) ayaa ka mid ahaa macallimiintaa ardayda hortooda lagu garaacayay.

Mataan oo u malaynaya in taasi ay ahayd mid soo dedejisay inuu Siyaad tallaabo wuxu yidhi "Markii dhowr cisho ka bacdi iskuulladii dib loogu soo noqday, iyadoon ardaydu aanay sidan wax buugaag ah, ayuu Siyaad noo soo galay na waydiiyayna in aannu sidanno buuggii taariikhda – ardaydu amma waraaqo yaryar bay siteen amma waabay fara madhnayeen. Markuu waayay cid buug taariikheed sidata ayuu, intuu tamaashiirtii tuuray, iska baxay. Maalintaasaana Siyaad noogu dambaysay – waanu tallaabay".

Dhimbiishii Halganka

Ka dib muddaaharaadadii bilaabmay Feb 20, 1982, waxa unkamanay shirar hoos-hoos ardaydu u samaysan jireen. Cali Muuse wuxu sheegay in kooxdooda warku ka soo gaadhay lodkii ka horreeyay; Waxa la soo xidhiidhay Saleebaan Cirro Weyne iyo inan kaloo Ibraahin Koodbuur adeer u ahaa. "Sidaas ayaannu ku bilownay in aannu abaabulno samaynta urur ardayda Faarax Oomaar iyo iskuulladii kale, sida 26-ka June iyo Farsamada Gacanta, ka dhexeeya" ayuu yidhi Cali. Cali isagoo noo faahfaahinaya siday u shiri jireen iyo meelaha ay ku shiri jireen wuxu yidhi:

Markii ugu horreysay eennu isla garannay in aannu samayno urur waxay ahayd habeenkii bishii May ay ahayd 15, 1982. Habeenkaa waxannu iskugu nimi Baar Hargeysa waxannu ahayn (intaan ka xasuusto): aniga, Mataan Maxamuud Cumar, Ismaaciil Maxamed Jaamac (Daldal), Ismaaciil Cismaan Muxumed (Cambuul), Cali Yuusuf Ducaale, Axmed Abokor Cabdillaahi, Qamaraawi, Ibraahin Shiine, Cali Maxamuud Cismaan (Cali-Jiir), Mukhtaar Ibraahin Madar, iyo Jamaal Aadan – intaasi waxay ka socdeen Faarax Oomar. Waxa iyana nala joogay Ismaaciil Saacadaale iyo Maxamed Cabdillaahi Cumar oo ka socday 26-ka June.

Shirkii labaad waxannu goor habeena ku qabsannay garoonka iskuulka Xuseen Giirre. Waxa kaa noogu xigay habeen aannu iskugu nimi Baar Ubax. Intaa wixii ka dambeeyay intayadii qayili jirtay waxa aannu fadhiisan jirnay gurigayaga ama ka Cambuul.

Intaa ka dib sidii baannu Xalane ku tagnay. Markaannu Xalane dhammaysanayna qorshihii baaba la beddellay oo waxa la soo saaray wixii la odhan jirey Gurmadka Mashaariicda Horumarinta Qaranka. Ardaydii ka soo baxday Woqooyiga waxa la geeyay Koonfur, kuwii Koonfurta ka soo baxayna waxa la geeyey Woqooyi. Shaqada qaran ama

Dhimbiishii Halganka

gurmadkii Mataan wuxu ka howl galay Afgooye aniguna (Cali Muuse) Shalanbood oo labadooduba ka tirsan Shabeelada Hoose.

Gurmadkii markuu dhammaaday, Mataan iyo Cali nasiib umay helin inay jaamacad galaan. Waxase dhacay muddo yar ka dib markii jaamacadaha la galay in xidhxidho qaar ka mida asxaabtoodii, oo ay ka mid ahaayeen Ismaaciil-Cambuul, Cali Yuusuf, Cabdirisaaq Axmed iyo Cali-Jiir. Taasi waxay ku kalliftay in Cali Muuse, Mataan iyo Axmed Abokor ay bilaabaan siday u dhuuman lahaayeen.

Cali wuxu sheegay inay maalin qudha dhuumashada ka soo baxeen, waa maalin kubbaddii cagta ay goboladda Woqooyi Galbeed iyo Banaadir (Xamar) iskugu soo baxeen semi-final. Cali wuxu sheegay in markii seddex gool Hargeysa laga dhaliyay ay yara cadhoodeen oo ciyaartiiba ay iskaga baxeen; Balse intaanay fogaanba Hargeysi soo beddey seddexdii gool una gudubtay ciyaartii koobka lagu qaadanayay (final).

Sannadkaas waxa koobka iskugu soo hadhay Jubbada Hoose (Kismaayo), oo malaa ahayd kooxda ugu adag gobolada, iyo Woqooyi Galbeed (Hargeysa). Annagoo kula xidhan xarunta C.I.D-da (waa anigoo Cali Yuusuf ah) Cali-Jiir, ayaannu dhegta la raacaynay raadyow aan filayo in askartii na ilaalinaysa haysatay – halkaas oo aannu ciyaarta kama dambaysta ah si aada ugala soconney – ciyaartiina waxay ku soo gabagabowday guul raacday gobolka Woqooyi Galbeed ka dib markii uu Shakuur, oo markaa ahaa will aad u da' yar oo kubbadda Alle u dhib yareeyay uu asqeeyay difaacii Kismaayo dheliyayna goolal cajiiba (ma xasuusto intay ahaayeen). Maalintaasi waxay ahayd markii ugu horreeysay ee koobka kubbadda cagtu uu Jowhar xagga Woqooyi u dhaafay – siday reer Hargeysa odhan jireenna waxay ahayd markii ugu horreysay ee koobka kubbada cagta ee gobolada diyaarad la saaro.

Dhimbiishii Halganka

Waxa intaa ku xigay dhawaaqii iyo sawaxankii dabbaaldegga guushaas oo habeenkaa Muqdisho asqeeyay – halka aannu ku xidhnayn iyo garoonka kubbaddu carri iskuma laha – siddeed illaa toban kiilometer baan odhan lahaa inay isku jiraan. Ninkii jirey wuxu yidhi "Rag is gurayee" markuu irbadda ka soo xaday cadowgiisii. Maalintaas reer Woqooyigu waxay yara dareemeen xoogaa nafis ah oo ay habeen iyo laba ku illaawaan sheekooyinkii dhiillooyinka lahaa ee mar walba dhegahooda ku soo dhacayay. Wuxun baad ka qiyaas qaadataa nimankaa dhuumanayay ee haddana iska haysan waayay inay ciyaraaha u tagaan bal si ay mar uun markhaati uga noqdaan guulo gobolada Woqooyi u soo hoyda.

Dib haddaynu ugu noqonno sheekadii Cali Muuse iyo Mataan: Cali iyo Mataan waxay isla garteen inaanay dhuumashadii Xamar ku sii wadi karin (Axmed Abokor hortood ayuu diyaarad ka raacay Xamar). Waxay u ambabaxeen Koonfur iyo inay Kenya galaan. Balse waxa lagula sii taliyay inay sii maraan Madheedhley oo ay ku taallay warshaddii sonkorta soo saari jirtay, halkaas oo ay ka shaqayn jireen niman badan oo Hargeysa iyo Burco ka soo jeeday.

Markay Madheedhley gaadheen ee lays waraystay, waxa loo abaabulay in shaqo la qoro; Hasayeeshee mushkiladdu waxay noqotay sidii ay uga gudbi lahaayeen imtixaan Ingiriisi ahaa oo nin cadi waraysi ahaan kaga qaadayay.

Cali baa markii hore galay imtixaanka; Markii ninkii caddaa lays fahmi waayay ayuu Cali ku dacwiyay "I do not understand your pronounciation" oo la macna ah "lahjaddaada ayaanan fahmayn". Mataana odhaahdaas lafteeda ayuu ninkii kula dacwiyay. Aakhirkii ninkii ka wastaynayay ayaa yidhi kolley markay tababarka qaataan way inna anfici doonaane iska qor shaqada. Sidii baa loogu shaqaaleeyay ooy ku noqdeen karraaniyo xisaabiya kaydka. Waxay Madheedhley joogeen illaa intii nalaga soo daynayay jeelkii Madheera. Markay maqleen in nala soo daayayna Xamar bay dib ugu soo noqdeen.

32.3. Maxamed Cabdi Maax (Koos)

In badan baynu soo taataabannay sidii kacdoonka ardaydu hoggaaminaysay uu Hargeysa uga hirgalay; Waxase aynu soo carrabownay in kacdoonkaas dadka reer Somaliland, gudo iyo dibadba, xoog loogu riyaaqay.

Dhallinta iyo ardayda magaalada Burco iyo siday u soo dhaweeyeen kacdoonkaa cidna kamay qarsan; Markiiba waxay bilaabeen sidii ay shucuurkooda iyaguna u muujin lahaayeen. Maxamed Cabdi Maax (Koos) oo innooga warramya bal siday wax u dhaceen wuxu yidhi:

Ka dib markii uu na soo gaadhay warkii Hargeysa ee ku saabsanaa macallimiintii, dhakhaatiirtii iyo baayac mushtarkii Hargeysa lagu xidhxidhay laguna ciqaabay, dareen weyn ayaa nagu abuurmay. Dareenkaasi wuxu sii xoogaystay markii ardaydii Hargeysi muddaaharaadada laxaadka leh dhigeen iyagoo xabbadda dhagax kala hortagayay.

Waxa noo bilaabmay is ururси iyo is abaabul; Iskuul walba inta muddakarka ah ayaa laga soo xulay; Goobaha lagu caweeyo ayaa arrimuhu siday u socdaan iyo waxa nala gudboonba aannu kaga tashan jirnay.

Waxan xasuustaa inan la odhan jirey Lug-Gacayro oo odhan jirey *"waar gaa-gaabsada adduunkan badhamadaadaa laysku dhegaystaaye"*. Inay fullaynimo ka keenaysaannu moodi jirnee waxaban hadda ogaaday inuu aad nooga horreeyay.

Dhimbiishii Halganka

Is abaabulkii wuxu socdaba bishii Apr dhexdeedii 1982-kii ayaa ardaydii iskugu yimaaddeen goolad ku taallay faras magaalaha Burco; Dariiqa markaannu cagta saarnay ayaa ciidamadii naga hor yimaaddeen; Waxay nagu fureen rasaas anaguna dhagaxaannu miciinsannay.

Maalintaa waxa naga dhaawacmay arday la odhan jirey Maxamed Cagjar. Arday aad u badan ayaa iyana la qab-qabtay oo jeelka loo taxaabay. Maalintii ku xigtay lafteeda halkii baannu ka miisnay; askartiina sidii bay xabbad nagala hor yimaaddeen; Dhowr cisho ayay muddaaharaadadaasi socdeen.

Maalintii dambe waxan ka mid noqday ardaydii la qab-qabtay; Waxa nalagu guray gaadhi noocii LG-ga la odhan jirey. Gaadhigii waxa noogu soo fuulay sarkaal ka tirsanaa dhabar-jabinta oo la odhan jirey Cabdi Summuni (ma ahaa Summunigii SNM-ta ahaa) oo aannu isku jilib ahayn. Markuu i arkay ayuu yidhi *"waar maxaa meesha ku keenay?";* *"Soo deg oo orod"* ayuu iigu xigsiiyay. Dhallinyarta intii la qabtay waxa lagu shubay jeelka Madheera.

Maxamed waxan ka waraystay xadhig aan maqlay in loo geystay intii dhagax tuurka amma kacdoonka ka dambeysay waxannu ii sheegay sidan:

Waxan la shaqaynayay nin ii adeer ah oo adhiile ahaa. Jeegag la rabey in Berbera la geeyo ayaan Hargeysa ka soo qaaday. Waxan soo raacay gaadhi yar oo ay la socdeen afar nin oo kale oo aanu is xignay. Markaannu Dhubbato marayno ayaannu la kullanay niman joojiyay baabuurtii Hargeysa iyo Berbera u kala gooshaysay; Illaa 70 gaadhi ayaa dariiqa dhiniciisa la joogiyay.

Ninamkaa wax joojinayaa way afduubnaayeen. Nin nala socday oo sarkaal Kismaayo ka yimi ahaa ayaa nimankii caayay; Waxa taa noogu xigtay gaadhigayagii oo afartii taayirba laga toogtay. Ninkii nimanka

Dhimbiishii Halganka

watay ayaa duubkii iska qaaday; Waxabu noqday Cabdixakiin Summuni oo ahaa sarkaal SNM-ta ah; Anaguna aannu wada garanaynay isna wuu na gartay.

Salaan ka dib nin walba wuxu siin karayey ayuu siiyey; Sigaar iyo lacagba. Show nin dhabar jabinta ah oo ku jirey baabuurtii la joojiyay ayaa noo fiirsanayay. Muddo ka dib waa nala sii daayay; Anigu xaggaa iyo Berberaan u kacay; Ninkii gaadhiga waddanay Hargeysuu ku noqday si uu baabuurka u kiciyo. Markiiba show jeelka la dhigay.

Markaan geeyay jeegaggii Berbera ayaan Burco u gudbay; Seddex cisho ka dib ciidan xooggan baa iskuweer iga qabtay; Waxa la socday ninkii gaadhiga noo waday (Ilka Case) markii SNM-tu na joojisay; *"Waar Maxamed shantiinniiba keenaa la yidhi, haddii kale waa laydin dilayaaye inna keen"* ayuu igu yidhi.

Waxa markii hore nala geeyay xarunta dhabar-jabinta ee Hargeysa; Afar cisho ka dibna waxa nala geeyay nabad sugidda Hargeysa. Lix bilood baannu halkaa ku jirnay; Malaa meeshoo buuxday darteed baa geedaha silsilado naloogu xidhxidhay.

Nin ahaa madaxa nabad sugidda oo la odhan jirey Jibriil iyo koox uu watay ayaa Xamar uga timid kiisas uu kaayagu ka mid ahaa; Intii ay ku soo jireen jidka u dhexeeyay Berbera iyo Hargeysa ayuu gaadhigii la rogmaday.

Muddo ka dib niman dhallinyaro ah ayaa Burco laga keenay; Nimankaa cabaadka ka baxayay ayaannu habeen walba maqleynay; Idinna waad ku xigtaan baa nalloogu hanjabaa annagana. Habeenkii naloogu tala galay in jidhdilka nalagu bilaabo ayaa ninkii jidhdilka u qaabilsanaa oo maxbuus ah naloo keenay. Waxa lagu soo xidhay nin uu ku toogtay isagoo jooga meelaha lagu tunto. Ninkii *"wax gogol ah ma haysaan"* ayuu nagu bilaabay – waa nabsi.

Dhimbiishii Halganka

Maalintii dambe Gaani oo dhowr goor meesha nagu arkay ayaa amar ku bixiyay in amma kiis nalalgu khaarajiyo la keenno amma nala sii daayo; *"Maalin dambe ma arki karo"* ayuu yidhi. 12-kii habeenimmo ayaa mid mid naloogu yeedhay; Nin naga mida oo mar walba odhan jirey *"maantaa layna dilayaa"* ayaa markiiiba yidhi *"waa taa – waar iska diyaar garooba"*. Markii dambe waxan ku war helnay "gurta alaabtiinna". Orodkii naga dhacay qaarkayo bilaa kabo ayaannu meeshii kaga orodnay.

Maxamed wuxu buuggan u curiyay gabay aad u qiimo badan oo ka hadlaya nuxurka buuggani uu xambaarsan yahay; Gabaygaas oo tuducyada hoos ku qorani ku jireen, waxaynu ku soo aragnay bogagga u horreeya ee buugga:

Bulshadeena oo dhaqan markii
Dhakhtar iyo markii macallimiin
Odayada markii loo dhurtiyo
Hablaheena dhaladka ah markii
Dhar xariir ah iyo maalintii
Dhalinyariyo waayeel markii
Maalintii dhulkeennii la yidhi
Aan dhimasho mooyee la rabin
Sowtuu Ilaahay ka dhigay
Dhirifkii Hargaysiyo markaan
Ee geeri waa loo dhashaye
Dhamacdii rasaastiyo markaan
Maalintii Burcoo dhaarsanayd
Wixii dhiig lahoow kaca markii
Dhinbiishii kifaaxiyo markay
Waatuu kacdookii dhacee

Dhugasho loo yeeshay
Dhebiga loo qoolay
Dhaca tijaarteena
Dhaqasho loo diiday
Suufka laga dhaarshay
Layna dhabanaanshay
Qirinqir soo dhooba
Nolol dhamaanteenba
Dhinac kaloo guul ah
Dhagaxa tuuraynay
Galowgu dhiillaabay
Dhiraha jiidhaynay
Dhaabadaha qaadday
Lagudhawaaqaayay
Dhuxushu qiiqaysay
Laysku dhaarsadaye

32.4. Maxamed Yuusuf Bidhiidh (Badda)

Maqaalkan oo uu hore u qoray Maxamed Yuusuf Bidhiidh (Badda) ayaan ka codsaday inuu innala wadaago – Macnaha guud ee qoraalkan waxan ka soo xigtay buugga *"Doolaal"* ee uu qoray Maxamed Yuusuf. Sidaad akhrisan doonto, maqaalku wuxu si faahfaahsan innoogu soo tabinayaa xusuuso dheeraad ah, iyo sida isaga u gaarka ah, ee uu Maxamed u xasuusto qaar ka mida dhacdooyinkii Dhagaxtuurka iyo waayihii ardeyda. Maxamed maqaalkiisa waxa ka mid ahaa:

Anigu waxa aan arday ka ahaa dugsigii sare ee 26-ka June. Isla subaxaa Feb 20, 1982 waxannu (aniga iyo ardaydii ila midka ahaydba) wadaagnay dareenkayagii ahaa in maalintaa macallimiintaydii la dilayo oo maxkamada la keenayo.

Haddii nusasaacihii loo baxayna, waxannu u soo dhaqaaqnay dhankaa iyo maxkamaddii, waxannu ku sii hakannay guriga shaqaalaha oo arday badan oo June iyo Faarax Oomaar ahiba wakhtiga nusasaacaha u soo shaah doonan jireen, wixii war ahaa iyo talo ahaana la isku weydaarsaday. Waxannu soo gaadhnay maxkamaddii iyadoo ay hor buuxaan dad faro badan oo iskugu jirey arday, hooyooyin, qaraabadii dhallinyaradii UFFO iyo dad kaloo shicib ahaa.

Xoogay ka dibna waxa yimid saraakiil ciidankii Dambi Baadhista ka tirsanaa, waxanay nagu wargaliyeen in aannu meesha iskaga tagno, oo aan dhallinyardii UFFO maanta maxkamadda la keenayn oo dib loo dhigay. Balse arrinkaasi noomay cuntamin, taas oo keentay in askari xabaddii u horeysay meesha ka rido, annaguna dhagaxa qaadanno. Dhagax-tuurkiina halkaas ayuu ka bilaabmay.

Waxan odhan karaa xabaddii bilaabmatay abbaaro tobankii subaxnimo ee maalintaasi waxa ay istaagtay sagaal sanno ka dib, May

Dhimbiishii Halganka

1991, markii Burco lagaga dhawaaqay dib ula soo noqoshadii Jamhuuriyadda Somaliland.

Barre Xaaji Cilmi (Badho) ayay xabadii ugu horeysay ee wax dishaa sababtay dhimashadiisii oo ku naf baxay intii cusbitaalka Hargaysa lagu sii waday. Caasha Sheekhna innantii ku xigtay ayay ahayd. Maalin labaaddiina waxay xabaddii dishay, oo dhaawac u dhintey, Xuseen Cabaase (Qowdhan) oo markaa ka ahaa macallin shaqo qaran ka ah dugsigii Gacan Libaax.

Ilyaas Qase Faarax isna maalintaas waxa ku dhacday xabbad faal gurey ah oo lafaha gacanta bidix burburisay. Seddexdii ayaamood ee xigayna waxa ay dhagaxa iyo xabbaddu wada bilaabmayeen subaxii hore ilaa iyo inta laga gaadhayo fiidkii. Magaalada iyo guud ahaan goboladii Waqooyina bandoo joogta ah ayaa la saaray.

Haddaan haddaba u guda galo sheekadii aniga iga soo martay maalmihii uu bilaabmay dhagaxtuurku, waxay ahayd maalintii saddexaad oo ay Koofiyad Castii goor duhurkii ah iga qabatay Jaamac Baytari (xaaffadda Goljanno) hortiisa.

Nin oday ah oo darajo sarkaal sare ku labbisnaa, oo aan is idhi malaha waa kii watay ciidankan, ayaa intaan u yar fakaday ku idhi, "Adeer, anigu waxba maan samayne waa la iska kay soo qabtay uun". Wuxu ahaa nin laf wayni u dhashay oo xooggan; Aniguna 15 jir caata ah oo dheer baan ahaa. Mise feedh baabu halkaa sanqaroorka iga qabadsiiyey; Qadaadkaanan dhulka ku dhuftay! Aniga oo gaggabsan oo dhulka aalla, ayuu laad sida uu iila dhacayay goor dambe baabuurkiisii iska fuulay. In uu is lahaa tusaale ku bixi iyo in kale mooyi, waaba aan u xidhnaaye! malaha "adeerta" ayuu ka xanaaqay. "Imisaannu ku lahayn iska daa ha u tegine!" iyagoo asxaabtii ila xidhnayd i leeyiihiin ayaan ku soo hambaabiray.

Dhimbiishii Halganka

Dhaawac weyn oo aan ahayn xanuun iyo goror sanka ah imuu soo gaadhin, intiina waan iska leefay uun. Aabbaaro shantii galabnimo ayaa annagoo afar ama shan baabuur oo noocii waaweynaa ee LG-ga la odhan jirey nalagu guray; Tira ahaanna malaha waxannu ku dhoweyn ilaa 200 oo qof. Waxa nala geeyay xeradii milatariga ee Gol-waraabe[36]. Halkii baa hoolalkii nalagu xareeyay. Halkii buu habeenkaa waagu noogu beryay, iyada oo aan xataa biyo nala waraabin oo aan kaadida xataa naloo oggolaan! Ninba meel buu iska kadaloobsaday habeenkaa, mid fadhiga ku gam'a iyo mid isla sheekaystaba. Gudcur magangooya ah oo haddii indhaha faraha lagaa galiyo aanad waxba arkayn bay ahayd; Iftiinka yar ee dildillaacii daaqadaha iyo albaabkii looxa ahaa ka soo galaya, ayaannu bidhaansanaynay. Sidaa ayuu waagii noogu beryay.

Wali waxba namay siin oo gaajadaba harraadkaa nagaga darnaa. Duhurkii baa sidii ku soo galay, markaasi oo ay na soo safeen barxaddii xerada dhexdeeda, si ay koob shaah ah oo bigeys ah oo foosto nooga soo darayeen iyo xabbad xabbad roodhi ah noo siiyaan. Intii baannu isku muudsannay, hoolashiina ay dib noogu xareeyeen.

Nasiib wanaag, waannu iska sheekaysanaynay dhexdayada oo hadalka noomay diidayn. Goor casar gaaban ah ayaa nin naga mid ahaa intayadii sheeko-wadaagga lahayd ee is ag fadhiday, oo dhallinyaradii naga roonayd ahaa yidhi, "waar maynnu baxsano?" iyo "sidee". Rogrogid badan oo arrinkii ah ka dib, aniga iyo afar aan ku jiro ayaa isla garannay in aannu baxsanno, xabbaddu ha nagu dhacdo ama ha iska daysee.

Afartayadii waxa aannu isla garannay in aannu askarigii albaabka hoolka ilaalinayay laaluushno oo waxoogaa uu jeebadda ku hayay inan

---

[36] Waa halka ay xaafadda Maxamed Mooge hadda tahay

Dhimbiishii Halganka

jeeble ahaa aannu siinno, isagana aannu hadhow u celinno haddaanu badbaadno.

Askarigii albaabka taagnaa ayay Hoolhool (oo naga mid ahaa) iyo inankii jeeblaha ahaa la soo hadleen oo kula soo heshiiyeen in uu noo oggolaado in uu afartayada isku mar kaadida noo sii daayo, oo hoolka xagiisa dambe, una dhowaa shabagga, uu noo kaxeeyo. Askarigii xoogaagii qaaday, noona sheeg in uu maqribka ka dib gaadhka ka degayo oo laga beddelayo balse uu wax yar uun xilligaa ka hor kaadi noo fasaxi doono. "Idinka iyo nasiibkiinna" ayaanu nagu yidhi.

Barxadda xerada waxaa ku yaallay nalal waawayn oo ahaa khasaafado dhan walba u jeeda oo xerada inteeda badan iftiiminayay; Askar fara badanina way joogeen, qaar gaadh ahaa iyo qaar ku sheekaysanayayba. Markii cadceeddii dhacday ee dhulkii madow noqday, welina aanu nasii deyn askarigii, ee uu wali isagii joogo gaadhkii albaabka, ayaannu is nidhi wallee wuu idiin caseeyay uun ee waxba ka may run ahayn ballantiisii. Annagoo iskagaba quusannay intii yarayd ee lacag ahaydna uu naga qaaday, ayuu albaabka soo furay oo u yeedhay ninkii jeeblaha ahaa, una sheegay in aannu soo baxno afartayadiiba. Isagoo sare u hadlayana ayuu yidhi, "ordoo halkaa ku kaadsha!" Garo oo, hadalkiisa waa ay maqleen kuwii barxadda taagnaa. Waxa kaliya ee aannu ku soo tashannay wuxu ahaa "in aannu orodno!" Balse meeshaba ma aannu soo dhigan kan askariga ah mooyaane markaad yaacaysaan cid kale ayuu idin ku soo jeedin doonaa. Waxay nagu noqotay ilbidhiqsi gudihii in aannu talo ku qaadanno oo ama iska joogno ama yaacno oo ismiidaamin qaadanno.

Madowgii gudcurku si fiican buu dhulka u qabsaday balse khashaafadaha waaweyn ee nalka xerada ayaa si fiican u haya dhulka oo ilaa shabagga xerada si fiican baa loogu arkaa. Meeshii kaadida markii aanu soo gaadhnay ee askarigiina meel halkaas ah taaganyahay oo uu

Dhimbiishii Halganka

na waardiyaynayo, kuwii barxadda joogayna sheedda laga maqlayo sheekadooda, shabaggiina seddex ilaa afar tallaabo naga horreeyo, oo aannu ninna nin la hadalnayn, ayaa ninkii noogu roonaa tow yidhi oo cararay shabagiina ka booday, annaguna ka ma aannu hadhin ee shabaggii baannu beerka iskaga laba rognay oo ka boodnay.

Isla markiiba rasaastii dhawaqeedii ayaa is qabsaday. Xeradu waxay ku taallaa buurta madaarka ka hoosaysa salkeeda uun. "Inkaarme, askarigu xumaa, sow kii idin soo daayayba, muxuu idiin sheegaynayaa ee xabbada idiin la dhacayaa?" Habaarkii anoo ku jira ayaan shabagii dhanka kale uga dhacay. Walow shabagu dacas aan xidhnaa mid igala hadhay, bowdyahana iga dhaawacey haddana xabadihii nagu may dhicin.

Ashahaado aan afka ku hayay iyo gebi dheer oo aan dirrida ka soo go'ay baa iigu xigtay. Oo show oradkii iyo naf la caaridkii ayaanu laagtii dheerayd oo aannaan meesha ku ogayn ka daadannay oo gebigii ka dhacnay. Meelo aan kala fogayn baanu nasiibwanaag afartayadii oo fayoobi isku ag dhacnay.

Nafi orod bay kugu aamintaaye, orod baannu buurtiina kaga baxnay. Arladu geed qodax leh oo sogsog iyo caddaadba leh ayay u badnayd, cagihii ilaa bawdyaha meel ii nooliba way yarayd, oo durbaba dhiiggaa howdaa haya. Annaguna show qodaxda sidii cawska oo kale ayuun baanu iskaga dhex jibaaxeyney, ee way na madhisay. Waxaase laygu dhaamay kabaha iyo dharkee, anigu cidla' ayay iga heshay oo macawistayduna awalba way gaabnayd, cagna waaba aan caddaa.

Buurtii baanu figta uga baxnay, annagoo xoog u hiin-raagaynna, iyo haddana markiiba iftiin kale oo nooga muuqday meel cabbaar ah oo koofur naga xigta. Wax yar haddaanu is dajinnay, garannay in uu yahay iftiinkii madaarka oo aan naga fogayn. Xaggii xerada haddaanu

Dhimbiishii Halganka

eegnayna, aragnay dhaqdhaqaaqa iftiinka baabuur socota, balse cid na daba socota ma aannu arkayn oo gudcur bay ahayd. Sawaxan iyo dhawaaq se mar kasta waanu maqlaynnay.

Waxa aannu ku tashannay in aannu xagga koonfur u kacno annagoo dhuumanayna oo kuwan naga horreeya, iyo kuwii kale ee aannu is lahayn wey idin daba socdaanba, ka baqanayna. Waxa kaliya ee aannu haysannay caawimo wuxu ahaa madowga gudcurka, wallow isaguna uu cadaadda iyo sogsogta nooga hiiliyay.

Waannu yara asqaysannahay oo weli si dhab ah uuma garanayno meesha aannu joogno. Bal sawiro rag gurguuranayay saacado oo kolba caddaaddi leefayso! Halkii baanu iska yara nasanay anna aan is yara dhayay oo meelihii dhiigga badani iga socday intaan macawistii jeexday baan isku xidhey.

Socodkii waxannu ku soo gaadhnay sayladii xoolaha. Dhammaantayo reer Goljanno ayaannu ahayn, wayna adkayd sidaannu magaalada oo bandoo ahayd ku sii dhex socon lahayn illaa iyo xaafadihii. Annagoo is leh ilaa dooxa gaadha oo halkaa waagu ha idiin ku beryo ayaannu la kulannay nin moofo waardiye ka ahaa oo soo jeeday. Ninkii baannu nidhi waar na waraabi (harraad xun baannu la liidannay, dhaawac badanina jidkii buu nagu soo gaadhay, ha loo kala batee). Halkii buu na waraystay oo annana aannu u warranay. Markaasuu biyo, shaah iyo roodhiba na siiyay, bakhaarkii daqiiqdana noo furay oo yidhi "halkan ilaa waaberiga ku nasta". Jawaannadii daqiiqda ayaannu dushooda ku nasannay oon jiifsannay.

Waaberigii ayaannu ka dhaqaaqnay halkii oo xagga Tiyaatarka ka soo wareegnay, ilaa Waraaba-Salaan oo aannu Biya Dhacay xaggiisa dambe ee Xawaadle kaga soo daaddegnay xaafadihii. Barqadii baan hooyaday, iyadoo werwer iyo welbehaar besteed ah, soo gaadhay

Dhimbiishii Halganka

anigoo dhiiggii, dhididkii iyo daqiiqdii aan ku galgalmaystayba is qabsadeen, oo aan jin u ekahey!

Inkasta oo ay arrintanni xanuun iyo dhib maskaxdayda ku reebtey, balse saaxiibadaydii aannu carruurnimadii soo wada kornay in badani waa kuwa aynu maanta dhiiggoodii ku raaxaysanno, oo wey inaga hooseeyaan. Waa xasuus xanuunkeedu i xasuusiyo sida noloshan aynu maanta waddankeena ku haysannaa aanay marnaba raqiis u ahayn ee ay aad iyo aad qaali u tahay.

Xasuustaa ayaa i jiidatee, aan sheekadii u soo noqdo, inta ay hooyaday i yara baxnaaninaysay, ee ay ii diidday in aan baxo ayaan gabay yar tiriyay, anigoo beryahaas eray barad ku ahaa suugaanta. Waxan is idhi uga warran saaxiibadaa wixii ku helay. Nasiibdarro, ma wada xasuusto, waxanse ka xasuustaa oo ku jirey:

Gabbal baygu dhacay YuusUFFOw *Goliska hoostiiye*
Shalay galab miyay Duubcastii *Gaadmo igu qaadday*
Garbaduub intay ii xidheen *Gowda iga saartay*
Anigiyo Goshii oo dhanoo *Gaadhi laga buuxshay*
God madow intay nagu rideen *Nala go'doomeeye*
Gaalada sideedii miyaa gaadh *Na la ku meershay*
Garaad nimaan lahayn baa ku suga *Gaani xeradiise...*

Waxan ku soo gunaanadayaa beyt ka mid ah maansadii Siciid Raan ee "Qaranimada Somaliland qooq kumaan helin".

Dhimbiishii Halganka

32.5. Fu'aad Sheekh Abuubakar

Sidaynu hore u soo sheegnay, in kastoo ardayda dugsiyada sare ay qayb libaax ku lahaayeen bilowga kacdoonka, waxaynu soo sheegnay in shicib weynuhu uu si guud u ajiibtay muddaaharaadadii maalintaa Feb 20, 1982 bilaabmay. Fu'aad Sheekh Abuubakar Ismaaciil, oo ah tifatiraha Mareegaha Farshaxan, oo waqatigii kacdoonku bilaabmay ka mid ahaa ardayda dugsigada dhexe dhigata, ayaan weydiiyay inuu wax ka xasuusto dhacdadii Feb 20, 1982. Fu'aad wuxuu ka mid ahaa 51 qof oo dirqi kaga badbaaday xasuuq lagula kacay boqolaal qof oo 1988-kii lagu laayay Maka-Durdure; Sheekadaa waxan u dhaafayaa in Fu'aad qoraallo kale ku soo bandhigo. Qoraalkan soo socda ayuu Fu'aad innoogu cabbirayaa sidii ay ardayda dugsiga hoose/dhexe ee Sheekh Bashiir ay maalintaa uga qayb galeen muddaaharaadka; Qoraalka Fu'aadna wuxu ku bilaabmay sidan:

Waa arooryo hore oo cadceeddu ay godkeega ka soo ambabaxdey, cimiladu ma keensaneyn didmo dhaxaneed iyo mid kulayleedba. Waxa jirey neecow qaboow oo jiilaalku iska watey. Waa bishii Feb 20, 1982. Inta badan, qof kastaaba hawshii aroortaa u taalley ku foof inkastoo aan Hargeysa habeenkaa, habeyn ka horeeyey, hurdo ay adkeyd sida loo holladaa, ama ay yareyd, haba u sii daraadaan guryihii cayladaha, ehelka, iyo asxaabta aqoonyahanada laga soo xidheye. Dareen jirey ayaa dadka hagayey. Sheekada guryahaasi waxay qaadaa dhigeysay in arroornimada berri (Feba 20, 1982) aqoonyahanadii la keenayo maxkamadda Hargeysa, si aan xeer iyo dhaqan midna taageersaneyna loogu xukumayo dil toogasho ah. Waa geeri loo sii maleegey aqoonyahanada, laakiin ay isleedahay xukuumadii Maxamed Siyaad Barre dadka tus inaad sharci mariseen inamadii, ood u qabateen garyaqaano u dooda; Inkastoo inta ay garyaqannaadaa is arkeen inamadu ay aad u koobneyd.

Dhimbiishii Halganka

Waxan ka mid ahaa ardeydii dugsiga hoose/dhexe ee Sh. Bashiir. War iguma seegganeyn dhacdada la filayo dharaartaa. Walaaladey ayaa dhigan jirey dugsiga sare ee Faarax Oomaar oo aqoonyahanada qaar laga soo xidhay, walaashey ayaa ka shaqeynaysay wakaaladii Badbaadada Shaqaalaha, oo uu hormoodkii wakaaladaasi ku jirey aqoonyahanada la soo xidhay; Sidaa darteed, xog igu filan oo aan dareen ku qaato waan hayey.

Xiisadihii hore waxay ku dhammaadeen annagoo weli u dheg taagayna wararkii habeenkii tegay laysla dhex marayey. Abbaaro 11 kii aroornimo ayaa dhawaaq rasaaseed iyo sawaxan dadeed isqabsadey. Meel fogba dhawaaqa iyo sawaxanku muu ahayne, waxay ka soo baxayeen dhinaca Konfureed ee dugsiga. Dhegtii taagneyd heshay dareenkii ay sugeysay; Ardeydii is wada eegtay; Isha lagu wada hadal; Isla mar qudhaana albaabadii fasalada laga soo wada baxay.

Waxa xafiiskiisa ka soo ordey maamulihii dugsiga, Sh. Jaamac Sabban, oo albaabka weyn ee dugsiga oo xidhnaa is hortaagey. Sidaan filayo, dareenka ay ardeydu qabaan wuu la qabey, ee si aan loo dareemin inuu kaalmeeyey ardeyda ayuu albaabkii intuu badh furey nagu yidhi: "Adeer fasaladiina ku noqda, oo dhib ha doonanina".

Albaabka uu badh-furey ayaa ardeydii sii dhiiri galiseyba, xoog ayaana albaabkii lagu dhaafay. Boobney dhagaxii miskiin caawiye, oonnu kaga jawaabaynay xabbadihii ay ridayeen askar markaa hortaagnayd halka uu iminka yahay Gargaar Huteel. Waxa dhawaaqayey haweeen aad u qiireysnaa oo waddada marayey. Annaguna dhinacaanu kala qabaney, oo la giijiney. Askartiina dhinaca Dooxa ayey u siqeen.

Hase yeeshee, waxay balo ka dhacdey, markaannu gaadhney baar Cajab, halkaas oo nalagu hareereeyey. Dhinaca galbeed waxaa nagaga yimid beebeeyo iyo jiibab is watey, halka dhinaca barina ay

298

Dhimbiishii Halganka

nagaga yimaaddeen ciidamadii bileyska oo ay kaalmeynayaan guulwadayaal ka soo baxey xaruntoodii oo ku ag taaley halka ay kheyriyadu tahay. Dhinicii askarta ayaanu isku qaadney oonu xoog ku dhex marney. Si markaad u eegto, annnagoo xidhneyn direyskii ardeyda ee dugsiyada dhexe, aaney askartu u badnaayeen kuwii galayey xerada bileyska Hargeysa ee dugsigayaga la jaarka ahaa, ayaa waxay u eekaaneysaa inay qoryaha kor noogu ridayeen, aaney noo baneeyeen wadada, si aaney dhib noo gaadhsiinin jiibabka iyo Beebeeyadu.

Orodkii iyo dhagaxii aannu weheshanayney ayaannu ku gaadhney halka ku beegan waddada soo hor marta dukaanadii baaniyaalada (guriga ilma Jirde Xuseen). Halkaa waxa nagaga soo biirey oo dhinacaa ka yimid ardey xidhan balcadii dugsiyada sare. Waxa si arxan daro leh qoryaha noogu ridayey ciidamadii guulwadayaasha oo dadka intooda badan dhibta iyo dhaawaca gaadhsiiyey.

Waxana loo tirin karaa inay dilkii Barre Xaaji Cilmi (*Badho*) gacan weyn ay ku lahaayeen, haddaaney iyaguba aheyn kuwa dilka geystay. Waddadii wadnaha Hargeysa waxa qariyey rasaas, ciidamo, iyo qiiq. Waxannu markaa u baxsaney, oonu u baydhnay dhinaca sariibada. Waxa naga daba yimid dhawr beebee iyo hal jiib.

Waxan aad u xasuustaa in aannu albaab dukaan oo xidhan gabbood ka dhiganey inta albaabka iyo u dhaxeysa gidaarka albaabka. Waa ardey tiro leh oo iswada dul korey. Dirawal ka mid ah kuwii beebeeyada wadey ayaa intuu noo dhawaadey dhuuntii hoos u dhigey. Mar kaliya ayuu isbadaley oo uu kurka kor ula soo baxey yidhina: "Meesha ka baxsada, oo guryihiinii qabta, inta aydaan ku dhiman".

Neef ayaa naga soo boodey, oo dhammaan orod ninba dhan ayuu isku qaadey. Waxannu galney bakhaar furnaa oo na fadhiisiyey, ka dibna albaabka soo xidhay ilaa intay cadceedu dhaceysay ayaanu halkaa ku jirney. Si nabadgelyo ah ayaannu ku gaadhney guryahayagii.

33. Haweenka Iyo Kacdoonkii

Buuggani dhammays noqon maayo haddii aynaan xusin kaalintii mugga lahayd ee haweenku ku lahaayeen kacdoonka. Intii aad soo akhriyaysay bogagga kala duwan ee buugan waxa yarayd inta aad la kulantay haweenka iyo doorka ay ku lahaayeen halganka dheer ee loo soo maray sidii mar labaad loo soo ceshan lahaa xorriyaddii luntay. Xaqiiqduse waxay tahay in haweenku ay mar walba udub dhexaad u ahaayeen waji kasta oo halgankaasi soo maray; La'aantoodna aanay waxba suurto galeen. Waxa ka mid ahaa haweenka qaar nafahoodii ku waayay intii kacdoonkaasi socday, qaar xidhig mutaystay, qaar jeelasha ku umulay, iyo qaar ay ku kalliftay inay xadka ka tallaabaan kuna biiraan jabhadihii dagaalka hubaysan kula jirey dowladdii markaa jitay. Inta guddaha ku hadhayna may yareysane halganka dhankooda ayay kaga jireen.

Waxan jecelahey in aynu xusno, in kasta oo aanan soo wada koobi karin magacyada, hablihii halgankii ardeyda laxaadka xoogga leh ku lahaa, gudo iyo dibedba; Inta aan magacyadooda xasuusto, ama ay asxaabteydu xasuusteen, waxa ka mid ahaa: Safiya Xaashi Madar, Leyla Abokor Cabdillaahi, Fahiima Daahir Jaamac, Yurub Abiib, Deeqa Deyr, Caasha Halgan, Sahra Halgan, Saynab Wiilo, Naadiya Xasan, Faa'isa Sanyare, Umayma Axmed, Nimco Muxumed, iyo Aniisa Nuur Cigaal.

Haddii aynu eegno dhanka isgaadhsiinta, haweenku waxay ahaayeen udub dhexaadka tabinta wararka maxalliga ah. Xilligaas may jirin internet, telefoonno si baahsan loo isticmaalo iyo baro-bulsho midkoodna. Fidinta wararka waxa mar walba horyaal ka ahaa haweenka; Wararkaas oo daafaha magaalooyinka ku gaadhi jirey si

Dhimbiishii Halganka

xowli ah. Wixii xalay, tusaale ahaan, ka dhacay mid ka mid ah xaafadaha kala geddisan ee Hargeysa, waxa laga ogaan jirey dhammaan xaafadaha kale intaan la gaadhin duhurkii. Haweenku waxay si cajaa'ib ah wararka iskugu dhiibi jirey marka ay ka adeeganayaan sariibadaha iyo caanalayda oo aan xilligaas badnayn. Waxa caado ahaan jirtay in la maqlo "maxay maanta gambadii dumarku tidhi?"

Waxa aan la illaabi karin ayaamihii muddaaharaadadu socdeen, gaar ahaan maalintii koowaad, sidii ay haweenku u badbaadiyeen boqollaal arday. Sidaynu hore u soo sheegnay, magaalada waxa soo buux dhaafiyay kumaankun ka tirsanaa ciidamadii kala geddisnaa, kuwaas oo ugaadhsanayey ardayda oo ay ku bar tilmaansanayeen dirayskooda, sida shaadhkii caddaa iyo surwaalkii kaakiga ahaa. Falalkii quruxda badnaa ee mudan in la is xasuusiyo waxa ka mid ahaa sidii haweenku boqollaal arday, oo xabbad lagu eraynayey, ay albaabada ugu fureen, uga beddeleen shaadhadhkii cad-caddaa si aan loo soo bar tilmaansan, cunto iyo gabboodna u siiyeen. Arday badan ayuu iska hormaadkii ardayda iyo ciidamadu ku kallifay inay ku go'doomaan xaafado (ku kala yaallay labada daamood ee magaalada) aad uga durugsanaa guryahoodii; Balse haweenku maalintaa si hagar la'aan ah ayey u muujiyeen in albaabadu u furan yihiin dhammaan ardayda.

Haddii aan ku soo noqonno kiiskayagii oo aynu si kooban u soo qaato kaalinta ay haweenku noogu jireen 20-kayagii dhallinyaro, waxan odhan karaa ka dabbaalashada dhibaatadii xadhiga waxa xagga hore ka galaysa xannaanadii iyo taageeradii aan la soo koobi karin ee aannu ka heli jirnay waalidiintayada iyo eheladayada, gaar ahaanna haweenka.

Xilliyadii aannu xidhnayn waddanka waxa la dul dhigay culays milateri oo qayrul xad ahaa. In badan oo waqtigaas ka mid ahaa Woqooyigu wuxu ku jirey bandoo – qofka safrayaana wuxu mari jirey jaranjarooyin dhaa-dheer sidii uu u heli lahaa ruqsadda "dhaqdhaqaaqa". Ragga oo marwalba la tilmaansan jirey socodkoodu wuu yaraa markay noqoto booqashada xabsiga Madheera.

Iyadoo ay taasi jirto ayaa hooyooyinka, walaalaha, eddooyinka, ayeeyooyinka, habaryaraha iwm ay usbuuc kasta nafahooda u soo biimayn jireen si ay isu kaaya garab joogsadaan iyagoo rabay iyo, marka laga tago raashinka iyo hadyadaha ay noo keeni jireen, inay daqiiqado yar isha naga qaadaan, hubiyaanna bal in aannu caafimaad qabno.

Waxa xusid mudan sidii quruxda badnayd ee ay iskugu tiirsanaayeen markay noqota is abaabulka iyo iskaashiga. Raashinkayaga iyo baahiyahaga aasaasiga ah si iskaashiya ayay u dabooli jireen; Raashinka, iyadoo kharashkana la qaybsanayo, hal meel ayuun baa laga soo qaadi jirey, jeelkana wuxu ku soo gali jirey inuu yahay *raashinkii ardayda*.

Dhimbiishii Halganka

34. Gunaannad

Buuggani wuxu kuu soo gudbiyay taariikho koob kooban oo ku saabsan marxalado kala geddisnaa oo soo maray Somaliland. Waxaynu ku bilownay hordhacyo kooban oo ay ka mid ahaayeen xilliyadii: gumaysiga ka hor, gobannimo doonka, qaadashadii xorriyadda iyo midowgii labadii waddan ee Somaliland iyo Soomaaliya.

Waxaynu soo xusnay sidii dhakhsaha ahaa ee saluugga looga muujiyay midowgii loo hanka weynaa. Hungowgaas oo lagu cabbiray suugaan aad u tiro badan, iyo waliba isku day ahaa in si milaterinimo ah dib loola soo noqdo madaxbanaanidii iyo dawladnimadii Somaliland.

Waxaynu ka soo hadalnay waxyaabihii ay soo kordhisay dowladdii milaterigii ahayd ee uu hoggaaminayay Maxamed Siyaad Barre, iyo godobihii ay ka gashey shacabka guud ahaan. Waxaynu si gaar ah uga soo hadalnay cadaadiskii dowladdaasi u geysatay shicibka Somaliland. Sidoo kale, waxaynu naaqishney siyaabihii kala duwannaa ee ay dadka reer Somaliland ugu babac dhigeen taliskaa xoogga badnaa ee milatariga ahaa.

Nuxurka buuggu wuxu ahaa in aynu iftiiminno doorka ay dhallinyaradu, gaar ahaan ardaydu, ku lahayd iska caabiga taliskaa milaterigii ahaa. Si gaar ah waxaynu uga soo sheekaynay kacdoonkii ugu ballaadhnaa ee dad shicib ah oon hubaysnayni ay kaga soo horjeesteen xukunkii markaa jirey. Kacdoonkaas, oo sidaynu soo sheegnay halgankii ka dhigay mid shicib, iyo qaar ka mid ahaa dhallinyaraddii hor kacaysay, ayaynu ka soo hadalnay. Waxaynu soo bandhignay xadhiggii iyo maxkamadayntii 20 ka mid ahaa dhillintii kacdoonkaas abaabulkiisa qaybo libaax kaga jirey.

Haddaba, marka laga tago ujeedada guud ee qoraalkan oo ah soo tabinta dhacdooyin taariikhi ah, sadex ujeedo ayaa aad muhiim u ah:

1. in aaney lumin taariikhdii loo soo maray ka midho dhalintii helitaankii Jumhuuriyadda Somaliland iyada oo la dhiirri galinayo sidii loo qori lahaa qoraallo ku salaysan xaqaa'iq ka waramaya sooyaalka dhabta ah ee Somaliland.
2. in jiilalka cusubi ay bartaan qiimaha ay leedahay xoriyaddu iyo dawlad aad adigu u madax banaantahey oo aanad cidna u daba fadhiisan taladeeda.
3. 3) iyo in ay waajib dhalinyaradu iska saaraan sidii ay u ilaashan lahaayeen qarannimada iyo xasiloonida dalkooda iyada oo mar walba danta guud laga hor marinayo ta gaarka ah.
4. In ummada reer Somaliland iyaga oo qarannimadooda iyo madaxbanaanidooda ku adag, kana noqoneyn, ay haddana yihiin dad ilaaliya milgaha isirnimada, iyo dhaqanka dadka Soomaaliyeed ee Geeska Afrika ku dhaqan. Waxey tan ku muujiyeen dadaalkii dheeraa ee ay u galeen dhammaadkii 40-naadkii ilaa 80-naadkii in yar ka hor, in la helo shan Soomaaliyeed oo wada jirta, iyo sidii hagar la'aanta aheyd ee ay uga qeyb qaateen xornimadoonkii Djibouti iyo kii degaannada Soomaalida ee Itoobiya.

Dadweynaha, gaar ahaan dhallinyarda, baaqa uu buuggani u dirayaana waxay tahay in la fahmo in wanaagga dowladnimadu waxa qudha ee ay ku xidhan tahay ay tahay hadba inta uu leeg yahey wanaagga dadka ay doortaan gaar ahaan, iyo kuwa ay maamulayaanba guud ahaan. Waxa haddaba waajib ah in aad doorataan qofba, qofka, uu ka daacadsan yahay, kana karti badan yahay, cidduu doono ha ahaadee (iyadoo aan loo eegin qabiil iyo qaraabo). Dad badan oo aad u

Dhimbiishii Halganka

karti badan ayaa laga yaabaa in aanay ku sifoobin daacadnimo. Sidoo kalana, qaar illaa xad daacad ah ayaa laga yaabaa in aanay lahayn karti iyo aqoon ay ummad ku hagaan. Waxa haddaba sidaa darteed, kugu waajib ah inaad u codayso ood taageerto qof aad ka soo baaraan degtay taariikhdiisa iyo sumcaddiisa adigoo aad ugu kuur galaya wax qabadka uu qofkaad taageeraysaa muujiyay. Qofka aad u dooranayso kaalin maamul iyo mid hoggaamineed waa inuu ku sifoobaa: 1) Diin-wanaag, 2) daacadnimo iyo hufnaan ka madhan musuq iyo tuugo, iyo 3) karti, aqoon, khibrad, iwm.

Intaa ka sakow, dhallinyarta waajibaadka saaran waxa isna xagga hore ka gelaya sidii ay waddankan yar ee faqiirka ah adduunka u soo gaadhsiin lahaayeen, iyagoo adeegsanaya aqoon, lana imanaya halbuur maskaxeed. Muddo aad u yar baa Somaliland lagaga dhigi karaa meel loo soo aqoon doonto sida India, Indonesia, iyo Maleeshiya. Halka ay maanta xoolaha nooli yihiin badeecadda ugu weyn ee aynu waaridno, waxaynu aqoonta/waxbarashada iyo xirfadahaba ka dhigi karnaa silcadda koowaad ee aynu adduunka ka iibinno, gaar ahaan Africa. Taasina waa wax hore loo tijaabiyay, lana caddeeyay in ay shaqaynayso; Hindiya iyo Shiinuhuba muddo yar oo kooban ayay adduunka ka soo muuqdeen, ka dib markii ay kor u qaadeen aqoontii da'yartooda. Haddaba, waxaynu u baahannay in aynu wax ka beddelno sida aynu maanta u nool nahay, kana xorowno qabyaaladda, wahsiga iyo isla-weynaanta, qalinka iyo buuggana xoogga saarno.

Sidii uu hore Yuusuf Maxamed Ciise u soo carrabaabay, waxad haysataan fursado dahabi ah oo aad wax ku baran kartaan hadday noqoto maadado bilaash ah oo ay jaamacadaha waaweyn ee adduunku bixiyaan, ama koorsooyin bilaash ah oo internet-ka aad ka heli kartaan. Intaas oo dhan waxa idiin dheer jaamacadaha tirada badan ee ka jira

Dhimbiishii Halganka

dalka oo, xataa haddaad saluugto tayadooda, aad is bari karto maaddooyinka lagu dhigo.

Waxan doonayaa in aan idinla wadaago casharro wax ku ool ahaa oo aannu ka barannay Aadan Daraawiish. Aadan wuxu ahaa nin si fiican wax ugu soo bartay qurbaha, gaar ahaanna dalka Ingiriiska, aadna u maskax wanaagsan. Nasiib darro, waxa ku dhacay xoogaa xannuun ah oo wax u dhimay caafimidkiisa xagga dhimirka. Wuxu marmar noogu iman jirey dugsiga Faarax Oomaar oo uu xiisadaha aan macalimiintoodii joogin noo dhigi jirey maaddooyin kala duwan sida xisaabaadka iyo kimistariga oo marmarka qaarkood uu laabka nagu tusi jirey siday walxuhu iskula falgalaan. Intaas ka sokow, Aadan wuxu fadhiisan jirey makhaayadda Ina Garow oo ku oolli jirtay halka ay basaska idaacaddu ka baxaan. Makhaayaddaas oo arday dhowr arday ayaa habeen kasta Aadan la fadhiisan jirey si ay uga faa'iidaystaan. Waxyaabaha uu nagu dhiirri galin jirey waxa ka mid ahaa in aannu iskayo wax isku barno, buugaag xisaab amma fisigis ah ayuu noo dhiibi jirey, odhan jireyna soo darsa. Qodobka aan u socdaa wuxu yahay inaan tilmaamo hadal uu habeen nagu yidhi: Jawaabihii iyo su'aalihii aannu is dhaafsannay sidan ayay u dheceen:

Aadan: Filimada ma ku aragtaan niman caloolo waaweyn oo suudhadh xidhan, shandadana sita, oo is dhaafdhaafaya?

Jawaab: Haa

Aadan: Miyaad taqaannaan waxay kala faa'iidaan iyo waxay qabtaan?

Jawaab: Maya

Aadan: Ma rabtaan inaad ogaataan?

Jawaab: Haa

Dhimbiishii Halganka

Aadan: xin wax u barta, oo xaasid wax u barta markaasaad ogaan doontaan waxa adduunka lagu kala faa'iido'e. (Xin iyo xaasid waxa looga jeedaa si xoog iyo taag ah oo aanad wax la hadhin).

Dhallinyaronimadu waa wax aad u qaali ah. Waa xilliga aad beerato mustaqbalkaaga. Ka fiirso ciddaad rabto inay kula waraabiso kobcinta mustaqbalkaagaas. Is weydii ciddaad rabto inaad ku dayato iyo hankaaguna intuu gaadhsiisan yahay. Su'aalahaas ayaa habboon inaad si joogta ah isku weydiiso. Ka fikir waqtigaaga qaaliga ah waxad ku lumiso. Intaas oo dhan waxa ka sii muhiimsan in aad mar walba is miisaanto, markaad aragto inaad qarda-jeex ku jirtana aad is toosiso.

Intii aad akhriyeysey amma isha aad marineysay qaybaha kala duwan ee buuggan, waxad arkaysaysey sida ay noloshu mar walba ugu jirto isbeddello. Isbeddelladaasi, dabcan mar kasta waxay ku leeyihiin nolosha, ha ahaato mid ijtimaaci ah, ama mid shakhsiye, saamayno qaar taban yihiin, qaarna togan yihiin. Isbeddelkuna sidiisaba wuxu ka mid yahay dabciga kownkan aynu ku noolnay Ilaahay (SWT) uu u dhigay.

Sidaad buugga ku soo aragtayna, waxaynu soo bandhignay dhacdooyin badan oo soo maray Somaliland; Dhacdooyinkaas oo keenay isbeddello waaweyn, qaar loo oommanaa loona halgamay iyo qaar xanuun badan lahaa oon la rabinba. Haddaba, bal aynu waxoogaa ka nidhaahno isbedelka, siiba inagoo la hadlayna wali dhalinyarada (si aynu ula tacaalno isbeddalka marka ay innagu qabsato).

Waxaynu in yar dulmar ku samayn doonnaa buug yar oo cinwaankiisu yahay "Who Moved My Cheese[37]" ama "Jiis kaygii yaa Qaaday" oo uu qoray Spenser Johnson. Buuggan oo aad u kooban, waxa laga daabacay in ka badan 200 milyan oo nuqul; Waxana lagu tarjumay

---

[37] Cheese-ku waa burcad la fadhiisiyay. Mar haddii aynaan haynin kelmed toos taa lagu turjumi karo waxaynu isticmaali doonnaa uun *cheese* – oo loo akhriyo *jiis*

Dhimbiishii Halganka

in ku dhow afartan af. Qoraagu farriin qoto dheer ayuu si fudud oo caruur iyo cirroolaba nuxurkeeda isku mid u dheefsan karaan u soo gudbinayaa isagoo adeegsanaya sheeko xariir ku aadan waayo qabsadey koox jiirar ah. Ujeedada guud ee sheekada qoraagu ka lahaa waa in ay tilmaanto amma innoo iftiimiso siyaabaha kala duwen ee laga yaabo in looga falceliyo isbeddelada ku yimaada nolosha.

Qoraaqu wuxu ka sheekaynayaa afar jiir oo iska macmiilan jirey jiis meel yaaley. Waxay jiis kaa iska macmiishaanba maalintii dambe ayay waayeen jiiskii. Afartii jiir way yaabeen, cid alle cid ay u aaneeyaan inay jiiskii qaadatay way garan waayeen. Intaa ka dib, talaa la soo gudboonaatay. Waxay is weydiiyeen sidii ay arrintaa uga falcelin lahaayeen.

Laba ka mid ahaa afartii jiir markiiba waxay fahmeen iskuna qanciyeen in jiiskii sidaa ku tegay. "Samir iyo iimaan" bay niyaddoodii gashadeen, ka dibna waxay bilaabeen inay jiis kale amma quud kale iska raadsadaan. Labadii kalena bartii ayay ku negaadeen iyagoo rajaynaya in ciddii jiiska ka qarisay ay soo celin doonto. Labada jiir ee markiiba nolosha cusub raadsaday waxay u eeg yihiin inay dabbaqeen maahmaahdii Soomaaliyeed ee odhan jirtay "Nimaan quusani isagaa quus ah". Waxay socdaanba waxay gaadheen meel kale oo ay ka heleen jiis cusub oo ay quutaan – barwaaqadii ay hore ugu jireen mid la mida haddaanay kaba fiicnayn ayay galeen.

Labadii hadhay waxay isku maaweelin jireen calaacal iyo rajo been ah. Waxa aad ugu adkaatay sababta jiis-koodii loogu soo celin la'yahay, iyo sababta loogu sheegi la'a yahay xilliga jiiskii la soo celin doono. Waxay arrintu sidaa ahaataba, labadii mid ka mid ah ayaa aakhirkii isna fahmay in wax soo socdaa aanay meesha jirin, waxannu bilaabay inuu bal nolol cusub isna raadsado. Intii uu socday, wuxu soo dhex jibaaxayay kaymo jiq-ah, kolba halku marayo ayuu astayn jirey

Dhimbiishii Halganka

isagoo ku rajo weynaa bal in saaxiibkiisii hadhay aanu lumin haddiiba ay dhacdo in uu isna mar uun meesha iskaga yimaado. Wuxu socdaba, wuxu soo gaadhay saaxiibbadiisii kale oo badhaadhe iyo barwaaqosooran ku sugan. Nasiib darro se, kii ku hadhay bartii jiiska laga dhaqaajiyey quusan kari waa; meeshii lagaga tagey ayuu hawaarsadey; cimrigiisiina isla goobtaa ku idleystey.

Haddaynu intaa ku dhammayno ka hadalka isbeddelka iyo siday tahay in aynu u garowsano ama uga falcelino, bal aan isku dayo in aan sameeyo talo wadaag shakhsi ah oo ku aadan madax iyo minjo. Ugu horreyn, qofka masuulka ah waxa dul saaran waajib aad u ballaadhan oo dadka in yari uun ay ka soo bixi karto. Qofka masuuliyad ummadeed inuu qaado raadsanayaa waxa wanaagsan marka hore inuu is qiyaaso; "Ma ka soo bixi kartaa masuuliyaddaa?" ayaa ah su'aal qofkaa ku waajiba inuu si qoto dheer isku waydiiyo.

Qofku inuu han yeeshaa waa shay dabiici ah, balse waxa muhiim ah in hankaas ay ka horreyso niyad saafi ahi iyo is miisaamid daacad ah. Qofka masuuliyadda ummada raadsanayaa waa innuu ogaado in la dhaarinayo, dhaartaas oo ka mid tahay, amma ugu horreysaba, dhowritaanka hantida ummadda ka dhexaysa, hantidaana uu ugu qabto wax ummadda u dan ah. Waxa wax laga xumaado ah in dadka qaarkood ay xilalka u shaqo tagaanba, iyagoo isha ku haya sidii ay hanti u gaar ah uga urursan lahaayeen xoolaha ummadda ee lagu aaminey.

Caddaaladda ayaa iyana qodob muhiim ah oo Ilaahay (SWT) qofka masuulka ah uu kala xisaabtimi doono. Sifooyinka Ilaahay (SWT) waxa ka mid ah inuu caadil yahay; Innagana wuxuu inna faray inaynu noqonno kuwo, inta awoodeena ah, caddaalad sameeya. Inkastoo marka caddaalad laga hadlayo maskaxda dadka ay markiiba ku soo boodo in lala hadlayo qof kale, waxa habboon in la fahmo in caddaalad darradu ka iman karto qof kasta. Dabcan, masuuliyad gaara ayaa saaran qofkii xil u haya ummadda taasoo ku waajibinaysa inuu qofkaasi ahaado qof dhexdhexaad ah; Wixii lagu aaminayna isku taxalujiyo inuu ka ilaaliyo dhaca, dayaca, musuqmaasuqa iyo eexda. Malaa waxa habboon in aynu is xasuusinno in qof kasta oo innaga mid ahi yahay masuul; Masuuliyaddiisu heerkay doontaba ha gaadhsiisnaatee; Taas macnaheeduna tahay in dhammaanteen laynaga rabo inaynu caadiliin ahaanno.

Mas'uuliyiinta Ummadda: Si gaara haddii aan ula hadlo masuuliyiinta uu Ilaahay (SWT) awoodda siiyay, awooddaasi intay doontaba ha leekaatee, waxaynu u soo jeedinaynaa inay ka fikiraan siday rabaan in loogu xasuusto iyo raadadka ay adduunkan kaga tagi lahaayeen; Ma musuq baa lagu xasuusan doonaa, ma caddaalad darraa lagu xusuusan doonaa, ma xoog sheegashaa lagu xasuusan doonaa? Min madaxweyne, wasiir, taliye ciidan, askari amma masuuliyiinta kalaba waxa la gudboon inay is fahamsiiyaan in odhaahda Soomaaliyeed ee "waari mayside war ha kaa hadho" ay isaga khusayso. Intaas oo dhan waxa sii dheer casharada aynu ka baranno diinteenna qaaliga ah, iyo siday xuquuqda dadka maatada ah iyo xoolahoodaba u ilaaliso, iyo waliba cawaaqib xumada ay leeday, if iyo aakhiraba, ku xadgubka xuquuqahaasi.

Haddaad taariikhaha dunida dib u eegto dhaxalka ugu weyn ee uu masuul ka tagaa waa laba mid uun: ficillo amma habdhaqanno wanaagsan oo lagu soo hirto amma lagu asteysto masuulkaa, ku dayashana leh, ama ficillo uu ku sifooba cawaaqib xumo iyo taariikho madow oo layska ilaaliyo ku dayashadooda — labadaaba qofkaa isu haya.

Ugu dambayn, waddanka iyo dadka waxad u haysaan hoggaankii, waxa aynu ku jirnaana hab-nololeed geeddi socodkiisu dheer yahay, oo lagu raadinayo in ummaddeenan faqiirka ah ee horumarka ka aradan, la soo gaadhsiiyo adduunkan jiitay si ay wax ula qaybsadaan. Haddaba, waxa lama huraan ah in geeddigaasi uu marwalba sahan loo xeel dayey lahaado. Adduunku hadda wuu ka kakan yahay siduu waayadii hore ahaan jirey, taas waxan uga jeedaa, waa lagama maarmaan in talada meeshii laga heli karaba laga raadiyo – mararka qaarkood cid aanad ka filayn baa laga yaabaa inay hayso talada markaa loo baahan yahay. Debecsanaan, dhego furnaan iyo soo dhawaynta ra'yiyada dadka kale ayaa ka mida waxyaabaha howsha kuu fududayn kara; Markaad agtaada ka weydo qof ku saxa, amaba gafka kaa qabta, amma ku tilmaama, ogow inaad gudcur gudayso, taariikhdaadana ay ka muuqan doonaan boogo madmadobi.

Kaalinta Ganacsatada: Haddaynu u yara baydhno xagga baayac-mushtariga iyo maal-qabeenada, taariikh ahaan waxay halganka ka soo galeen kaalin mug leh, iyagoo naf iyo maalba waddanka u soo huray. Haddii in yar oo talo ah aynu u gudbinno maal-qabeeenada maanta, waxaynu odhan lahayn: iyadoo ay bannaan tahay in faa'iido si xalaala loo raadsadaa, haddana waxa habboon in loo damqado dadka jilicdasan ee loo adeegayo; Idinkoo tartamaya, haddana oggolaada in laysku hoos noolaado siddii waayadii hore dhaqanka innoo aheyd - yaynaan abuurin ummad, xagga dhaqaalaha, laba dabaqadood oo kaliya ka kooban, faqiir iyo taajir.

Waxan ku dardaarmi lahaa in xilliyada adag ay qiimo dhimis u sameeyaan shicibka (xataa haddaanay faa'iido helayn). Waxan xasuustaa waqtiyo yara adkaa oo uu taajirkii weynaa ee Jirde Xuseen keeni jirey bariis aad u qiimo jaban; Xamaaladu markay bariiskaa rogayaan waxay ku heesi jireen "Jawaan dhumuc wayn, Oo haddana jaban, Jirde noo keen ...". Waxa kale oo muhiim ah, in ay baayacmushtarku ku dadaalaan in ay si xalaal ah, oo hagar la'aan ah, u bixiyaan cashuuraha iyo sakadaba, maadaama ay labaduba abuuraan dakhli midna lafdhabar u yahey adeegyada aasaasiga ah ee ay dawladdu u fidiso ummadda, ka kalena quudinta iyo daryeelka danyarta. Waxa kale oo ay dadkeena maalqabeenka ahi abuurri karaan currinno dhaqaale oo ay ku maal-galin karaan baayacmushtarka jeeblayaasha ah, ama grab-raratada ah, iyaga oo aan dulsaar ama khidmad xaaraan ah saareyn.

Kaalinta Culimada: Xagga culimada iyo doorka ay ummadda ku leeyihiin hadeynu u gudubnana, culimadu waxay mujtamaca ugu jiraan kaalin aad u weyn, waxayna haystaan fursad qaali ah, oo ay kaga qayb qaadan karaan sidii loo soo saari lahaa da'yar dhinac kasta ka dhisan - diin iyo maaddiba, oo waddanka haggi karta. Waxan u soo jeedin lahaa in culimadu xoogga saarraan wacyi galinta ay ugu horreyso aafooyinka ay qaadka, daroogada, qabyaaladda iyo xag-jirnimadu leeyihiin xag adduun iyo xag aakhiroba. Sidoo kalana, ay ku dhiirri galiyaan dhallinyarta inay wax barataan, siiba barashada sayniska, xisaabta iyo luqadaha, kuwaas oo ah halbeegyada horumarka ee waddan leeyahay. Isla markaana in loo caddeeyo da'yareteena inay gaar ahaan barashada sayniska iyo xisaabtu ka mid yihiin daruuriyaadka ugu mugga weyn (Fardul-Kifaaya) ee loo baahan yahay in la daboolo si horumar cuddoon loo gaadho.

Waxa iyana habboon in culimadu ay si xoog leh uga shaqeeyaan sidii ay innooga ilaalin lahaayeen in dalka ay ka dhex abuurmaan dagaallo, amma is khilaafyo keeni kara fitno iyo isku dhacyo diini ah, kuwaas ooy runtii ay aad u adagtay sida loo xakameeyaa haddiiba ay dabar furtaan.

Gabagabadii, waxaan culimada u soo jeedinayaa, kuna sagootiyayaa qoraalka buuggan, labadan qodob oo halbowle u ah badbaadada, dhisidda, iyo horumarinta ummad kasta. Labadan qodob waxay ku xusan yihiin labadan aayadood:

Dhimbiishii Halganka

$$\text{إِنَّ ٱللَّهَ لَا يُغَيِّرُ مَا بِقَوْمٍ حَتَّىٰ يُغَيِّرُوا۟ مَا بِأَنفُسِهِمْ}$$

"Allaah (SWT) ma dooriyo waxa qowm (ummad) ku sugan yahay, jeeroo ay iyagu (xaaladda) nafahooda dooriyaan" (A'rracad-11).

$$\text{يَـٰٓأَيُّهَا ٱلَّذِينَ ءَامَنُوا۟ لَا تَخُونُوا۟ ٱللَّهَ وَٱلرَّسُولَ وَتَخُونُوٓا۟ أَمَـٰنَـٰتِكُمْ وَأَنتُمْ تَعْلَمُونَ ۝}$$

"Kuwa (Allaah - SWT) rumeeyow ha khiyaamina Allaah iyo Rasuulkiisa, haddii kale waxaad khiyaamaynaysaan ammaanooyinkiina" (Al-Anfaal-27)

Qodobka 1aad: in isbeddelka ummadi higsanayso u ku iman karo oo kaliya in ummaddu ay xaaladaheeda ay beddesho. In ummaddu ay isbeddel mug leh ku samayso dhaqankeeda, aqoonteeda, dhaqaalaheeda, iwm. In ummaddu ay soo saari karto fardi saalax ah oo diin ahaan dhisan, aqoon iyo wacyina leh (laga dhisay guriga iyo dugsiga labadaba). In la helo manaahij waxbarasho oo ka tarjumaya diinta, dhaqanka, iyo baahiyaha mujtamaca. In la helo ururro bulsheed oo wax toosiya oo mujtamaca beddeli kara.

In ummaddu ay doorato amma xulato hoggaan iyo madax qumman, oo xalaal ah, oo daacad ah. In ummadda lagu wacyi geliyo in awoodda wax beddeliddu ay gacmahooda ku jirto, dadka ay dooranayaanna ay ku doortaan hufnaan, wax-qabad, iyo karti. In dadwaynaha lagu wacyi geliyo in madaxdooda ay u nasteexeeyaan lana xisaabtamaan (in madaxdu lahaato daahfurnaan amma shafaafiyad). Inay kula xisaabtamaan madaxda ballan-qaadyaday sameeyaan. Ummaddu hadday go'aansato inay nolol aayatiin leh hesho, Ilaahayna wuu suurtogaliyaa, waana sunnaha Allaah (SWT).

Qodobka 2aad: in haddii ay ummaddi isku daydo in Allaah iyo Rasuulkiisa (SCWS) khiyaamayso, ay iyada uun ka go'antahay, oo ay iyadu is khiyaamaynayso, isna boqno goynayso. Sidaa awgeed, haddii ay ummaddi baalmarto jidka Allaah (SWT) - ku-dhaqanka diinta Islaamka, iyo u hoggaansanaanta Xaqa Allaah - waxa talada iyo majaraha u qabta madax khiyaamo badan, xatooyo badan, daallimiin ah, oo aan cidna u naxayn.

Culimada waxa la gudboon inay qodobbadaa ku baraarug sanyihiin, una hawlgalaan sidii ay ummadda ugu soo dabbaali lahaayeen dariiqa Allaah. Culimadu waa inay ogyihiin in kaalin aasaasi ah ay ummadda ugu jiraan, waxana waajib diinni ah inay kaalintooda hagar la'aan u gutaan.

Allaah (SWT) ayaa mahad oo dhan iska leh - wixii gef ah ee iga dhacayna waxan ka baryayaa inuu iga dhaafo.

Akhristaha qaaliga ah: Waad ku mahadsantay waqtiga aad galisay akhriska buuggan, waxanan rajaynayaa in uu aqoontaada, haba yaraatee, uu wax ku soo kordhiyay.

35. Xigasho

1. An African Watch Report (Jan 1990), A Government at War with Its People: Somalia
2. Washington Post, Nov 25, 1984
3. New York Times, Nov 26, 1984
4. National Academies (1988), Scientist and Human Rights in Somalia: Report of Delegation
5. CIA (2007), Somali Prospect of Stability 1982 (released for public)
6. Elections in Somalia, African Elections Database
7. Poore, Brad. Somaliland: Shackled to a Failed State. Stanford Journal of International Law
8. Diriye Abdullahi, M. (2001) Culture and Customs of Somalia, Greenwood Publishing Group
9. Maxamed Baaruud Cali. The Mourning Tree (Weerane)
10. Dr. Jama Muse Jama. A Note on My Teachers' Group: News Report of an Injustice
11. Hanoolaato Media TV, Jan 18, 2022
12. George Orwell (1945). Animal Farm: 1945
13. Maxamed Yuusuf Cartan (1979) Beerta Xawayaanka, Al-Ahram
14. Johnson Spencer (1999). Who Moved My Cheese, Vermilion?
15. Boobe Yuusuf Ducaale (2020). Dharaaraa Ina Soo Maray, Lulu.com
16. Cabdikariim Xikmaawi (2021). Foolaad: Sooyaalkii M. Mooge 1944-1984, Hiil Press
17. Maxamed Yuusuf Bidhiid (2020). Doolaal, Hiil Press
18. Amnesty International Reports: 1982, 1983,1984,1985 and 1986

19. Waraysiyo: Maxamud Liiban Maxamed, Cabdi Ismaaciil Maxamuud, Cabdirisaaq Ibraahin Kooshin, Yuusuf Maxamed Ciise, Maxamed Baashe Sh. Cali, Fu'aad Cismaan Muxumed, Maxamuud Aw Cabdi Muxumed, Ismaaciil Maxamed Jaamac, Cali Cabdi Faarax, Axmed Maxamed Aw Cali, Cabdirisaaq Axmed Cilmi, Ismaaciil Cismaan Muxumed, Cali Maxamuud Cismaan, Juweeriya Sh. Cumar Sh. Ibraahim, Axmed Abokor Cabdillaahi, Cali Muuse Jaamac, Mataan Maxamuud Cumar